DOIT

마지막 때를 알고
이기는 자가 되는

DO IT

마 지 막 때 를 알 고 이 기 는 자 가 되 는

데이비드차 지음

ark

추천사

역사학자 토인비는 멸망한 21개 문명을 연구한 결과 이들의 패망 원인을 '자기 결정능력의 상실'이라고 했다. 자기 결정능력을 상실하는 가장 큰 원인은 '경박성'과 '피상성'이다. 팬데믹 이후 전 세계가 미래를 두려워하는 것은 시대에 대한 통찰력과 미래에 대한 선견력의 부재로 인한 것이다. 수많은 어두운 논리들이 우리를 혼란케 하는 시점에 여기 빛의 폭탄이 터졌다. 이 시대 상황에서 어린이 장난 같은 논리를 무너뜨리는 폭탄 같은 책이 나온 것이다. 이 책은 성경적 관점에서, 예언적 차원에서 빛나는 통찰력과 탁월한 선견력으로 우리의 정체성을 새롭게 하는 깊이 있는 책이다. 이 책을 읽지 않고 우리의 미래를 논하지 말라.

데이빗 차 목사는 하나님이 주신 소명을 가슴에 담고 열정으로 사는 사역자이다. 그 열정으로 금번에 DO IT을 출간하게 되었다. 책을 보자마자 단숨에 읽었다. 이 책은 초신자부터 사역자들까지 꼭 읽어봐야하는 놀라운 책이다.

조갑진 전 서울신학대학교 부총장

통일조국과 말세를 대비해야 할 한국교회를 위해 헌신한 데이비드 차 선교사의 10년을 회고한 책이다. DO IT을 통해 오늘을 살아가는 그리스도인들에게 그리스도의 강한 용사로서 준비되는 비결을 전해주는 소중한 지침서이다.

설은수 재단법인 원뉴맨패밀리 이사장, 쥬이시에이전시 아시아크리스챤 대표

전에는 지도를 보며 길을 찾아갔던 시대에서 이제는 내비게이션이 세상에 등장해 우리에게 더 빨리 가는 길과 우회해서 가는 길 등등 큰 도움을 주는 것처럼, 이 책은 성경의 가르침들을 어떻게 DO IT 해야 하는지 내비게이션처럼 우리에게 큰 도움을 주고 있다. 마지막 때에 방황하지 않고 주님의 부르심의 자리로 직진하길 원하는 모든 세대에게 강력 추천한다.

박호종 더크로스처치 담임목사, 한국기도의집 대표

지금은 많은 이론과 가르침이 넘쳐나는 시대이다. 그래서 무엇을 해야 할지 어디로 가야 할지 더 알기 어려운 시대이다. 이 책은 그 믿음의 여정을 시작할 수 있는 분명한 길과 방향을 가르쳐주는 책이다! 강력히 추천한다.

이준희 얼라이브커뮤니티 대표

조급함으로부터 자유함을 주는 책이다. 전문적이지만 편협하여 전체를 해석하지 못하는 책이 아니라, 크고 본질적인 시대적 해석을 제공한다. 내 삶의 작은 변화가 시대적 흐름과 어떻게 연결되고, 그 최종 그림이 어떻게 되어야 하는지 알려준다. 두려움과 조급함에서 벗어나 본질적 부르심에 머물고 싶다면 이 책을 펼쳐 하나씩 실행하자.

이용희 에스더기도운동본부 대표

'*세월을 아끼라 때가 악하니라*엡5:16'

우리는 시간에 대한 청지기이고 주님은 우리에게 주신 시간(인생)에 대해 결산하시고 평가하신다. 'DO IT'은 우리에게 주어지는 순간들과 이것이 연결되었을 때 이루어지는 인생을 최선으로 살 수 있는 방법을 체험적으로 그리고 실제적으로 제안하고 있다.

우리가 평소에 여러 방면으로 느꼈을지라도 실행하지 못했던 것들을 총망라하여 정리했고, 이 책은 설명으로 그치지 않고 실천하면서 우리 각각이 주님의 부르심 앞에서 세워지도록 인도하고 있다.

인생을 최선을 다해 살고 싶은 성도들, 선한 싸움을 싸우고 나의 달려갈 길을 마치고 믿음을 지킨 후에 의의 면류관 받기를 사모하는 모든 형제자매들이 꼭 읽어야 할 책이다. 그래서 DO IT, 읽은 것을 실행함으로 돌파와 성취를 이루면서 주님의 소명을 온전히 이루는 자로 세워지기를 기대한다.

차례

도미노는 자신보다 1.5배 크고 무거운 도미노를
넘어뜨릴 수 있는 힘을 갖고 있다.

1.5배씩 커지는 도미노를 연속해서 세우게 되면
어마어마한 이펙트가 나타나게 된다.

이야기의 시작
INTRO

이야기의 시작
INTRO

10년을 돌아보며

지난 10년의 사역을 달려온 뒤, 안식월을 가지면서 잠시 하나님 앞에 머무르는 시간을 갖게 되었다. 앞으로 또 한 번의 10년을 주님 앞에 달려가야 할 텐데, 나는 앞으로 어떻게 살아야 될까? 마지막 때가 점점 이렇게 다가오는데 어떻게 하나님 주신 부르심을 이룰 수 있을까? 이런 고민과 기도제목으로 모닥불 앞에서 계속 기도하는데, 문득 이런 생각을 하게 되었다.

'신앙생활이라는 게 이렇게 돌고 돌고 헤매면서 가야만 되는 건가?
좀 믿음을 쉽게 성장할 수 있는 가이드북 같은 게 없을까? 신앙생활
을 돌아가지 않고 직진 코스로 갈 수 있는 그런 방법이 없을까?'

이런 고민들을 스스로 해보기 시작했다. 공부를 할 때도 보면 합격 수기 같은 것이 있다. 그것을 보는 이유는 어떻게 하면 시행착오를 줄여서 빙 둘러가지 않을지 알기 위한 것이다. 마찬가지로 신앙생활

도 빙 둘러가지 않고 부르심을 이룰 수 있는 그런 빠른 방법이 없을까? 이런 고민이 시작되었다.

나는 기회가 될 때마다 2주나 3주에 한 번씩 서점에 들러서 분야별 베스트셀러 책들을 사 모으곤 한다. 내가 관심 있는 분야부터 관심 없는 분야까지 다 사 모아서 방에 쌓아두고 책을 읽는 것이다. 그렇게 책을 읽는 중에 지금 내가 고민하는 것에 대한 힌트들이 보이기 시작했다. 예수님을 안 믿는 사람들이 세상에서 먹고 살기 위해 터득한 원리 가운데 성경적인 원리들이 있었다. 자녀됨의 원리, 용서의 원리, 자아와 부르심 사이의 갈등의 원리가 보이는데 이런 것들이 성경적인 언어가 아닌 자기계발서의 언어로 쓰여져 있었다. 그 안에서 하나님이 주시는 성경적인 원리가 보이기 시작하면서 나의 지난 10년을 돌이켜 보게 되었다. 내가 어떻게 지난 10대와 20대를 하나님 앞에서 살아왔는지 돌이켜 보니, 이 원리가 열두 개로 정리가 되었다.

군대 훈련소를 가보면 어떤 사람이 들어와도 5주의 훈련과정을 지나면 군인이 된다. 사회에서 어떤 일을 했건, 살이 쪘건 말랐건, 5주라는 기초 군사훈련이 끝나고 나면 일단 군인이 되는 것이다. 총을 쏠 줄 알고 총을 분해할 줄 알고 군복을 입을 줄 알게 된다. 아직 이등병이라 어리버리할 수는 있지만 소속 부대에 배치를 받고 나면 훈련을 통해 군인이 된다. 마찬가지로 하나님께서 나에게 하나님 나라의 군대를 훈련시키라는 비전을 주셨는데, 어떻게 해야 맨날 도토리 키

재기 하는 신앙생활 말고 영적 군사들이 나올 수 있을지 고민을 하다
가 DO IT 이라고 하는 12편의 메세지를 정리하게 되었다. 이것은 기
초 군사훈련과 같다. 어떤 상태에 놓여진 사람이라 할지라도 이 12개
의 도미노를 세워나가면 하나님의 군대가 되게 된다.

도미노 이펙트

도미노는 자신보다 1.5배 크고 무거운 도미노를 넘어뜨릴 수 있는
힘을 갖고 있다. 1.5배씩 커지는 도미노를 연속해서 세우게 되면 어
마어마한 이펙트가 나타나게 된다. 이러한 사실을 직접 실험하고 증
명하는 영상이 있다. 해당 영상 속 첫 번째 도미노는 핀셋으로 들어
야 할 만큼 작은 5mm 크기의 도미노이다. 그런데 이것이 1.5배씩 커
져나가더니 13번째에는 크기가 1m에 45kg가 넘는 큰 도미노가 육
중한 소리를 내며 쓰러진다. 그런데 만약 여기서 멈추지 않고 더 키
워본다면 어떻게 될까? 도미노를 계속해서 놓게 되면 29번째에 쓰러
지는 도미노는 그 크기가 엠파이어 스테이트 빌딩 만큼 커진다. 그리
고 51번째 쓰러지는 도미노는 무려 에베레스트산 보다 큰 도미노가
된다.

이 사실은 굉장히 많은 메세지를 담고 있다. 그 시작이 무엇인가?
아주 작은 도미노 조각을 핀셋으로 드는 일이다. 누군가에게 핀셋으
로 집은 작은 조각 하나를 보여주면서 내가 이걸 넘어뜨리면 51번째
에는 에베레스트산 만한 크기를 넘어뜨릴 수 있다고 말한다면 아무

도 믿지 않을 것이다. 그런데 핀셋으로 이 첫 번째 도미노 하나를 집중해서 정확하게 세울 수 있는 사람은, 인생의 두 번째 도미노가 왔을 때에도 집중해서 세울 수 있다. 또 세 번째 도미노가 올 때도 집중해서 세울 수 있다. 이것이 쭉 이어지게 되면 우리가 할 수 없는 하나님의 영광의 일에 반드시 참여하게 된다.

남들이 요구하는 대로 아무런 목적없이 그저 열심히 사는 사람은 인생이 계속해서 소진되고 낭비된다. 그러나 하나님께서 나의 삶 가운데 보이시는 작은 도미노 하나에 집중하고 몰입할 수 있는 사람, 정확한 방향을 향해서 정렬하여 하나씩 놓을 수 있는 사람은 산을 무너뜨리는 역사를 경험할 수 있다. 그러나 이러한 사실을 듣고 깨닫는 것으로는 아무런 변화도 일어나지 않는다. 듣고 깨닫는 것도 훌륭한 일이지만, 그것을 행하지 않는다면 스스로 속이는 자가 된다. 오늘 이 책을 읽고 '이것이 맞아. 진리야.'라고 동의한다 할지라도 과거에 살아왔던 트랙 그대로 인생을 살아간다면 아무 것도 바뀌지 않는다. 그냥 바뀔 거라고 기대하는 것이다.

오늘 이 책의 메세지를 듣고 결단하고 순종하려는 자가 있다면, 반드시 삶의 방향을 바꿔야 한다. 삶의 시간을 바꿔야 하며 인생의 초점을 바꿔야 한다. 그리하여 대다수가 가는 길이 아닌 좁은 길을 선택하여 바뀐 목표를 향해 따라가기 시작한다면, 그 길의 끝에는 예수님이 말씀하신 생명의 길, 복음의 길, 충만함의 길이 올 수밖에 없다.

구체적인 방법론

그러나 내가 평생을 신앙생활 하면서 느낀 것은, 도통 은혜는 받아도 교회 문을 열고 나가면서는 뭘 해야 될지가 손에 잡히지 않는다는 것이었다. '여러분 성령충만 합시다.'라고 하면 모두가 아멘이다. 그러나 문 열고 나가면서는 어떻게 성령충만 해야 되는지 알 수가 없다. '여러분 부르심을 이룹시다'그러면 다 할렐루야다. 그러나 문 열고 나오면서는 머리가 띵해진다. 교회 마당을 나와서 국밥 한 그릇 먹고 나면 다 잊어버린다. 뭔가 은혜는 받은 것 같은데, 손수건은 젖어 있는데, 이제 뭘 어떻게 해야 될지 이게 잡히질 않는다. 즉, 하우 투 두HOW TO DO가 없는 것이다.

그럴 수밖에 없는 이유는 여기에 있다. 교회에서 사용하는 언어가 대부분 추상적인 언어들이기 때문이다. 성경의 신약에서 말하는 대부분의 목표 달성 요구 단어가 관념적인 언어이다. 믿음, 눈에 안 보인다. 사랑, 눈에 안 보인다. 소망, 눈에 안 보인다. 그러다 보니 의미는 이해가 되는데 이게 머리 속에서 정확하게 그림이 그려지지 않는다. 우리의 뇌는 추상적인 언어는 머리속에서 그려지지가 않고, 그림으로 그려지지 않으면 도달할 수가 없다. 정확하게 타겟과 목표가 보여야 내가 어디까지 왔는지 체크해서 올라갈 것이 아닌가. 그런데 교회의 언어가 추상적이다 보니 신앙생활을 수 십 년을 해도 내가 믿음이 올라가는지 성과에 대한 측정도 잘 안 될 뿐더러, 어떻게 하면 되는지 방법론도 잘 나와 있지 않다.

사람들은 이런 착각을 한다. '나는 의지가 강해서 통제할 수 있어.' 나는 의지가 강해서 마음만 먹으면 다 할 수 있다고 생각한다. 그러나 그것은 거짓말이다. 내 사례를 보면, 하나님 앞에 거듭나서 신앙생활을 하다가도 계속 똑같은 죄에 반복적으로 무너지는 내 모습을 발견하게 되었다. 20대 때 분명히 하나님을 만났는데, 인격적으로 회개도 하고 중독과 죄가 끊어졌는데도, 한 달이 지나고 두 달이 지나자 어느 순간 동일한 죄에 다시 넘어지는 내 모습을 발견하게 되었다. 내 안에 혼란과 갈등이 오기 시작했고, 왜 이럴까 스스로 자책하기 시작했다. 그런데 그것이 아니었다. 사람은 의지로 사는 게 아니다. 의지보다 더 중요한 것이 있는데, 그것은 바로 환경이다. 그것은 바로 원띵, 한 가지에 집중할 수 있는 환경이다. 의지로는 절대 이길 수 없다. 왜냐하면 의지라는 것은 필요하지 않을 때는 충만하고, 정작 필요한 순간에는 없어지기 때문이다.

예를 들어, '밥을 굶고 다이어트를 해야겠어.'라고 결단할 때는 의지가 100%이다. 그런데 아침을 안 먹고 점심때쯤 되면 의지가 102%가 되어 있을까? 아니다. 핸드폰 배터리가 빠지듯이 쭉 내려가기 시작한다. 그리고 만약 점심까지도 의지를 발해서 참았다고 하자. 그리고는 밤이 된다. 첫째날 밤에 어떻게 될까? 의지 배터리가 10%, 15% 이렇게 되어있다. 제일 배가 고플 때가 의지가 제일 필요한 순간이지만 의지는 그것에 반비례한다. 정말 의지의 한국인으로서 그래도 첫째 날은 참아야지 하고 둘째 날이 되었다고 생각해보자. 아침에 출근하는데 지나가는 길에 자기도 모르게 손이 먼저 나가서 뭘 집어먹는

다. 아무 생각없이 입에 넣고 나서 생각한다. '아 맞다.. 아이 근데 이
미 먹었는데 뭐 어떡해. 내년에 다시 시작하지 뭐.' 이것이 바로 중독
의 패턴이다. 이렇게 반복적으로 넘어지다보면 스스로 자기비하를
하기 시작한다. 더 지속되면 우울증과 무기력증이 찾아온다. 이게 더
심해지면 마음이 완전히 노예가 되어 묶이게 된다.

　나는 지난 40년 동안 신앙생활을 하면서 이 고민과 씨름했다. 말씀
을 붙들고 씨름도 해보고, 스스로 마루타가 되어 실험도 해보았다.
책을 보고 연구해보았고, 성공하고 실패하는 일을 끊임없이 반복하
다 마침내 그 결론을 얻게 되었다. 그 내용을 이 책에서 12개의 단계
로 정리한 것이다. 이제 12개의 단계를 통해 노예 생활을 끝내고 자
유인이 되어 하나님의 부르심을 경험할 수 있는 구체적인 방법론을
말하고자 한다. 20대 때 누가 나에게 이런 이야기를 해주었다면 나
또한 훨씬 더 빨리 이 트랙을 탈출할 수 있었을 것이다. 그러나 아무
도 이것을 나에게 알려주지 않았다. 스스로가 마루타가 되어서 해본
모든 이야기들을 지금 설명하는 것이다. 그렇기에 이것은 이론이 아
닌 살아있는 이야기이다.

모든 걸 하고자 하면, 아무것도 할 수 없다.
우리는 가장 소중한 것 하나를 선택해야 한다.

1장
버리고 선택하고 집중하라

1장
버리고 선택하고 집중하라

트랙을 달리는 사람들

초등학교 2학년 때 부모님과 함께 경주에 있는 자그마한 놀이공원을 간 적이 있었다. 난생 처음 가보게 된 그곳에는 많은 사람들이 놀이기구를 타기 위해 줄을 서 있었다. 그중 두 사람이 통 안에 들어가서 빙글빙글 돌아가는 놀이기구 앞에서 아버지의 손을 잡고 줄을 섰다. 그곳에 서서 사람들이 놀이기구로 들어가고 나오는 장면을 물끄러미 지켜보았다. 초등학교 2학년이라는 어린 나이에 어울리지 않는 생각일 수 있겠지만, 빙글빙글 돌아가는 놀이기구를 보면서 이런 생각을 했다.

'다람쥐 쳇바퀴 돌듯 늘 제자리야. 저게 우리의 인생 같은데, 저렇게
살지 않을 수는 없을까?'

초등학생이 바라보는 세상은 단조롭고 반복적이며 이상했다. 아침에 눈 뜨면 회사에 가고 저녁이 되면 퇴근하고, 아침에 눈 뜨면 학교

에 가고 오후가 되면 하교하고, 주변을 살펴보니 나이와 상관없이 모두가 태어나서 다 이렇게 살고 있는 것이다. 저렇게 아무 의미와 목적도 없이, 그냥 해가 떴으니까 직장생활을 하고, 먹고는 살아야 되니까 돈을 벌고, 그냥 하라니까 공부하고, 옆 친구가 열심히 뛰니까 나도 안 뛰면 불안해서 같이 뛰는, 이런 삶을 멈출 수는 없을까?

당시 초등학생이었던 나에게도 많은 내면적인 고민이 있었다. 새 학기에 학교를 갔더니 선생님이 교과서를 산더미만큼 주었다. 그래서 그것을 책가방에 싸매고 낑낑거리며 집으로 돌아와서 책상 위에 펼쳐놓고 1년 동안 뭘 배우는지 살펴봤다. 초등학생인데도 뭘 이렇게 많이 주는지, 국어부터 시작해서 자연탐구, 수학, 도덕 등 이것저것 많았다. 하지만 시키니까 열심히 문제집을 풀며 공부를 했다.

그리고 자라서 중학생이 되었다. 중학교에 들어가니까 입학식 때 교과서를 열여섯 권인가를 나눠주었다. 그리고 그것을 다 공부하라는 것이다. 내가 살았던 지역은 고등학교 평준화가 되기 전이라 중학교 1학년 때부터 입시가 시작되었다. 초등학교 때는 대충 머리만 믿고 공부를 해도 성적이 잘 나왔지만, 중학교에 들어가보니 친구들이 다 새벽 1시까지 학원에서 공부를 하는 것이었다. 동네 분위기가 그렇다 보니 나도 따라서 하지 않을 수 없었다. 학교 끝나면 학원 가고, 학원 끝나면 집에 와서 숙제하고, 시험 기간이 되면 시험보고, 이렇듯 열심히 살았다.

그러다 어느날은 생각에 잠기게 되었다. 토시 하나 안 틀리고 완벽하게 바느질을 해서 갖다 내면 가정 실기점수 20점을 받기 때문에 밤 새워 바느질을 하던 어느날 밤, 스스로에게 질문해보는 것이다.

'내가 지금 이게 뭐 하는 거지?'

눈을 떠보니 내 주위 사람들이 다 트랙 위를 달리고 있었다. 모두가 한 방향을 향해 전력으로 질주하고 있었다. 나 또한 남들처럼 달리고 있었지만, 마음속에 '내가 왜 이걸 하는 걸까?'라는 질문이 생기기 시작한 것이다. 열심히 해서 칭찬을 받고 인정을 받으면서도, 늘 어떻게 하면 나의 시간으로부터 자유로워질 수 있을까 고민했다.

학교에 가면 선생님이 '너는 공부 잘하니까 나중에 어디어디 가라.' 할머니는 '너는 그냥 커서 목회자가 되어라.' 다 뭔가 이렇게 조언을 해주었다. 하지만 나는 생각했다. '남들이 얘기해 주는 그런 인생 말고, 누가 이런게 좋다고 해서 따라가는 그런 인생 말고, 정말 하나님이 나를 불러주신 소명이 있을 텐데 그것이 무엇일까?'

강남 거리를 걷다 보면, 밥 먹을 생각이 없다가도 어느 식당 앞에 줄이 길게 서 있으면 나도 모르게 따라서 줄을 서게 된다. 왠지 거기 서야 될 것만 같은 것이다. '맛있겠지. 뭔가 이유가 있겠지.' 거기에 줄 서있지 않으면 괜히 소외되는 것 같이 불안하다.

지금 학생들과 우리 자녀들에게 공부하는 이유를 물어보면, 그들에게는 아무 목적이 없다. '그냥.' '남들도 다 하니까.' '엄마가 시키니까.' '대학 가야 되니까.' 아무런 이유와 목적도 없이 그저 남들이 다 가기 때문에 그 길을 따라가는 것이다.

이 시대는 우리에게 생각할 여유를 주지 않는다. 거대한 트랙 위를 수많은 사람들이 달리고 있는데, 아침에 눈을 뜨자마자 줄을 서서 너도 빨리 뛰라는 것이다. 그러나 어디로 가는지 아는 사람이 아무도 없다. 또 하루 해가 뜨면 어김없이 트랙 위를 오르지만 누구도 궁금해하지 않는다. 왜냐하면 '절대 다수'가 그 트랙 위에서 달리고 있기 때문이다. 우리는 많은 사람들이 선택하는 것을 따라가면 뭔가가 보장될 것이라는 생각을 갖게 된다. 열심히 땀을 흘리는 서로를 보고 안심하며, 그 트랙 위를 매일 뛰고 있다. 그렇다면 남들이 다 하는 그 선택을 따라서 트랙을 달린 결과는 뭘까? 많은 사람들이 달려가는 그 길의 끝에는 과연 무엇이 있을까?

> 좁은 문으로 들어가라 멸망으로 인도하는 문은 크고 그 길이 넓어
> 그리로 들어가는 자가 많고 생명으로 인도하는 문은 좁고 길이 협착
> 하여 찾는 자가 적음이라
> 마태복음 7장 13-14절

그 트랙의 끝에는 아무 것도 없다. 그 길의 끝은 끊어져 있으며 모두가 그 아래로 추락하고 있다. 그러나 떨어지는 직전의 순간까지도 모두가 함께 가고 있기 때문에 아무도 의심하지 않는다. 다수가 가는 길이기 때문에 안전하다고 믿는다. 많은 사람들이 선택했기 때문에

그것이 옳을 것이라고 그냥 신뢰하는 것이다.

성경은 우리에게 넓은 길과 좁은 길에 대해 말하고 있다. 많은 사람들이 가는 길을 넓은 길이라고 기록하고 있다. 또한 성경은 우리에게 분명히 말하고 있다. 바로 마지막 때 믿음이 있는 자들이 소수라는 것이다. 마지막 때 정말 진실되게 생명력을 가진 예수 그리스도의 신부들은 절대다수가 아니라는 것이다.

바벨론 시스템과 노예들

오늘날 우리들의 모습은 과거 애굽에서 노예생활을 하고 있는 히브리인들의 모습과 같다. 스스로 자유롭게 생활하고 자유롭게 생각하고 있다고 믿지만, 실상은 주어지고 주입되는 대로 생활하며 사고할 수밖에 없다. 이 바벨론의 시스템에는 세상 풍속을 따르는 거짓말이 있는데, 그것은 '모든 것을 다 만족시켜라.', '모든 것을 완벽하게 해내라.'라는 말이다. 우리가 이렇게 모든 것을 만족시키려고 하다 보니, 아무것도 할 수 없는 늪에 빠지게 된다. 마귀는 그 굴레 안에서 우리를 계속해서 가스라이팅*Gaslighting 하고 있다. 내가 이 노예의 트랙을 탈출하고 싶어도, 먹고사는 문제와 여러 가지 환경에 의해서 감옥살이를 하고 있는 것이다.

'바벨론에서 행복해지고 싶어? 그러면 더 열심히 일해. 더 노력해.'

* 가스라이팅 : 타인의 심리나 상황을 교묘하게 조작해서 판단력을 잃게 만드는 심리적 지배

이것이 바벨론의 스피릿spirit이고, 노예들에게 가해지는 채찍이다. 마귀는 속이는 자이고 멸망케 하고 죽이는 자이다. 하나님이 우리를 창조하신 목적은 우리가 평생 일하다가 골병이 들어 죽는 것이 아니다. 그러나 사람들은 '이렇게 열심히 일하다 보면 언젠가 행복해질 거야.', '내가 부자가 되면 행복할 거야.', '내가 저 높은 곳에 도달하면 행복할 거야.', '내가 열심히 일해서 목표를 성취하면 행복할 거야.'라는 헛된 희망들을 품으며 살아가고 있다. 그러나 안타깝게도 그것은 진리가 아닌 신념이다. 바벨론이 주는 거짓 신념이다.

이 서울과 강남의 스피릿이 무엇인가? 태어나서 4세가 되는 순간부터 벌써 바벨론의 경쟁이 시작된다. 빨리 영어유치원에 보내야 한다는 것이다. 나는 안 보내고 싶어도 옆집 엄마들 모두가 하니 사회적 압박감이 찾아온다. 평일 오후에 아이들을 데리고 카페에 가면 분위기가 마치 이런 눈총을 주는 듯 하다.

'너무 몰상식하다.. 아이 뇌가 제일 빠르게 언어를 학습할 수 있는 시기에 어떻게 저렇게 영어 교육도 안 시키고, 킥보드나 태우고 다닐까..'

놀이터에 가보면 아무도 없고 우리 집 아이들만 있다. 우리 아이들은 그냥 그네 타면서 놀고, 단풍 보면서 놀고, 흙놀이를 하면서 놀고 있는데, 다른집 아이들은 벌써 유치원에서 경쟁하고 있다. 서로 앞서거나 뒤쳐지며 우월감과 열등감 그 사이에서 경쟁하고 있다. 서로 무슨 옷을 입었는지 무슨 가방을 들었는지를 비교하고, 부모들 또한 '어떤집 애는 100만 원짜리 명품 패딩을 입혔더라.'하며 그런 것들을 자녀에게 주는 것이 행복이라고 속는다. 이렇게 트랙을 올라서기 시작해서 세상의 유행과 풍조를 따르며 그 길을 끝까지 달리면 그 트랙의 끝에는 멸망이 있다. 이것이 바로 성경이 말하는 넓은 길이다.

우리는 너무 바쁘다

우리가 가장 많이 속는 것 중 하나는, 해야 되는 게 너무 많다는 사실이다. 정말이지 해야 되는 게 너무나 많다. 직장인들은 할 게 너무 많아서 잊어버리지 않으려고 엑셀에 목록을 적어 놓는다. 대기업이나 외국계 기업에 들어가면, 회사가 아무 이유없이 월급을 많이 주는 게 아니다. 성과를 내도록 이른 아침부터 분 단위로 몰아붙인다. 그렇게 시간별로 할 일을 체크하면서 분주하고 치열하게 직장 생활을 한다.

이 세상의 시스템을 잘 살펴보면 올해보다 내년이 더 힘들어질 수밖에 없는 이유가 있다. 경제성장률이라는 것이 무엇인가? 국내총생산GDP이 '작년 대비' 얼마나 증가했는가라는 것이다. 기업과 개인들이 한 해 동안 열심히 일해서 100이라는 성과를 냈다고 한번 가정해 보자. 1월 1일이 되면 어떻게 되느냐? 리셋 버튼을 누르고, 작년에 낸 성과에 비해 몇 퍼센트 더 증가할 것이냐라는 경쟁이 다시 시작된다. 그렇다면 각 기업과 개인들이 지난 한 해를 쉬엄쉬엄 살았는가? 내년에 성장해야 할 분량을 안배하고 남겨두며 적절히 노력했는가? 아니다. 뼈를 갈아 넣으며 12월에 달성해 내야 할 성과를 겨우 맞춰 냈는데, 1월 1일이 되면 다시 시작하라는 것이다. 그것도 작년에 갈아 넣은 것보다 더 성장해야 한다는 것이다. 그러니 이 바벨론 시스템 속에서는 10년 전보다 지금이 더 힘들 수밖에 없고, 올해보다 10년 뒤가 더 힘들 수밖에 없다.

생각해 보면, 과거에는 지금보다 훨씬 더 사회가 여유 있었다. 30년 전에는 집안에서 한 명만 돈을 벌어도 먹고 살 수 있었다. 그저 아버지가 술 담배나 노름만 안 하고 정신 똑바로 차려서 착실하게 가정을 섬기면, 먹고 살 수준은 다 되었었다. 그런데 지금은 부부가 둘이서 죽도록 일해도 답이 없는 세상으로 이미 와버린 것이다. 젊은 청년들은 이제 노력해도 어차피 도달할 수 없다고 생각하게 되었다. 그러니 그냥 현실을 즐기자거나 사회에 대한 불평불만을 하며 사회를 회피해버리는 식으로 빠지기 시작하는 것이다.

그런데 이 길에서 탈출할 수 있는 길이 있다. 이 트랙을 벗어날 수 있는 방법이 있다. 나는 초등학교 2학년 때 이 고민이 시작되어서 결국은 20대 중반이 되어서야 탈출하는 길을 발견하게 되었다.

가장 소중한 것(One Thing)

당신의 하루의 시간 가운데 가치 있게 쓸 수 있는 시간이 얼마나 되는가? 잠자고 출퇴근하고 일을 하고 밥을 먹는 등 그냥 분주하게 흘러가버리는 시간들을 제외하고 나면, 하나님 앞에 집중할 수 있는 시간이 얼마나 되는가? 부르심을 향해서 나아갈 수 있는 시간이 얼마나 되는가? 하나님은 시간과 자원을 투자한 만큼 인생 가운데서 성과를 내게 하셨다. 다시 말하면, 씨를 뿌리지 않으면 거둘 게 없다는 이야기이다. 오늘날 이 세상의 임금 마귀는 우리의 소중한 24시간을 어떻게 하면 갉아먹을 수 있을까를 연구한다. 이것이 그들의 전략이자 핵심 목표이다. 그래서 그들은 우리에게 '모든 것들을 다 잘 하라'고 요구한다. 그러나 이 시간 당신에게 첫 번째로 하고 싶은 말은 이것이다. 우리는 가장 소중한 것 하나를 선택해야 한다.

하나님께 쓰임받은 사람들의 특징을 20대 때 깊이 연구하다 보니 특징이 하나 발견되었는데, 하나님을 만난 사람들은 모든 것을 다 완벽하게 했던 사람들이 아니라는 것이다. 이것이 우리의 상식과 다른 점이다. 모두를 만족하기 위한 삶은 아무도 만족시킬 수 없다. 성경에 나와 있는 하나님의 인물들은, 사회가 요구하는 모든 것을 만족스럽게 성취한 사람들이 아니다. 그들은 오히려 과감하게 버렸던 사람들이다. 과감하게 쳐낼 것을 쳐내고 끊어야 될 것을 끊었던 사람들이다. 과감하게 버렸던 이들은 이어서 한 가지를 선택했다.

> 38 그들이 길 갈 때에 예수께서 한 마을에 들어가시매 마르다라 이름하는 한 여자가 자기 집으로 영접하더라
> 39 그에게 마리아라 하는 동생이 있어 주의 발치에 앉아 그의 말씀을 듣더니

40 마르다는 준비하는 일이 많아 마음이 분주한지라 예수께 나아가
이르되 주여 내 동생이 나 혼자 일하게 두는 것을 생각하지 아니하
시나이까 그를 명하사 나를 도와 주라 하소서

41 주께서 대답하여 이르시되 마르다야 마르다야 네가 많은 일로
염려하고 근심하나

42 몇 가지만 하든지 혹은 한 가지만이라도 족하니라 마리아는 이
좋은 편을 택하였으니 빼앗기지 아니하리라 하시니라

누가복음 10장 38-42절

분주하게 일하던 마르다는 맨 앞에 앉아서 예수님의 말씀만 듣고
있는 동생 마리아를 바라보니 화가 났다. 그래서 예수님 앞에 가서
항의하였다. 그러나 예수님은 이에 뭐라 말씀하시는가? 마르다를 위
로하며 마리아에게 함께 일을 도우라고 말씀하셨는가? 아니다. 예수
님은 정확하게 말씀하신다. '가장 좋은 것을 선택해라. 마리아는 그것
을 선택했다.'

다윗을 보라. 다윗은 무엇에 집중했는가? 다윗이 집중한 것은 오직
한 가지 일One Thing 이었다.

내가 여호와께 바라는 한 가지 일 그것을 구하리니 곧 내가 내 평생
에 여호와의 집에 살면서 여호와의 아름다움을 바라보며 그의 성전
에서 사모하는 그것이라

시편 27편 4절

다윗은 이스라엘 역사 가운데 가장 성공한 왕으로 평가받는다. 다윗이 훌륭한 왕이 될 수 있었던 이유, 다윗이 성공할 수 있었던 첫 번째 시작은 무엇이었을까? 그것은 바로 딱 한 가지를 선택하는 것이었다. '내가 여호와께 딱 한 가지One Thing를 원합니다. 내 평생 여호와의 아름다움을 바라보며 예배하기 원합니다.' 다윗은 하나님을 예배하는 것 하나를 선택했다. 여기에는 마지막 때 세상을 이기는 정확한 비결이 들어있다.

요셉은 어떻게 하나님께 쓰임 받는가? 그는 감옥안에서 하나님 앞에 집중했다. 모세, 여호수아, 다니엘 등 성경에 나오는 모든 사람들은 모든 것을 다 잘하려고 애쓴 것이 아니라 딱 한 가지에 집중했던 사람들이다. 마귀는 우리에게 '우리가 모든 걸 다 할 수 있다'라고 속인다. 그러나 실제로 우리는 하나만 할 수 있다. 수학 문제를 풀면서 동시에 핸드폰을 할 수 있는가? 또는 티비를 보면서 글을 쓰거나, 문자를 하면서 동시에 회사 일을 할 수 있는가? 할 수는 있다. 그러나 그것은 둘 다 망치는 일이다. 모든 일을 동시에 다 잘 할 수 있다는 말은 거짓말이다. 사람은 동시에 한 가지 일에만 몰입하고 집중할 수 있다.

20대 때 발견한 이 사실은 나의 모든 삶과 생각을 바꿔버렸다. 군대를 가보니까 친구들과 주변의 또래 남자애들이 다 자기계발을 하고 있었다. 좀 정신차린 군인들은 병장이 되니 이것저것 하기 시작했다. 주식도 해야 된다, 부동산도 해야 된다, 토익 점수 만들어서 편입도 해야 된다며 이것저것 하기 시작하는데 나는 그 모습을 바라보면서 이렇게 생각했다.

'나는 고시공부 하듯이 하나님께만 집중해 봐야겠다.'

고시공부를 한다는 건 모든 것을 다 버린다는 것을 의미한다. 고시공부를 하는데 연애하면서 공부할 수 있는가? 게임하면서 공부할 수 있는가? 아주 특별한 천재들이나 가능할지 모르겠지만, 일반적으로는 연애하면서 고시공부 못한다. 마음이 다른 곳에 가있어서 몰입이 안 되는데 어떻게 공부를 한단 말인가. 그래서 고시생들은 가장 먼저 핸드폰을 버린다. 고시준비를 시작하기 앞서서 친구들에게 연락을 돌리고 카카오톡 상태메세지를 바꾼다. '내가 5급 공무원 준비하러 잠깐 들어갈 건데, 시험 합격하고 나서 연락할게.'

이들은 왜 이런 선택을 할까? 이들은 더 좋은 하나를 선택하기 위해서 나머지 것들을 과감하게 버리는 것이다. 물론 여러 가지 불편함이 있을 수 있다. 카톡도 못 하고, 검색도 못 하고, 세상 소식도 못 듣고, 못하는 것들 투성이다. 그러나 이 못하는 모든 불편함이 사실은 한 가지 일을 잘할 수 있게 만들어 주는 요소가 된다.

예수를 믿지 않는 사람이라도 성경적인 원리대로 살면 성과를 낼 수밖에 없다. 애플의 창업자 스티브 잡스는 그의 경영방식이 너무 독선적이어서 이사회에 의해 회사에서 쫓겨나게 되었다. 하지만 이후 회사 상황이 급격히 어려워지자 애플은 그를 다시 사장으로 불러들였다.

　복귀하게 된 스티브 잡스가 무너져가는 애플의 상황을 해결하기 위해서 실행한 일은 모두의 예상과 달랐다. 개발팀은 이런 제품을 개발해야 한다고 말했고 마케팅 팀은 이런 광고 프로젝트를 실행해야 한다고 말했지만, 그는 회사 경영진의 제안서와 보고서에 모두 NO라고 말하기 시작했다. 그가 2년동안 한 것은 그들이 아무 것도 하지 못하게 하는 일이었다. '이것도 하지마. 저것도 하지마. 아무것도 하지마. 딱 한 가지만 해.' 그게 무엇이었을까? 그것은 바로 아이폰이었다.

　지금은 아이폰과 같은 스마트폰이 당연하다고 생각하지만, 아이폰이 출시되기 전까지는 그렇지 않았다. 그때는 MP3도 있었고, 핸드폰도 있었고, 전자사전도 있었고, 디지털카메라 등 온갖 것들이 많았다. 시장의 넘쳐나는 수요와 다양성을 충족시키기 위해 회사는 모든 것들을 만들어 내야만 했고, 모든 것들과 경쟁해야 했다. 당시 모토로라나 노키아, 삼성과 같은 기업들은 폴더폰도 만들어주고, 슬라이드폰도 만들어주고, 손가락이 큰 사람을 위한 폰도 만들어주고, 얇은 폰도 만들어주고, 70억 인구가 필요로 하는 모든 종류의 것들을 만들어 주는 일에 급급했다. 휴대폰에 온갖 종류의 연예인 이름을 만들어 붙이며 광고하기 급급했다. 그런데 스티브 잡스는 이렇게 말하는 것이다. '아무것도 하지 마. 딱 한 가지만 해. 여기다 모든 걸 집어넣어.' 그러자 모두가 기술적으로 불가능하다, 안 된다고 만류했다. 그러나 스티브잡스는 한 가지에만 집중하고 그것만 할 것을 요구했다. 결국 아이폰이 시장에 나오자 어떻게 되었을까? 시장의 완전한 게임체인저*Game Changer가 되었다. 아이폰은 카메라회사나 MP3 회사와 경쟁한 것이 아니다. 모두를 만족시키기 위해 이것저것에 집중하지 않았다. 그저 딱 한가지에만 집중했을 뿐인데 그것이 세상을 바꾸었다.

우리의 신앙생활도 이와 같다. 크리스천들이 제일 못하는 것이 바로 '거절'이다. 우리는 다른 사람에게 NO라고 말하는 것을 두려워한다. 그렇게 거절을 못하다 보니, 결국 아무 것도 할 수 없는 사람이 되어 버리고 만다. 거절을 하기 위해서는 우리 속에 중심이 있어야 한다.

'나는 이것에 올인되어져 있다.' '나는 여기에 하나님의 부르심이 있다.'

이렇게 더 좋은 것을 선택하기 위해, 과감하게 다른 것들에 NO라고 말할 수 있어야 한다. 여러 가지 일을 하고자 하면 분주하기만 할 뿐 아무 열매도 맺히지 않는다. 지혜가 있는 사람은 생명의 길이 어디인지, 탁월함의 길이 어디인지, 하나님의 콜링이 어디에 있는지, 정확하게 바라본다. 그리고 나머지 것들을 과감하게 버리고 잘라내고 선택한 한 가지의 길에 몰입하고 집중한다.

탁월함의 길 : 버리고 선택하고 집중하라

만약 당신이 이 땅에서 다니엘처럼 탁월해지기 원하고, 요셉처럼 탁월해지기 원한다면, 다른 방법이 있는 것이 아니다. 사회는 모든

* 게임체인저 : 결과나 흐름의 판도를 뒤바꿀 만한 중요한 역할을 한 인물이나 사건, 제품 등을 이르는 말

것을 만족시키기를 요구한다. 다니엘이 왕궁 최고의 책사로서 그 당시 그에게 요구되는 사항이 얼마나 많았겠는가? 그런데 그러한 요구사항을 다 채워서 다니엘이 다니엘 된 것이 아니다. 다니엘은 하나에 집중했다. 하루 세 번 하나님 앞에 예배하고 몰입하는 일에 집중했다. 그랬더니, 한 가지의 탁월함 때문에 제국 전체의 박수와 술객들보다 10배나 뛰어난 지혜와 지식을 갖게 되었다. 여호와를 경외하는 것이 모든 지식의 근본이라는 사실이 다니엘에게는 관념이 아닌 삶이자 진리였던 것이다.

하나님은 지혜의 시작이고 근원이다. 하나님은 온 세상 모든 분야에서 최고의 전문가이시다. 모든 것 위에 계신 분이 하나님이시다. 그러나 우리가 교회에서 이런 말을 들어도 도덕책이나 윤리교과서에 나오는 좋은 말로만 생각하고 나의 삶에 살아있는 진리로 여기지 않기 때문에, 한 해를 여러 가지로 열심히 살아도 성과나 열매가 없는 삶을 살게 된다.

혹시 그런 궁금증을 가져보지 않았는가? 위인전을 봐도 다 옛날 얘기 뿐이다. 지금은 이렇게 좋은 시대인데 왜 뉴턴이나 바흐같은 거장들이 나오지 않을까? 피아노도 더 좋고 기술도 더 좋고 모든 게 더 좋은데 왜 분야마다 거장이 나오지 않는 걸까? 왜 다들 과거의 거장들의 작품을 연습하고 외우고 공부할 뿐, 더 탁월한 게 나오지 않을까?

과거 17~18세기 즈음 쓰여졌던 신앙서적들을 읽어보면, 묵상의 깊이가 다르다. 조나단 에드워드나, 존 오웬이 쓴 이런 책들을 읽어보면, 하나님을 향한 사고의 깊이를 우리가 따라갈 수가 없다. 똑같은 사람인데, 오히려 그때는 컴퓨터도 없고 볼펜도 없고 모든게 다 불편했던 시대인데, 어떻게 그 사람들은 훨씬 더 깊이 있게 하나님을 연구할 수 있었을까? 왜냐하면, 그때는 볼 게 없었다. 방해받을 요소가 적었다. 카톡도 없고 이메일도 없고 인스타그램도 없었다. 그래서 우리의 마음이 집중할 수 있는 힘과 에너지가 있었다. 그렇기 때문에 주님 앞에 더 집중할 수 있었다. 그때는 몰입하기 위해 버려야 할 것이 지금보다 훨씬 적었다.

오늘 이 시대의 공교육은 아이들을 탁월하게 만들어주는 교육 제도가 아니다. 근본적으로 산업화 이후 공교육이 만들어진 목적은 모나지 않고 말을 잘 듣는 직장인을 만들기 위해서 만들어진 시스템이다. 그래서 똑똑하거나 특별하거나 몰입하는 집중력이 있는 탁월한 아이들은 이 트랙에서 적응을 할 수가 없다. 그래서 우스갯소리로 '아인슈타인이 한국에서 태어났으면 짜장면 배달했을 거다.' '빌게이츠가 한국에서 태어났으면 대학도 못가고 용산 전자상가에서 일하고 있을 거다.'라는 말이 있다. 왜 이런 말들이 있을까? 한국은 모든 것을 잘하도록 요구한다. 그렇기 때문에 아인슈타인이나 빌게이츠와 같은 탁월한 사람이 나올 수 없는 것이다.

그러나 오늘 이 책을 읽고 있는 당신에게 이 사실은 엄청난 기회일 수 있다. 동일한 상황 앞에서도 '그래 한국은 원래 이래.'라고 하며 불평하는 사람이 있는가 하면, 눈이 번쩍이는 사람이 있다. 공교육과 입시문화가 강력한 대한민국이 오히려 우리에게는 블루오션이라는 것이다. 왜 그럴까? 모든 것을 다 잘해야 한다는 이 사회적 압박을 뚫고, 버릴 것은 버리고 하나를 선택해서 집중하기 시작하면, 100% 그 분야에 탁월함이 부어질 수밖에 없기 때문이다.

공부 못하는 아이들의 책가방이 무겁다. 왜 그럴까? 할 게 너무 많아서다. 그러나 전교 1등의 가방은 무겁지가 않다. 이들은 집중할 수 있고 선택할 수 있는 아이들이기 때문이다. 우리가 생각할 때는 수학 30분 공부하고, 과학 30분 공부하고, 영어 30분 공부하면 성적이 다 오를 것 같다. 그러나 그런 방식으로는 아무리 공부해도 성적이 그대로일 수밖에 없다. 몰입할 수 없기 때문이다. 신앙생활도 마찬가지다. 스마트폰도 보고, 넷플릭스 드라마도 보고, 게임도 하고, 친구도 만나고, 이것저것 다 하면서 예수님도 사랑할 수 있다? 이것은 100% 거짓말이다.

지금 이 시대는 집중력 결핍의 시대이다. 대부분의 다음세대들이 ADHD주의력 결핍 과잉행동 장애를 갖고 있다. 왜 그런 걸까? 그 이유와 원리는 간단하다. 눈만 뜨면 볼 게 너무 많기 때문이다. 사람은 너무 많이 먹게 되면 더 이상 못 먹는다. 아무리 맛있는 음식을 차려줘도, 이미 오는 길에 떡볶이, 오뎅, 순대를 먹고 배를 가득 채워서 오면 더 이상 아무 것도 먹을 수 없다.

우리의 눈도 마찬가지이다. 우리는 아침에 눈을 뜨자마자 너무 많은 것을 본다. 마귀가 인간을 멸망시키는 방법은, 아침에 눈을 뜨는 순간부터 죽을 때까지 계속해서 보게 만드는 것이다. 죽도록 즐게 해주는 것이다. 그 결과 너무 많이 보고 너무 많이 들었기 때문에, 성경을 보아도 보이지 않고 말씀을 들어도 들리지 않는다.

다니엘서 말씀에 보면 마지막 때가 되면 지식의 양이 증가한다고 말한다. 우리가 아침에 눈을 뜨면 하루에 평균 천 장 이상의 이미지를 본다고 한다. 1400년대에서 1500년대를 살았던 한 사람이 평생 동안 보는 데이터량을 현대인들은 하루 동안 소비한다. 정보소비량이 얼마나 빠른 속도로 증가하고 있는지 비교해보면, 1960년도에 태어난 사람보다 지금 태어난 사람의 하루 정보 소비량이 세 배 이상이다.[01] 이 수치는 계속해서 올라가고 있다. 이게 무슨 이야기인가 하면, 하나님의 말씀을 들을 수 없는 구조가 점점 고도화되고 있다는 것이다.

그러나 오늘날 현실속에서 우리의 눈과 귀를 완전하게 구별하여 통제하는 것은 쉽지 않다. 이것저것을 버리더라도, 살아가다 보면 어쩔 수 없이 많은 것들을 보고 듣게 된다. 그렇다면 어떻게 집중할 수 있을까? 어떻게 해야 영적 집중력을 갖고 하나님께 몰입할 수 있을까? 그 비밀은 하루의 첫 시간에 있다.

사람이 아침, 점심, 저녁을 먹고 간식도 먹지만 몸에 가장 영향을 끼치는 것은 바로 기상 후 첫 번째로 먹는 음식이라고 한다. 아침에 일어나 위가 비워져 있을 때 들어오는 첫 번째 음식이 우리 몸에 가장 많은 영향을 미친다는 것이다. 마찬가지로 내 안의 영적 면역성과 영적 집중력을 키우는 첫 번째 원칙은 아침에 눈을 뜬 첫 시간에 말씀을 먼저 내 속에 집어넣는 것이다. 5분도 좋고, 10분도 좋고, 30분도 좋다. 절대적인 양이 중요한 것이 아니다. 이것은 순서의 문제이다. 다른 음식을 집어넣기 전에 내 눈이 첫 번째로 어떤 것을 먹을 것이냐, 그것이 당신의 오전 시간의 질을 결정하게 된다.

만약 당신이 '하나님의 뜻을 알기 원합니다.' '하나님과 친해지기 원합니다.' '성령의 음성을 듣기 원합니다.'라고 한다면 아침 첫 시간을 말씀 앞으로 가야 한다. 책은 저자와 직접 대화할 수 없지만, 대화하는 것 같은 동일한 효과를 가져다 준다. 저자의 생각을 알 수 있기 때문이다. 성경의 저자는 하나님이다. 성경을 통해 하나님의 생각을 알 수 있다. 그런데 우리가 아침에 말씀을 먹지 않는다면 어떻게 하나님의 뜻을 알며 어떻게 하나님과 친해지며 어떻게 성령의 음성을 들을 수 있겠는가.

마지막 때를 이기는 첫 번째 도미노

첫 번째 장을 정리하면서, 당신에게 다음과 같은 고민이 시작되어야 한다. '내가 주님 앞에 버려야 될 게 무엇인가?', '내 인생에서 내 시간을 좀먹고 분주하게 만드는 것이 무엇인가?', '나는 왜 모두를 만족하기 위해서 탈진하고 있는가?'

그리고 한 가지를 선택해야 한다. 그것은 모든 것을 제쳐두고 첫 번째 도미노를 쌓는 일이다. 첫 번째 도미노는 바로 하나님께 집중하는 것이다. 이게 먼저 시작이 되어야 한다. 그 시작은 버리는 것이다. 극단적으로 버리는 것이다. 오늘 이 메시지를 읽고 행동에 아무런 변화를 주지 않는다면, 더 이상 이 책을 읽을 필요가 없다. 첫 번째 도미노가 세워지지 않는다면 그 뒤의 내용들이 아무 소용이 없기 때문이다. 듣고 깨달아도, 행동DO IT하지 않으면 스스로 속이는 자가 된다. '내가 오늘 들었으니까, 난 오늘 집에 가서 버릴 거 버려야 되겠어.'라며 두잇하고 순종하는 자들만이 변화를 경험할 수 있다.

첫 번째로, 버릴 것을 고민하고 리스트를 만든 다음 쓸데없는 것을 다 버려라. 방 청소도 하고, 쓰레기도 버리고, TV도 버리고, 냉장고 속 묵은 음식물도 버리고, 핸드폰에 들어있는 별별 것들도 다 버려라. 우리의 영적 집중력을 갉아먹는 것들을 다 버려라. 버리면 집중할 수 있는 공간이 생긴다. 그리고 가장 소중한 것 하나를 선택해라. 그 첫 번째 선택은, 하나님이다. 가장 소중한 예수그리스도 하나에 몰입하고 집중해야 한다.

두 번째로, 버릴 것들을 다 버리고 나서 해야 할 것은, 주님 앞에 몰입할 나만의 공간을 만드는 일이다. 인스타에 올릴 만한 예쁜 기도공간 같은 것이 아니다. 어떤 사람은 장롱 안일 수도 있다. 기도할 곳이 없는 사람에게는 계단 밑 문 열고 들어가는 작은 반지하 공간일 수도 있다. 어떤 사람은 집 안에서 기도할 형편이 안 돼서 차 시동을 끄고 지하 주차장에서 추운 날 무릎 담요를 덮고 기도할 수도 있다. 어떤 사람은 복잡한 퇴근길이지만 지하철에서 이어폰을 끼고 잠시 마음을 집중해서 주님을 생각하며 주님 앞에 나아갈 수도 있다. 그러나 분명한 것은 주님 앞에 나아가기로 결단하는 공간을 만들어야 한다는 것이다.

그리고 시간을 정해야 한다. 의지는 의지가 정말 필요한 순간에는 없다. 그래서 넘어지게 된다. 믿음의 도미노를 세워 나가기로 결정했다면, 버리기로 결정한 것과 지켜나가기로 결정한 시간과 공간을 알리고 도움을 요청하라. 기도를 요청하고, 함께 할 수 있는 사람이 있다면 함께 시작하라. 그렇게 해서 할 수밖에 없는 환경을 만들어야 한다. 의지가 떨어지는 순간에 이 환경을 통해 다시 한번 집중해내면 그때 점핑Jumping이 일어난다. 그때 영적인 성장이 일어난다.

첫 번째 도미노는 다른 것이 아니다. 모든 걸 하고자 하면, 아무것도 할 수 없다는 사실이다. 세상의 모든 것을 사랑하면서 동시에 예수님도 사랑할 수는 없다. 성경은 절대로 그렇게 말하지 않는다. 딱 하나만 선택하라고 주님이 요구하고 계시는 것이다.

'네가 택하라. 세상을 택하든지 나를 택하든지 한 가지만 택하라.
두 가지 주인은 섬길 수 없다.'

'이것이 없으면 내가 살 수 있을까?' '과연 내가 이것을 버리고도 살아갈 수 있을까?' 라는 생각과 함께 온갖 세상의 유혹과 내 습관에 묶여 종 되었던 내 속에, 진짜 복음이 들어오기 시작하면 해방의 자유가 찾아온다. 복음은, 정말 우리를 자유케 하는 능력이다. 모든 걸 채워도 인간은 만족이 안 되게 되어있다. 사치품으로 내 방을 가득 채워도 결핍을 느끼게 되어 있다. 내가 원하는 모든 학위를 갖고, 내가 원하는 세상의 모든 것을 누린다 할지라도, 인간은 근본적으로 결핍이 올 수밖에 없다. 그래서 하나님을 모르는 사람들은, 인생이 허무라고 이야기하는 것이다. 노력을 한 자나, 인생을 성공한 자나, 인생을 실패한 자나 결국은 다 허무라는 것이다. 이게 세상 종교들의 결론이다. 그런데 성경은 이렇게 이야기한다. '모든 것을 취하지 말고 한 가지만 취해라. 가장 소중한 것 하나에만 집중해라.' 그리하여 나의 삶 전체를 주님 앞에 굴복하며 말씀 앞에 엎드리게 되면 하늘의 신비가 내 속으로 들어온다. 골방 가운데 여호와의 생명의 빛이 내게 들어오는데, 그 빛이 심령에 심겨지게 되면 만족함이 넘친다. 아무것도 필요하지 않게 되는 진짜 자유가 찾아오게 되는데, 이것이 바로 영적 해방이다. 이것은 하나님의 사람만 누릴 수 있는 신비이다.

우리가 이것을 놓치고 살게 되면, 눈 뜨는 순간부터 세상은 우리에게 요구한다. '너 이것도 있어야 돼.' '너 이것도 봐야 돼.' '너 이것도 먹어야 돼.' '너 이것도 입어야 돼.' '너 여기도 가봐야 돼.' '너 저것도 해야 돼.' 그러나 만약 이런 것들에 에너지를 다 소비하게 되면, 정작 해야 될 한 가지를 못하게 된다. 당신이 만약 이러한 삶을 살고 있다면, 지금 당장 깊이 고민해보고 버릴 것을 찾아서 과감히 버려라. 그리고 딱 한 가지에만 집중하라. 우리의 삶이 변화되고 탁월해지는 첫번째 도미노는 '버리고, 선택하고, 집중하는 것'이다. 이것이 바로 마지막 때를 이기는 첫 번째 도미노이다. 이게 세워지고 나면 하나님께서 두 번째 도미노를 우리에게 보이신다. 세 번째를 보이신다. 집중하라. 주님 앞에 과감하게 버려라. 하나님께서는 그렇게 하는 자들의 삶에 놀라운 기적을 선물로 주실 것이다.

광야에 간 모든 사람들이 하나님을 만난 것은 아니다.

그런데 끝까지 몰입했던 소수의 사람들은
광야에서 하나님을 대면하게 되었다.

2장
몰입.. 하나님 앞에 서다

2장
몰입.. 하나님 앞에 서다

광야로 이끄시는 이유

하나님께 집중할 수 있는 사람, 원띵 할 수 있는 사람, 몰입할 수 있는 사람이 되고 난 후 당신에게 찾아오는 일은 우리의 예상과는 다소 다르다. 어떤 환경이 찾아 오는가 하면, 하나님께서 나를 고난 속으로 집어 넣으신다. 나는 처음에는 이게 이해가 되지 않았다.

> "아니 예수님, 예수님을 제대로 안 믿고 그냥 교회 왔다 갔다 할 때
> 는 한번도 내 인생에 태클도 없으시고 좋았는데, 왜 주님 잘 믿겠다
> 고 이제 마음먹고 집중해서 기도하고 순종하고 달려가려고 하니까
> 불 같은 연단이 시작되는 겁니까?"

그런데 알게 된 것은, 사람들은 이런 극단적인 상황이 되면 초인적인 집중력을 발휘하기 시작한다는 사실이다. 정말 내일 죽을 것 같다면, 죽는 것이 확실해졌다면, 더 이상 오늘 하루를 지금처럼 살 수 없게 된다. 만약 내일 죽는데 구원의 확신이 없는 사람이 있다면, 그 사

람은 숨이 끊어지기 직전까지 초인적인 힘을 다해서 주님을 찾기 시작하게 될 것이다. 이렇듯 하나님을 선택하고 집중하는 자를 극단적인 상황으로 몰아가시는 이유는 바로 하나님이 개입하심을 경험하게 되는 통로의 문을 열기 위함이다. 광야는 하나님께만 집중하고 몰입하기 위해 극단적으로 다른 모든 것들을 버리게 하시는 곳이다.

예수님이 광야로 가신다. 공생애를 시작하기 전에 성령에 이끌리어 광야로 나아가신다. 마귀가 첫 번째로 질문한다. '이 돌이 떡덩이가 되게 해라.' 그런데 주님이 이렇게 말씀하신다. '사람이 떡으로 사는 것이 아니다, 하나님의 말씀으로 산다.' 그렇게 마귀의 첫 번째 시험을 물리치신다. 이게 무슨 뜻일까? 바로 버려야되는 것 중 첫 번째로, 먹고사는 문제에 대한 테스트가 온다는 것이다. 우리가 주님의 부르심으로 나아가고자 할 때, 먹는 문제와 생활의 필요의 문제가 찾아온다는 것이다. 예수님은 당시 40일을 굶주리신 상황이었다. 그 분은 하나님이시기에 당연히 돌을 떡으로 바꾸실 수 있으셨다. 그 분은 보리떡 다섯 개와 물고기 두 마리로 오천 명을 먹이시고도 열두 바구니를 남기시는 분이다. 얼마든지 하실 수 있으시다. 그런데 마귀가 그 예수님께 이렇게 말하는 것이다. '너의 필요를 위한 삶을 살아라.' 그러나 이에 주님은 뭐라 대답하시는가? 떡으로 안 된다는 것이다.

다시 말하면 우리 인간은 먹는 문제가 해결 됐다고 살 수가 없다. 우리는 광야 또는 바벨론에서 '주님, 먹는 문제만 해결되면 정말 주님 앞에 충성을 다할 수 있을 것 같습니다.'라고 착각한다. '내가 결혼문제만 해결된다면..' '남편의 직장 문제만 해결 된다면..' 이것이 다 먹는 문제와 떡의 문제이다. 그러나 인간의 근원적인 문제는 먹는 걸로는 배가 부르지 않는다는 것이다. 그것으로는 내면에 있는 배고픔이 해결되지 않는다.

광야는 히브리어로 미드바르ㄱㄱㅠㄲ라고 한다. 이는 '말씀 앞에서'라는 뜻이다. 말씀을 만나는 자리가 광야이다. 나는 이스라엘에 10여 차례 다녀왔는데 가장 좋아하는 장소 두 곳을 뽑아보라고 한다면, 첫 번째가 광야, 두 번째가 갈릴리 호수이다. 그 두 곳은 예수님이 계셨던 2,000년 전이나 지금이나 똑같다. 광야는 아무것도 없다. 예수님이 거니셨던 그 하늘, 그 모래, 그 땅 뿐이다. 광야에 있으면 우주 한 가운데에 있는 기분이다. 아무 소리도 안 들리는 그 광야에 있으면, 그냥 주님의 마음을 듣게 되고 그래서 치유가 된다. 주님이 광야로 인생을 불러내시는 이유는, 이 세상에는 주님 소리 외에 너무 많은 소리가 있기 때문이다. 그래서 정작 들어야 할 소리가 안 들리기 때문이다. 그런데 광야에 가면 아무것도 안 들린다. 그래서 처음에는 초조하고 불안하고 무섭다. 그러나 잠시 더 있어보면 이상하게 그곳이 포근하다. 이스라엘의 유대 광야에 가면 영적으로 아버지의 품에 온 것 같이 포근하다.

그곳에 함께 간 사람들에게 잠시 각자 흩어져서 주님을 만나고 오라고 세 시간 정도 시간을 주면, 남녀노소의 사람들이 가만히 앉아있다가 엉엉 울게 되는 것을 본다. 그리고 울다가 주님의 음성을 듣게 되는 것이다. 광야는 하나님을 만나는 곳이다. 하나님의 말씀을 대면하는 곳이다. 주님께서는 우리의 인생들에게 말씀하시기 위해서 광야로 이끌어 가신다.

그런데 광야를 좋아하는 사람이 누가 있을까? 그곳은 하나님이 공급하시지 않으면 물도 없고 그늘도 없고 먹을 것도 없는 곳이다. 그래서 전적으로 하나님께 의존하지 않으면 생존자체가 불가능한 곳이다. 전적으로 하나님을 의지하지 않으면 생존이 불가능한 상태, 그것을 우리는 광야라고 한다. 살기 위해서 기도할 수밖에 없는 그 광야의 집중력이, 하나님을 만나게 하는 원동력이 되는 것이다.

모세가 바로 그 광야에서 주님을 만났다. 다윗이 그 광야에서 사울에게 쫓기며 주님을 대면하였다. 이삭과 야곱, 성경의 많은 인물들이 광야에서 주님을 만났다. 그러나 광야에 간 모든 사람들이 하나님을 만난 것은 아니다. 하나님을 시험하다가 그곳에서 죽은 사람도 많다. 그런데 끝까지 몰입했던 소수의 사람들은 광야에서 하나님을 대면하게 되었다.

주님은 내가 하나님 앞에 몰입하기 시작한 시즌에 나를 찾아오셔서 버리라고 하셨다. 청년의 때에는 연애도 버리라 하시고 여자친구도 버리라 하셨다. 그때는 그 이유를 알 수 없었다. 세월이 한참 지나서 보니까, 그때 내가 버렸기 때문에 하나님께 집중할 수 있었다.

그리고 열심히 회사를 세워서 돈을 벌고 있을 때는, 어느 날 주님께서 찾아오셔서 회사를 그만두고 나오라고 하셨다. '주님 자본주의 사회에서 내가 돈 버는 것이 뭐가 잘못되었습니까?'라며 질문했다. 그러나 주님은 그게 잘못됐다는 게 아니다. 주님은 나에게 더 좋은 것을 주기 위해서 내가 버리길 원하셨다. 그래서 그 말씀에 순종하여 버리니까 하나님께 집중할 수 있었다. 버리니까 새로운 세계가 보이기 시작했다.

우리는 살면서 여러가지 어려움들을 만나게 된다. 여러가지 긴급하고 중요한 기도제목들이 생기게 된다. 그러나 우리의 가장 우선되어야 할 기도제목은 바로 하나님 그분 자체를 구하는 일이다. 직장의 어려움, 가정의 어려움, 경제의 어려움, 상황의 어려움, 기타 어떤 어려움보다 크신 분이 우리 하나님이다. 하나님을 만나야 이것을 극복할 수 있는 근원적인 능력을 얻을 수 있다. 그 가운데서 '이거 해결해야 하는데' '저거 해결해야 하는데'하며 환경을 바라보고 있다면 아무것도 해결이 안된다. 이윽고 완전히 에너지가 고갈되어 영적 그로기상태에 빠지게 된다. 그 순간 하나님은 우리에게 다음과 같은 고백을 듣기 원하신다.

"모든 것들 다 내려놓고 주님께 집중하겠습니다. 내가 여호와 한 분만을 선택하겠습니다. 나에게 영적 집중력이 회복되게 하여 주십시오. 내가 버려야 할 것들을 생각나게 하시고, 이제는 주님께만 집중되게 하여 주십시오."

우리는 대부분의 기적이 한 개인과 시대와 국가의 극단적인 상황에서 일어나는 것을 보게 된다. 그래서 나는 처음에 '하나님께서 드라마틱한 연출을 원하시는 걸까? 시청률을 뽑아내려고 이렇게 드라마틱하게 상황을 만드시나?'하고 생각했다. 그러나 그것이 아니었다. 하나님께서는 분산된 여러 가지 마음이 아닌, 주님께 몰입된 집중력을 원하시는 것이다. 집단적인 집중력, 집단적인 바램, 집단적인 원띵, 이것은 하늘의 문을 여는 놀라운 비밀이다. 한 사람 두 사람이 모여서 기도해도 변화가 일어나는데, 전 세계 수천 명이 모여서 하나님 앞에 오직 한 가지 마음을 놓고 집중력 있게 기도를 쌓아 올리기 시작하면 하늘의 보좌에서 무슨 일이 일어날까? 보좌가 흔들리기 시작하는 것이다. 이것은 정말 놀라운 비밀이다. 하나님 앞에 집중하는 자에게 하늘의 결재가 떨어지면 그것으로 역사가 끝나는 것이다.

그러니 해야 될 게 너무 많다가도 이것을 깨닫고 나면 인생이 아주 심플해진다. 하나님을 진짜 제대로 만난 사람의 인생은 굉장히 심플해진다. 복잡할 것이 하나도 없다. 왜냐하면 가야할 길과 방법에 대해 정확하게 알기 때문이다.

몰입의 단계

먼저 첫 번째 도미노는 버리고 선택하고 집중하는 것이라고 말했다. 먼저 그분께 집중해야 된다. 부르심을 이루건 뭘 하건 일단 하나님께 집중하지 않고는 다음 도미노를 세울 수가 없다. 이렇게 불필요한 모든 것들을 다 쳐내고 주님께 집중하게 되면 그 다음 찾아오는 단계가 있다. 그것이 지금부터 설명할 '몰입'이라고 하는 단계이다.

몰입이 어떤 것인가 하면, 초집중 상태로 들어가는 것이다. 스포츠

중 스키를 예로들면 산 정상에서 내려오게 되는데, 집중을 안 하면 크게 다치거나 죽을 수 있다. 헬기를 타고 정상에 올라가서 딱 내려가려고 하면 초집중 상태가 되어서 몸에 힘이 쫙 들어간다. 스키가 활강을 할 때는 속도도 빠르고 앞에 나무나 바위같은 장애물이 있을 수도 있기 때문에 모든 신경이 초집중 상태가 되며 아드레날린이 분비된다. 그 상태에서 모든 장애물을 피하고 내려오면 도착지에 와서 비로소 심박동 수가 쫙 내려가는 것이다. 이것이 우리가 스포츠를 할 때 경험할 수 있는 몰입의 상태이다.

공부를 할 때도 집중을 하다 몰입 단계로 들어가게 되면 시간이 어떻게 흘러가는지 모르는 상태가 된다. 더 이상 시간의 세계가 아닌 것이다. 엄마가 밥 먹으라고 해서 시계를 보니까 벌써 1시가 되었다. '아니 9시에 책 폈는데 벌써 이렇게 됐어?' 이런 몰입을 경험한 아이들은 성적이 잘 나올 수밖에 없다. 그러나 대부분의 사람들은 여러가지 요인들 때문에 그런 몰입을 경험하지 못하며 살아간다.

몰입을 경험해야만 이 바벨론의 트랙을 탈출할 수 있다. 왜냐하면 하나님 앞에 몰입된 자들 만이 하나님을 만날 수 있기 때문이다. 그러나 기본적으로 우리 인간은 죄인이기 때문에 DNA 자체가 몰입하기를 귀찮아한다. 인간은 게으르다. 그래서 적당히 하다가 멈추고 싶어하는 내 안의 옛 자아들이 남아있다.

그런데 몰입을 할 수 있는 방법이 있다. 어떻게 하면 되느냐? 우리의 뇌는 구체화된 사례를 계속 보거나 간증이나 메세지를 계속 듣게 되면 우리 안에 있는 거울 뉴런Mirror Neuron이 작동하기 시작한다. 한 가지에 초몰입하여 뚫어낸 사람들의 사례를 계속 보게 되면, 내 안에 어떤 게 이미지화 되는가 하면 '나도 몰입하고 싶다.'라는 생각이 자리 잡기 시작한다. 그리고 이런 생각을 더 극대화시키기 위해서는 그런 케이스를 직접 찾아보기 시작해야 된다. 지금 이 책을 읽는 것 또한 당신의 거울 뉴런을 자극시킨다. 그래서 읽고 동기부여 받게 되면 몰입의 단계로 들어갈 수 있는 최소한의 기초 에너지를 얻을 수 있다. 그러면 그 최소한의 에너지가 꺼지기 전에 어디에 사용해야 할까? 그것은 바로 성경을 펼쳐서 하나님 앞에 몰입해서 대면했던 사람들의 사례들을 스스로 찾아보는 것이다.

　나는 성경을 펼쳐놓고 성경에 있는 인물들 가운데 하나님을 만난 사람들의 공통점을 엑셀 시트에 정리해보기 시작했다. 창세기부터 나오는 모든 인물들의 공통점을 한 번 뽑아보는 것이다. 당시 나는 하나님을 만나지 못하면 살 수 없는 환경이었다. 나는 종교놀이만 하다가 인생이 끝나고 싶지 않았다. 진짜로 하나님이 살아계시다면 그 분을 만나고 싶었다. 그래서 직접 신약과 구약을 문제집 뒤지듯이 왔다 갔다 펼치면서, '그래 야곱 이야기가 있었구나. 그러면 야곱은 어떤 순간에 하나님을 대면했지? 언제 초몰입 상태가 되었지?'를 찾아보는 것이다.

　야곱은 언제 하나님을 만났는가? 얍복강 앞에 선 순간이었다. 내일이면 형님에게 죽게 되는 것이다. 죽음을 앞둔 전날 밤, 그 절박한 상태로 기도의 자리에 들어가서 하나님 앞에 초몰입의 기도를 하기 시작했다. 그렇게 영적 집중력이 부어지자 그때 하늘 문이 열리고 주님과 대면하는 역사가 일어나기 시작한다. 야곱이 평생을 얼마나 죽도록 일하고 노력하며 살았는가? 평생 다른 사람을 속이고 잔꾀를 부리며 살아온 그였지만, 자신보다 더한 삼촌 라반을 만나 골탕먹은 과정이 성경에 고스란히 적혀있다. 얼마나 수고하며 살았으면, 나중에 요셉을 다시 만나서 애굽의 바로 앞에 섰을 때, 험악한 세월을 살아서 조기 노화가 되었다고 고백한다. 그러나 그가 노력하며 고생하는 인생에서 하나님께 집중하는 인생으로 전환되었을 때 그는 야곱에서 이스라엘이 되었다.

다윗도 마찬가지였다. '내가 하나님 한 분을 예배하는 것, 그 한 가지만 선택하겠다.'라는 다윗의 고백은 어떻게 만들어질 수 있었을까? 다윗이 언제 초몰입이 되어서 하나님을 만났는가를 연구해보니, 그것은 아둘람 굴에 있을 때였다. 다윗이 가장 절박한 상황 속에 놓인 그때였다. 나는 이스라엘을 10번 넘게 가면서 아둘람 굴에 여러 차례 들어가 볼 수 있었다. 아둘람 굴은 우리가 흔히 상상하는 큰 동굴이 아니다. 두꺼운 패딩을 입으면 들어가지 못할 만큼 작은 구멍으로 만들어진 미로같은 동굴이다. 사울의 기갑부대가 들이닥치더라도 입구에서 갑옷을 다 벗고 한 명씩 들어가야 할 만큼 좁은 미로로 되어 있다. 그곳은 먹을 게 없으며 불빛도 없는 칠흑 같은 어둠이다. 그래서 다윗은 생존하기 위해서 죽음의 두려움을 무릅쓰고 동굴 밖으로 나와야만 했다. 그런데 만약 갑자기 말발굽 소리가 들린다고 하면 다윗의 심장이 얼마나 뛰었겠는가. 분명히 하나님은 그에게 기름부으시고 그를 왕으로 세우시겠다고 말씀하셨는데, 현실은 지금 이곳에서 죽을 처지이다. 아둘람 굴에 들어가보면 손으로 석회암질 벽을 파내서 그곳에 새를 키워서 잡아먹었던 흔적들이 발견된다. 이런 다윗의 삶은 얼마나 비참했을까?

이런 비참한 현실을 만나게 되면 두 유형의 사람이 나타난다. 한 유형의 사람은 좌절하고 포기해서 죽게 되고, 다른 한 유형은 그때부터 하나님 앞에 몰입하기 시작한다. 다윗은 아둘람 굴에서 시편을 썼다. 이것이 바로 아둘람의 노래, 시편 57편이다.

> 7 하나님이여 내 마음이 확정되었고 내 마음이 확정되었사오니 내
> 가 노래하고 내가 찬송하리이다.
> 8 내 영광아 깰지어다 비파야, 수금아, 깰지어다 내가 새벽을 깨우리
> 로다.
> 시편 57편 7-8절

이 노래는 다윗이 아둘람 굴에서 가장 절박한 순간에 영적 초몰입 상태로 전환되면서 부르는 노래이다. 영적 집중력을 가지고 몰입하는 것이다. 지금 배고픈 게 문제이겠는가? 지금 다윗의 문제가 무엇인가? '하나님 외에는 나의 구원의 손길이 없구나'라는 절박함 앞에서 모든 것을 버리고 하나님 앞에 몰입하다 보니, 아둘람 굴에 성령이 부어지는 것이다. 성경의 인물들을 살펴보면, 하나님께 쓰임 받았던 사람은

단 한 명도 예외없이 하나님 앞에 몰입 단계로 들어가서 주님을 만난 자들이었다. 하나님께서는 우리에게 절박한 환경, 정말 기도하지 않으면 안 되는 죽을 것 같은 환경을 주신다. 이 때 포기하고 죽는 사람도 있지만, 이 상황 가운데서 하나님 앞에 몰입하는 사람들은 탈출이 시작되는 것이다.

버리고 선택하고 집중한 사람들은 그 다음으로 몰입의 단계로 들어가야 한다. 그리고 몰입의 단계로 들어가기 위해서는 사례연구를 해야 한다. 마음의 에너지를 모아서 내 힘으로 직접 성경을 펼쳐들고, 누가 하나님을 만났는지 어떻게 만났는지 찾아보아야 한다. '나도 몰입 단계로 들어가야 되겠다.'라는 목적을 가지고 성경을 보게 되면, 집중도가 달라진다. 그래서 집중하다 보면 어느 날 몰입하고 있는 내모습을 발견하게 된다. 이 과정이 반드시 있어야 한다. 그리고 이 몰입 단계로 들어가서 주님 앞에 계속 나아가다 보면, 이 영적 집중력에 근육이 붙기 시작한다. 하루 아침에 되는 것은 아니지만, 간절함 가운데 주님 앞에 초인적인 영적 집중력을 가지고 나아가는 이 길 외에 다른 길은 없다. 우리는 세상에 가서 바벨론의 노예 생활을 하다가 죽을건지, 하나님 앞에 몰입하는 두 번째 도미노를 세울 것인지 선택해야한다.

그런데 놀라운 사실은 이 몰입의 단계 속에서 영적 집중력을 갖고 매일을 나아가다 보면, 어느 순간에 하나님이 나를 찾아오신다는 사실이다. 성경 말씀은 진리이다. 이론이나 세상의 철학이 아니다. 그

진리의 말씀에 '나를 간절히 찾는 자가 나를 만날 것이니라' 라고 기록되어 있다. 자신을 간절히 찾는 자를 주님께서 만나주신다는 것이다. 문제는 우리가 간절히 구하지 않는다는 것이다. 몰입하지 않고 집중하지 않는다. 이것도 하고 저것도 하면서 모든 것을 누리기 원한다는 것이다. '하나님 한 분만 사랑하길 원합니다.'라는 노래는 부르지만 손에는 다른 것들을 잔뜩 들고 있다. 그냥 멜로디만 흥얼거리는 것이지 마음이 모아지지는 않는다. 그런데 다른 모든 것들을 버리고, 집중할 수 있는 환경에 나를 던져 넣고 하나님 앞에 초몰입하기 시작하면, 정하신 어느 때에 하나님이 직접 나를 찾아오시는 영적 지진과도 같은 일을 경험하게 된다.

간증

2006년 2월, 군대를 전역하기 몇 개월 전인 24살 때였다. 당시 나에게는 오직 하나의 목표만이 있었다. 다른 애들은 영어 단어도 외우고 이것 저것들을 한다지만, 나는 다 필요 없고 군대에서 딱 이거 하나만 해결해야겠다고 생각했다.

'하나님이 정말 계시다면, 내가 한 번 만나봐야겠다.'

나는 하나님이 정말 계신지 확인해 보고, 그게 아니면 완전히 세상으로 갈 생각이었다.

'정말 이제 종교생활은 더 이상 못하겠다. 더 이상 내 인생을 낭비하고 싶지 않다. 다만 그동안 내가 교회에 쏟아 부은 시간과 돈이 아까워서라도, 마지막으로 한 번만 더 기도해 보고 주님이 안 만나지면 끝내야겠다.'

그래서 어차피 군대에 2년을 붙잡혀 있으니까, 다른 것 안하고 하나님을 만나는 것에만 내 인생의 목표를 걸어놓고 고시 공부를 하듯이 기도에 집중해 봐야겠다고 생각했다. 그러려면 고시생들이 시험에 합격한 사람의 합격수기를 읽는 것처럼, 주님을 만난 사람들의 수기를 읽어봐야 시행착오를 줄일 수 있을 거라고 생각했다. 그래서 책도 읽어보고 간증도 들어보며 연구해보기 시작했다. 나는 정말 하나님을 만나고 싶다는 갈망으로 하나님을 만났다는 사람들이 쓴 책 수십 권을 다 읽었다. 그리고 성경의 인물들을 조사해보기 시작했다. 그리고 내리게 된 결론, 그들에게서 발견되는 공통점은 '절박함'이었다.

나도 집중해서 기도하기 시작했다. 처음 기도할 때는 기도가 안 되었다. 당연하게도 기도의 근력이 처음부터 있는 것이 아니었다. 처음 기도할 때는 나라와 전 세계를 위한 기도가 5분이면 다 끝나버렸다. 그럼에도 기도하고, 책 읽고, 말씀 읽는 것을 반복했다. 그러던 중 놀라운 일이 우리 가정에 일어나기 시작했다. 일과를 마치고 집으로 전화를 했더니, 아니 우리 엄마가 하나님을 만났다는 것이다. 휴가를 나가서 엄마에게 곧장 물었다.

'엄마가 나한테 거짓말 할 일도 없고, 진짜야?' '진짜 만났어요?' '하나님이 엄마를 왜 만나주시지?' '어디서? 언제 만났는데?' '왜 하나님이 엄마한테 관심이 있지?'

당시 '하나님을 만난다'라는 것 자체가 나에게는 지진이었고 모든 것이 의문 투성이었다. 하나님이 엄마를 왜 만나주시는지 이해가 가지 않았다. 말문이 막혔다. 그런데 엄마가 진짜로 하나님을 만났다는 것이다. 더 이상 내가 알던 엄마가 아니었다. 휴가를 나가도 아들을 반기는 것이 아니라 방에서 하루에 10시간씩 기도만 하는 것이다. 그때는 이런 것이 영적인 몰입의 단계인지 몰랐고, '엄마가 이제 정신이 나갔구나'라고 생각했다. 그것이 하나님의 임재와 깊은 연합의 단계인지 알지 못했다. 그냥 내가 이성적으로 판단하기를 '엄마가 정상이 아니고 미쳤구나 그리고 이제 우리 집은 망했구나'라고 생각했다.

그런 엄마가 나를 붙잡고 기도를 해주시는데, 하나님께서 나를 쓰시겠다고 말씀하셨다는 것이다. 이런 말도 안 되는 일이 나에게 계속 일어나니까 내 안에서 다시 동기부여가 일어나기 시작했다. '나도 하나님을 만나봐야 되겠다.' 그렇게 군대로 복귀했다.

그때 왜 그렇게 많이 울었는지 모르겠다. 절박하게 주님을 만나고 싶었고, 기도를 하는 1년 내내 울었다. 나 같은 경우에는 버리고 선택하고 집중하는 1단계에서부터 주님을 대면하는 2단계까지 1년 3개월이 걸렸다. 1년 3개월 동안 얼마나 몰입해서 기도했는가 하면, 군복바지의 건빵 주머니에 주님을 만난 사람들의 책을 집어넣고, 수시로 책을 읽고 말씀을 읽고 기도하는 일만 반복했다. 군대에서는 반복적인 생활이 주어지다 보니까 다른 방해요소가 없었다. 이 반복된 생활 환경 가운데 비닐하우스같이 생긴 군대에 있는 교회에서 신앙생활을 했다. 규칙적인 생활 가운데 말씀 읽고, 책 읽고 기도하기를 반복하다 보니, 얼마나 영적인 집중력과 몰입도가 생기는지 휴가를 받아도 밖에 나가기가 싫어졌다.

군인의 목표는 오직 휴가인데, 나는 휴가를 줘도 집에 가지를 않았다. 당시 나는 일산에 있는 백마부대에서 군 생활을 했는데, 휴가를 받고 서울에 있는 집에 와서 옷을 두 벌 챙겨서 다시 군부대로 돌아갔다. 다행히 교회가 위병소 바로 앞에 있었기 때문에, 부대 안으로 들어가지 않고도 교회에서 기도할 수 있었다. 4박 5일의 휴가를 군 교회에서 보내는 것이다. 그러면 아침에 동기들이나 간부들이 교회에 있는 나를 발견하고는 '너 왜 왔냐, 도대체 왜 네 발로 여기를 다시 기어들어왔냐' 신기하게 여기곤 했다. 군인은 전역하면 자기가 군생활 했던 방향을 향해서 소변도 보지 않는다는 말이 있다. 하지만 나는 군대가 좋았던 게 아니라, 매일 주님앞에 울부짖으며 기도하는 그 자리가 가장 아늑하고 좋았다.

그때 당시 나의 인생 첫 번째 우선순위는 휴가를 나가서 친구를 만나거나 밥 먹고 쉬는 것이 아니었다. '지금 나의 목표는 오직 하나님을 만나는 것 하나 뿐이다.'라는 생각으로 고시생처럼 기도했다. 고시생도 한 번 인생에서 집중해서 뚫어내서 얻은 결과로 평생을 울궈

먹는 것 아닌가. 1년이건 2년이건 친구와 핸드폰도 끊고 어디 학원에 처박혀서, 머리도 안 자르고 츄리닝 한 벌로 폐인처럼 공부하는 것이다. 그렇게 해서 사법고시 하나만 통과하면, 그것을 가지고 평생 변호사로 먹고사는 것 아닌가. 그런 마음을 가지고 온 힘을 다해서 기도를 하니, 어느 순간부터 회개의 영이 임하고 눈물과 콧물이 쏟아지기 시작했다. 기도를 시작한지 1년 2-3개월이 지난 어느 날 주님을 인격적으로 만나게 된 것이다.

나는 그 당시 성경 위에 말씀을 하나 붙여놓았었다. '나를 간절히 찾는 자가 나를 만날 것이니라.' 간절히 찾는 자가 하나님을 만나리라는 그 약속 하나를 붙잡고 하나님께 계속 따졌다. '하나님 만나주신다면서요.' '만나주신다면서 언제입니까?'

금식도 하고, 휴가도 안 나가고 군대에서 내가 할 수 있는 모든 것을 다 동원해서 주님 앞에 초몰입해서 나아가는데, 어느 날 정말 아무도 없는 눈이 내린 2월의 겨울에 교회의 예배당에 난로를 켜 놓고 CD 찬양을 틀어놓고 앉아서 기도하는데 주님이 나를 부르셨다. 정말 주님을 대면한 것이다. 주님이 말씀하셨다.

'형규야 내가 너의 눈물을 다 보았다. 너의 눈물이 기쁨의 단이 되게 해주겠다.'

하나님 앞에서 이 음성을 듣는데, 정말 내 온 영혼에 다 소름이 돋았다. '와 하나님이 정말 살아 계시구나.' 관념이나 어떤 이론이 아니었다. 정말 하나님이 살아계시고 나를 알고 계실 뿐 아니라 심지어 내 이름을 부르시는 것이었다.

하나님께서 내 눈물을 다 보셨고 내 눈물을 기쁨의 단이 되게 해주 겠다고 하시는데 내가 더 이상 뭐라 말을 할 수가 없었다. 하나님을 만난 그 기쁨과, 그동안 하나님을 만나지 않고 그저 종교 생활을 해온 나 자신에 대한 온갖 감정이 폭발하듯 터져나왔다.

그때부터 기도가 몰입이 되는데 초몰입 상태로 기도를 하기 시작했 다. 하나님의 임재와 충만함이 나를 휘감으면서 내 안에서부터 방언 이 소리치며 터져나오기 시작했다. 만물이 하나님을 찬양하는 것이 느껴졌다. 이것을 뭐라고 표현해야 할 지 모르겠지만, 꽃들도 구름도 만물이 주님을 찬양하고 있었다. 나는 그때까지 전혀 자연을 좋아하 거나 감성적인 사람이 아니었다. 그런데 자연이 보이고 꽃이 보이고 하나님 만드신 모든 만물이 내 눈에 들어오기 시작하는데, 너무 행복 했다. 아무것도 바랄 게 없는 것이다. 속사람이 만족하여 배가 부르고 아무런 결핍이 없는 것이다. 하나님의 충만한 임재 가운데 세상의 고 민이 아무것도 생각나지 않고, 해방의 상태가 되었다.

전역을 하고 집으로 돌아온 나는, 이제 하나님을 분명히 만났기 때 문에 앞길이 활짝 열릴 줄로 생각했다. 그러나 그 순간부터 나의 인생 의 20대가 통째로 광야 속으로 들어가기 시작했다. 아버지가 잘못 선 보증으로 인해 집이 경매에 넘어갔고, 아버지의 퇴직금과 집안의 모 든 재산이 빼앗기는 상황이었다. 내 노트북 위에도 빨간 딱지가 붙어 있는 드라마같은 상황 앞에서, 나는 절박한 상황에 내몰렸다. 그때 나는 정말 이해가 안 갔다. 아파트에서 쫓겨나서 월세집으로 들어갔는데, 8년 동안 살던 월세집 앞 건물 1층은 노래방이었다. 잠잘 때 귀마개를 하지 않으면 잠을 잘 수가 없었다. 세상 음악의 드럼소리가 밤새 들려왔다. 그 8년 동안 광야를 통과하면서, 교회에서는 광인처럼 울고 다녔다. '하나님이 나를 쓰시겠다는데, 나는 정말 돌아가시겠다. 나에게 도대체 왜 이러실까?'

그때 우리 부모님은 다 파산했다. 내가 군대를 전역하고 모아놓은 마지막 150만원을 깨서 직접 파산신고를 했다. 그렇게 하지 않으면 그 다음날 숟가락까지 빼앗기는 상황이었다. 집은 이미 경매를 당해서 이사를 나왔지만 나머지 살림까지 모두 재청구가 들어오기 바로 전날, 내가 부모님을 대신해서 직접 법무사에게 가서 파산신고를 했다. 그것도 30분만 늦었으면 서류 접수가 안돼서 내일 집행이 되는 상황이었다. 아침에 일어나서 급히 찾아다니며 접수를 하고, 서류를 작성해서 경매 집행관에게 갖다주며 '내일 우리집에 오지 마라'고 한 뒤, 정신없이 집으로 돌아와서 덜컥 주저앉았는데 정말 한 치의 소망도 없었다. 그날 그 비참함과 좌절감 속에서 내가 얼마나 울었을까? 예수님을 안 믿었다면, 열받고 자존심 상하고 힘들어서 정말 살지 못했을 것 같다. 앞이 보이지 않는 안개 속에서 예수님을 찾는 것 같았다. 내가 종교인이었다면 포기를 할 텐데, 진짜로 예수님을 만났기 때문에 포기를 할 수가 없는 것이다. 군대에서 진짜 예수님을 만났는데, 제대 후에 어떻게 이런 일이 일어나지? 정말 예수님이 살아계신 게 확실한데, 그건 목에 칼이 들어와도 부인할 수가 없는데, 어떻게 이렇게 극단적으로 집이 망하지? 라는 생각이 들었다.

그러나 그 상황은 하나님께서 나를 녹이시는 과정이었다. 하나님은 10년 동안 나를 녹이셨다. 그 광야 속에서 나는 모든 것들을 버릴 수밖에 없었고, 하나님께 몰입할 수밖에 없었다.

어느 날 하나님을 대면해서 하나님의 눈동자를 보니,
주님이 나를 보고 계시는 그 눈동자 안의 내 모습은
그동안 내가 알고 있는 내 모습과 전혀 다른 것이다.

3장
정체성

3장
정체성

    첫 번째 도미노는 버리는 것이라고 했다. 세상 것을 다 버리고 하나를 선택하는 것이다. 가장 소중한 것 하나, 예수님을 선택하는 것이다. 버리고 선택하면 비로소 집중할 수 있게 된다. 두 번째 도미노는 몰입과 대면이다. 하나님께서는 이렇게 선택하고 집중한 자들을 더 깊은 몰입으로 이끄시기 위해서 광야 속으로 이끄신다. 그 광야에서 무엇을 훈련시키시는가? 영적 집중력이다.

    다윗은 아둘람굴 속 죽음의 위기에서 하나님 앞에 몰입하기 시작했다. 그랬더니 놀라운 찬양의 시가 터져나오기 시작했다. '이제 내 영혼이 확정되고 확정되었사오니' 그 순간 다윗은 하나님을 대면하게 된다. 몰입하기 시작하고 바로 하나님을 만나게 된다면 얼마나 좋겠는가. 그런데 바로 만나게 되는 것이 아니라 개인마다 하나님이 주시는 어떤 시차들이 있다. 하나님을 대면하는 일의 핵심은 절박함이다. 절박함의 강도가 높을수록 하나님을 빨리 만나게 된다. 집중하고 몰입해서 하나님을 대면하는 것, 이 일이 시작되지 않고서는 바벨론의 트랙을 벗어날 수 없다. 하나님의 부르심의 트랙 위로 올라갈 수 없다.

성경의 모든 인물들은 하나님 앞에 집중하고 몰입해서 각자에게 주어진 광야에서 주님을 대면한 사람들이었다. 모든 하나님의 인물들이 이 과정을 통과했고, 이 과정이 없이는 하나님께 나아갈 수 없다. 먼저 뒤의 것들을 아무리 해봐도 의미가 없다. 첫 번째와 두 번째 도미노가 없이는 세 번째 도미노가 세워지지 않는 것이다. 어떤 사람은 암에 걸려서 죽기 전에 이것을 해결하고 천국에 가는 사람이 있고, 어떤 사람은 부도가 나서 죽으려고 한강에 갔다가 죽기 전 마지막으로 간 기도원에서 주님을 만나는 것이다. 그런데 우리가 꼭 그런 극단적인 환경에 놓이지 않더라도, 버리고 선택하고 주님 앞에 몰입하면 반드시 어느 순간 당신의 인생에서 주님을 대면하는 순간이 온다.

지금부터 성경의 인물 여러 명을 하이라이트 하면서 공통점을 뽑을 것이다. 아무리 대단한 인물들이라 해도, 그들도 우리와 같은 사람일 뿐이다. 그런데 그들은 어떻게 바벨론에서 탈출해서 하나님의 부르심의 삶을 살 수 있었을까? 그 원리가 바로 이제부터 시작되는 세 번째 도미노이다. 이 과정을 세밀하게 살펴볼 필요가 있다. 하나님을 대면한 자들은 다음 단계인 정체성의 싸움이 시작된다.

떨기나무 앞에 선 모세

교회에 다니는 사람이라면 누구나 한 번쯤 모세가 불타는 떨기나무 앞에서 하나님을 대면하는 장면을 들어보았을 것이다. 그런데 성경을 묵상하는 가운데 하나님께서 이 장면을 나에게 다시 보여주셨다. 마치 내가 현장에 있는 것 같은 희한한 경험을 하게 되었다.

> 2 여호와의 사자가 떨기나무 가운데로부터 나오는 불꽃 안에서 그
> 에게 나타나시니라 그가 보니 떨기나무에 불이 붙었으나 그 떨기나
> 무가 사라지지 아니하는지라
> 3 이에 모세가 이르되 내가 돌이켜 가서 이 큰 광경을 보리라 떨기나
> 무가 어찌하여 타지 아니하는고 하니 그 때에
> 4 여호와께서 그가 보려고 돌이켜 오는 것을 보신지라 하나님이 떨
> 기나무 가운데서 그를 불러 이르시되 모세야 모세야 하시매 그가 이
> 르되 내가 여기 있나이다
> 5 하나님이 이르시되 이리로 가까이 오지 말라 네가 선 곳은 거룩한
> 땅이니 네 발에서 신을 벗으라
>
> **출애굽기 3장 2-5절**

이 말씀 앞에 우리는 어떻게 반응하냐면 '그게 나하고 무슨 상관이
야?', '모세니까 그런 거 아냐?', '하나님이 나를 그런식으로 찾아오시
겠어?'하는 것이다. 다윗을 보여줘도 '그건 다윗이잖아!' 성경의 누구
를 보여줘도 '그거는 그냥 성경에 있는 인물이잖.' 지금까지 그렇게
만 생각을 해왔던 것이다. 그런데 그게 아니라는 사실이다. 그들이 뭔
가 특별한 사람들이 아니다. 그들은 우리와 똑같은 사람이다. 엘리야,
특별한 사람이 아니고 우리와 같은 성정을 가진 사람이다. 사도바울,
우리와 똑같은 사람이다. 야곱과 요셉, 모두 똑같다. 인간은 근본적으

로 죄인이다. 성경에 기록된 인물들이 특별하게 윤리적으로 깨끗하거나 의지가 강한 존재들이 아니었다. 그러나 그들에게는 공통점이 있었다. 성경에서 관찰한 인물들이 모두 그랬다. 그들이 하나님 앞에 딱 서게 되면 이런 사건이 일어난다. 여기서부터 세 번째 도미노가 시작된다. 광야의 떨기나무 앞에서 대면한 하나님은 모세에게 이상한 말씀을 하신다.

'모세야 내 백성을 자유케 해라'

이집트의 왕 바로에게 가서 히브리인들을 데리고 나오라는 것이다. 그 때 모세의 나이는 팔십 세이다. 이집트는 그 당시 지구상에서 가장 강력한 패권국가 G1이었다. 세계 1위 국가인 것이다. 철기 시대였던 당시, 바로가 가지고 있었던 철 병거는 지금 같으면 F35B 같은 최첨단 스텔스 전투기나 여러 핵탄두를 싣고 다니는 항공모함과 같은 것이다. 전쟁을 뒤집을 수 있는 전략무기였다. 병거를 몇백 대씩 보유한 철기문명은 속도전으로 상대 국가를 초토화시킬 수 있는 비대칭전력을 갖고 있는 것과 다름없었다. 그 강대한 이집트 문명의 신이 바로 Pharaoh이다. 하나님께서 그 바로에게 찾아가서 내 백성을 자유케 하라고 말씀하시는 것이다.

그러면 그때부터 모세의 내면에서 어떤 지진이 나기 시작하느냐? 하나님이 나를 부르시는 정체성, 나를 보시는 눈동자, 나를 불러내서 쓰기 원하시는 부르심과 소명이 하나 드러나고, 반대로 그것을 상식적으로 절대 할 수 없다고 여겨지는 나의 자아 정체성이 드러나서 이 두 가지가 충돌하기 시작한다.

내 자아는 어떻게 만들어졌는가? 내가 태어나서 지금까지 보고 듣고 경험한 모든 것들이 합쳐져서 나의 자아를 형성하게 된다. 그래서 이 자아는 반드시 한계가 있다. 사람들은 자신의 한계를 아주 잘 알고 있다. 말 안해도 내 외모가 어느 정도인지 스스로 다 파악을 하고 있다. 내 실력이 어느 정도인지 다 알고 있다. 내 스펙이 어느 정도인지, 우리 집안의 돈이 어느 정도인지, 내 사회적 경쟁력이 어느 정도인지, 나의 역량이 어느 정도인지 스스로 다 알게 되어있다. 눈치껏 어느 정도 자기 주제파악이 되어져 있는 게 바로 내 자아이다.

사람은 열등감과 우월감의 어느 중간에 좌표를 형성하고 자기 정체성을 만들며 살아간다. 그래서 그 정체성이 열등감 쪽으로 기울어져 있으면 아담처럼 그 수치를 가리기 위한 잎사귀 옷을 계속 구매하게 된다. 명품을 구매하는 사람의 마음의 기저에는 '나는 괜찮은 사람이야.', '난 소비 능력이 있는 사람이야.', '나는 존중받아야 될 사람이야.' 라는 결핍을 채우고 싶은 열망이 있다. 그리고 브랜드들은 그 심리를 마케팅의 소재로 삼는다. 열등감의 방어기제가 강력한 소비욕구를 만들어내기 때문이다.

반대로 학력 수준이 높을수록 명품 소비를 안 한다는 통계들이 있다. 왜일까? 학력이 높다라는 것 자체가 이미 자기 정체성이 되어 있기 때문에 뭔가를 가리고 싶은 욕구가 크게 드러나지 않는 것이다. 따라서 자존감이 높은 사람일수록 그런 명품소비를 잘 하지 않는다. 그러나 그 둘 모두 지독한 죄의 열매일 뿐이다. 자존감이 높은 것도 죄인이고 자존감이 낮은 것도 죄인이다. 우월감과 열등감 사이에서 좌표를 찍고 내가 주인이 되어서 죄를 지으면서 살아가는 똑같은 죄인일 뿐인 것이다.

하나님이 떨기나무 앞에서 명령하시는데 모세는 뭐라고 대답하는가? 못한다는 것이다. '나는 나이도 많고 말도 잘 못하며 이제 이집트 말도 다 잊어버렸습니다. 나에게는 군대도 없고 아무것도 없는데 내가 어떻게 G1국가 이집트와 맞붙겠습니까?'라는 것이다. 모세는 지금 자기 자아의 현실을 이야기하고 있는 것이다.

> 모세가 하나님께 아뢰되 내가 누구이기에 바로에게 가며 이스라엘
> 자손을 애굽에서 인도하여 내리이까
> **출애굽기 3장 11절**

광야의 떨기나무 앞에서 모세는 과거의 모든 영광과 누리던 모든 것들이 버려지고 집중된 초몰입 상태에서 하나님을 대면하게 된다. 그런데 그 대면 앞에서 모세의 고백은 '못한다'는 것이었다. '나는 못합니다.' '내가 어떻게 합니까?' '바로 앞에 가면 입 안에 든 말도 다 마치지 못하고 죽고 말겁니다.' 지금 모세는 무엇에 갇혀 있는 것인가? 환경, 눈에 보이는 현실, 자신의 경험에 갇혀있는 것이다. 이게 '나'라고 하는 것이다.

그런데 믿음이 무엇인가? 환경이 아니라 주님을 선택하는 것이다.

경험이 아니라 말씀을 의지하는 것이다. 내가 아니라 예수를 바라보는 것이다. 이해가 되는가? 이후 출애굽의 과정에서 모세가 하나님을 바라보면 살게 된다. 두 팔을 들고 하늘을 바라보면 전쟁에 이기게 된다. 이 원리를 배워가는 과정 가운데 모세는 계속해서 갈등을 겪는다. 주님이 그렇게 표현은 안 하시지만 얼마나 화가 나셨을까. 창조자이신 그분이 친히 오셔서 떨기나무 하나 태워놓고 지금 말씀하고 계신데, 이 인간이라는 게 도무지 말을 듣질 않는다. 창조자인 내가 하겠다고 말하는데 모세는 못한다고 대답한다. 그러니 이런 저런 기적을 보이시며 설득하시다가 결국 화를 내시지 않는가. 예전에는 이게 안 보였다. 똑같은 성경을 수십 번을 보는 데도 이 과정이 주목되지 않았다. 이런 정체성의 싸움은 모세만 경험한 것이 아니었다.

믿음의 조상 아브라함

> 여호와께서 아브람에게 이르시되 너는 너의 고향과 친척과 아버지
> 의 집을 떠나 내가 네게 보여 줄 땅으로 가라
> 창세기 12장 1절

여호와께서 아브라함에게 이르시되 너는 고향과 친척과 아버지의 집을 떠나 내게 너에게 보여 줄 땅으로 가라고 말씀하신다. 그런데 이게 우리의 인생이 아니니까 그냥 아브라함이 이사 간 이야기인 줄로

알고 넘어가지만 아브라함에게 이것은 정체성의 지진이 일어나는 순간이었다.

그 시대에는 고향 땅을 떠나서 이사하는 것이 오늘과 같이 사소한 일이 아니었다. 단순히 누리던 안정감을 포기하는 수준의 일이 아니었고 죽음을 선택하는 일이었다. 그때 당시에는 마을을 떠나면 죽는 것이 상식이었다. 부족사회였기 때문에 힘을 가진 부족이 다른 부족을 죽이고 빼앗는 일이 빈번했다. 광야에는 도적이 가득했다. 이런 상황에서 아이와 여자들과 모든 재산을 마차에 싣고 길을 떠나는 것은 먹기 좋은 사냥감의 모습과도 같았을 것이다. 자기의 경험과 상식으로는 떠나면 죽는 것이다. 그런데 아브라함은 떠났다. 이것은 무엇을 의미하는가? 자아를 죽이고 말씀을 선택하는 것이다. 아브라함은 자신이 갖고 있는 경험과 자아를 죽여야지만 떠날 수 있었다. 이것을 못 떠나면 아브람은 아브라함이 될 수가 없는 것이다. 하나님께서는 내가 보고 들은 것과 전혀 반대되는 것을 요구하신다. 하나님을 만나면 이런 일이 반드시 일어난다. 주님은 내 경험과 내 상식과 내가 갖고 있는 한계를 깨 부수라는 믿음의 요구를 하신다.

> 믿음으로 아브라함은 부르심을 받았을 때에 순종하여 장래의 유업으로 받을 땅에 나아갈새 갈 바를 알지 못하고 나아갔으며
>
> **히브리서 11장 8절**

이게 아브라함의 믿음의 여정의 시작이다. 만약 당신이 하나님을

대면하게 된다면, 주님께서는 당신의 자아와 정체성을 바꾸실 것이다. 하나님이 당신을 바라보고 계시는 정체성이 있고, 당신이 지금까지 경험한 '나'라고 인지하고 있는 정체성이 있다. 그런데 이 두 가지가 충돌하기 시작할 때 자아는 스스로 자기를 지키려고 하는 방어 본능이 있다. 끊임없이 방어기제를 만드는 것이다.

그래서 우리가 언제 제일 화가 나는가 하면, 내 자아가 손상을 받을 때 가장 분노하게 되어 있다. 내가 만약 열등감이 있다면, 누가 열등감의 꼭지를 딱 건드리게 되면, 갑자기 눈이 뒤집히면서 폭발하게 되는 것이다. 왜냐하면 나를 지켜야 되니까. 그게 바로 자아이다. 그런데 마지막 때가 어떤 시대인가 하면 디모데후서 3장에 기록하기를, 세상이 자기를 사랑하는 시대라고 말한다. 그러니까 자아를 우상숭배하는 시대라는 것이다.

만약 상처가 많은 사람이 있다고 하면 그 상처가 안타깝고 우리가 공감하고 위로할 수 있겠지만 그 단계에 머물러 있으면 안된다. 결국은 자기연민이 자기의 우상숭배가 될 수 있기 때문이다. 엄밀하게 들어가면, 자기연민은 자기 스스로 노예생활을 하고 있는 것이다.

'나는 이럴 수밖에 없어.', '내 환경이 그렇잖아.', '내 성장 과정 때문에 나는 이럴 수밖에 없어.', '내가 남편한테 당한 거 몰라?', '내가 시어머니에게 당한 거 몰라?', '내가 목사님한테 당한 거 몰라? 그러니까 나는 믿을 수가 없어.', '나는 할 수 없어. 나는 사랑할 수 없어. 용서할 수 없어.' 이렇게 우리는 말한다. 그런데 말이라는 것은 그 사람의 한계이다. 언어는 그 사람의 세계이고 그 사람을 규정하는 틀이다. 한 사람이 사용하는 언어를 보면 그 사람을 알 수가 있는데, 그 사람의 한계가 언어 가운데 규정되어져 있기 때문이다. 그것이 자신의 감옥이자 자기 한계이다. 자기가 한 말 안에 갇혀서 사는 것이다. 그런데 하나님은 세상을 말로 창조하셨다. 그래서 하나님의 세계를 대면하게 되면, 하나님의 말이 내 세계 속으로 들어오며 내 세계에 지진이 나기 시작한다.

'주님 나는 할 수 없어요.', '주님 나는 절대로 용서할 수 없어요.', '나는 절대로 사랑할 수 없어요.', '나는 절대로 품을 수 없어요.', '나는 이해할 수 없어요.', '나는 받을 수 없어요.' 이런 말의 한계를 갖고 자아의 감옥에 갇혀 있는 바벨론의 노예에게 주님이 찾아오시게 되면 그 감옥의 세계가 부서지는 충돌을 경험하게 된다. 하나님의 말이 내 속으로 들어오는 것이다.

그러면 누가 믿음의 삶을 사는 사람일까? 내가 갖고 있는 경험과 자아가 아니라 말씀을 선택하겠다고 결정한 사람들이다. 그들의 이야기가 히브리서 11장 믿음장에 기록된 사람들의 이야기이다. 그들의 삶은 우리와 다르지 않았다. 똑같은 인생을 살아가다가 하나님을 대면하게 된다. 인생의 고난이 왔건, 어려움이 있건, 내가 의도적으로 몰입과 집중을 했건, 하나님을 대면하게 되면 말씀이 내게 임하게 된다. 말씀이 임할 때 내 경험과 환경과 나의 아픔과 나의 어떤 한계에 계속 머물러 있는 인생은 탈출하지 못한다. 그러나 주님의 말씀은 한 줄기 빛과 같아서, 동굴 밖으로 나갈 수 있는 길이다. 그 빛을 신뢰하고 말씀을 믿고 걸어 나오면 하나님의 세계가 열리는 것이다. 부르심의 세계가 열리는 것이다.

아브라함도 '나는 고향 땅을 떠나면 죽어.'라는 자아의 목소리를 이기고 순종했더니 하나님의 부르심의 여정이 시작되었다. 그런데 이 정체성을 깨닫고 영적 전쟁을 시작하는 것으로 믿음이 바로 완성되는 게 아니다. 정체성의 충돌과 갈등은 살아가는 내내 찾아온다. 그때마다 믿음을 선택해야 하는 것이다. 아브라함도 분명히 믿음으로 여정을 출발했는데 그 이후 이어지는 창세기 말씀을 읽어보면 믿음의 성장과 연단의 과정이 계속해서 나온다. 그 믿음의 조상이었던 아브라함도 사기치고 거짓말하고 실수하고 낙심하고 하나님을 불신하다가 또 죄를 짓게 된다. 성경은 어떤 사람이 대단한 인물이라고 절대 미화하지 않는다. 성경에서 기록하는 아브라함은 철저히 연약하고 인간적인 사람이다. 우리와 똑같은 인간이다. 우리가 매 순간순간 다 잘하면 얼마나 좋겠냐만은 인간은 죄인이고 연약하기 때문에 그럴 수가 없다.

그럼에도 첫 시작이 중요하다. 첫 시작을 하나님께서는 귀하게 바라보시고 그 다음의 단계를 순종할 수 있는 힘을 부어주신다. 아브라함의 믿음의 시작이 어디서 되었느냐? 내가 집을 떠나면 죽는다라는 상식과 경험이 있음에도 하나님의 말씀을 따라 집을 떠나는 순종에서부터 믿음이 시작되었다. 여정을 떠난 아브라함에게 하나님께서 주신 언약은 '내가 너를 통해서 내 백성을 이룰거야. 하늘의 별들을 봐. 네 후손이 앞으로 저렇게 많아질 거야.'라는 약속이었다. 하지만 현실을 보니까, 아내는 나이가 들어 폐경인 것이다. 그때 의학적인 지식이 지금처럼 없었다고 해도 아내가 꼬부랑 할머니가 됐는데 어떻게 아기를 낳을 수 있을까? 상식적으로 바라봤을 때 지금 아내는 아기를 낳을 수가 없는 것이다. 이것이 지금 아브라함이 처한 인생이다. 그런데 밤에 마음이 답답해서 밖으로 나가면 하늘의 별들은 까마득하고 하나님의 언약이 생각난다. 다시 장막 안으로 들어가면 할머니가 된 아내가 잠들어 있다. 그때마다 아브라함이 고민했을 것 아닌가. 이런 부르심과 자아의 갈등이 밤마다 시작되는 것이다. 현실의 환경과 하나님이 말씀하신 믿음 사이의 괴리감 가운데 계속해서 세월이 지나가는 것이다. 한 두 해가 지나가니까 이제 믿음이 흔들리기 시작한다. 그때 아내가 와서 말한다.

'여보 잘 생각 좀 해봐. 당신 언제까지 그렇게 애 하나도 없이 하나님 얘기만 하면서 인생을 살 거냐고. 내 여종을 줄 테니까 빨리 자식을 가져요.'

'그래 하나님이 약속하신 것은 하나님이 실수는 안 하시니까, 그럼 이걸 우리가 어떻게 이루면 좋을까? 그래 우리 아내의 종이 아내나 마찬가지니까. 아내의 종을 통해서 대를 잇는 게 결국은 그게 주의 뜻을 이루는 거 아니겠어?'

하나님은 분명히 아내 사래를 통해서 자녀를 주겠다고 약속하셨다. 그런데 아브라함이 다른 방법을 생각해보는 것이다. 그렇게 해서 결국 이스마엘이 태어난다. 그 이스마엘의 후손이 아랍국가들과 이슬람 세력이 되어서 지금까지 이삭의 후손인 이스라엘과 싸우게 되는 것이다.

똑같이 오늘날 우리도 고민한다. 눈에 보이는 것으로 판단한다. 상황으로 결정한다. 내 방식으로 해결하려고 한다. 그래서 인생이 꼬이는 것이다. 그럼에도 하나님은 신실하시기 때문에 결국은 하나님의 언약을 이루신다. 결국 하나님은 아브라함에게 이삭을 주신다.

히브리서, 믿음의 선진들

믿음이 없이는 하나님을 기쁘시게 하지 못하나니 하나님께 나아가는 자는 반드시 그가 계신 것과 또한 그가 자기를 찾는 자들에게 상주시는 이심을 믿어야 할지니라

히브리서 11장 6절

히브리서 11장은 믿음이 무엇인지 이야기해주는 장이다. 이 믿음이라고 하는 것이 무엇일까? 믿음은 눈에 보이지 않는다. 그런데 이 믿음이 없이는 하나님을 기쁘시게 할 수 없다고 말한다. 하나님께 나아가려는 자는 반드시 그가 계신 것과 또한 자기를 찾는 자들에게 상 주시는 분임을 믿어야 한다는 것이다. 그리고 이어지는 말씀을 살펴보면 수 많은 믿음의 선진들을 한 명씩 나열하기 시작한다.

> 믿음으로 아브라함은 부르심을 받았을 때에 순종하여 장래의 유업
> 으로 받을 땅에 나아갈새 갈 바를 알지 못하고 나아갔으며
>
> 히브리서 11장 8절

믿음이 무엇이냐? 믿음이 있다, 믿음이 없다, 이것을 주님은 무엇으로 판단하시는가 봤더니, 아브라함은 부르심을 받을 때 어디로 가야 할지 몰랐다. 그리고 그의 자아와 경험은 나가면 죽는다라고 말했고 그것은 팩트였다. 그런데 아브라함이 그럼에도 불구하고 그 길을 나아갈 때 하나님은 이게 바로 아브라함의 믿음이라고 하신다. 이게 믿음의 조상의 시작이다. 그 다음 부분을 보면 이삭에 대해 이야기한다.

> 17 아브라함은 시험을 받을 때에 믿음으로 이삭을 드렸으니 그는 약
> 속들을 받은 자로되 그 외아들을 드렸느니라
> 18 그에게 이미 말씀하시기를 네 자손이라 칭할 자는 이삭으로 말미
> 암으리라 하셨으니
> 19 그가 하나님이 능히 이삭을 죽은 자 가운데서 다시 살리실 줄로
> 생각한지라 비유컨대 그를 죽은 자 가운데서 도로 받은 것이니라
>
> 히브리서 11장 17-19절

그렇게 100세가 되도록 기다려서 이삭을 아들로 받았다. 그런데 이삭이 이제 겨우 청소년기가 되었는데, 하나님께서는 이삭을 모리아산으로 데리고 와서 죽이라고 하신다. 이게 말이 되는가? 지금 이 아들

을 통해서 민족을 이루겠다는 언약을 받았다. 그리고 어떻게 받은 씨 앗이란 말인가? 그런데 이미 아브라함은 이때쯤 되어서는 믿음의 장성한 분량까지 올라가고 있었던 것 같다. 아들 이삭을 바치라는 음성에 고민을 했지만 짐을 싸서 아들을 데리고 모리아산으로 올라간다. 아브라함은 하나님께서 이삭을 죽은 자 가운데서 다시 살리실 줄로 이미 믿고 있었던 것이다. 하나님의 언약과 말씀을 내 현실의 상황보다 훨씬 높은 수준으로 이미 올려두고 있었던 것이다.

> 믿음으로 이삭은 장차 있을 일에 대하여 야곱과 에서에게 축복하였으며
> 히브리서 11장 20절

아버지 아브라함의 믿음을 전달받은 이삭은 아버지에게 들었을 것이다. '아들아 앞으로 너를 통해 하나님께서 언약 백성을 세우실 거란다.' 이삭은 지금 아무것도 이루어진 게 없다. 하지만 이 약속에 대해 믿기 때문에 자신의 자녀 야곱과 에서에게 그 축복을 물려주는 것이다. 이 축복은 그냥 부모가 자식 잘 되라고 하는 그런 축복이 아니다. 하나님의 언약을 너희가 이어가는 것이고 그 복이 너희들에게 부어질 것이라고 믿음으로 축복하는 것이다.

이삭의 눈에 보이는 것은 이제 겨우 두 명이었다. 도대체 언제 민족을 이루겠다는 것일까. 그런데 또 그 두 자식이 치고 받고 싸운다. 그러니 육신의 눈으로 바라볼 때 얼마나 답답하겠는가. 어느 세월에 하나님의 약속이 이루어지느냐 그렇게 마귀는 참소하는 것이다.

믿음으로 야곱은 죽을 때에 요셉의 각 아들에게 축복하고 그 지팡이

머리에 의지하여 경배하였으며

히브리서 11장 21절

야곱이 얼마나 고단한 인생을 사는가. 자기 힘으로 축복을 한번 받아보려고 아버지와 형을 속였다. 자기 힘으로 부자가 한 번 되어 보려고, 자기 마음에 드는 예쁜 여자를 한 번 취해보려고, 별 잔머리를 다 굴리면서 살아왔다. 그러나 하나님의 약속을 이어받은 야곱이었다. 예를 들면 교회에 다니면서 이미 어릴 때 목사님이 기도해줘서 내 부르심을 알고 사명도 아는데, 어찌어찌 세월이 지나며 인생을 살다 보니까 늙어버린 것이다. 야곱은 근본적으로 자기 형을 속이고 아버지를 속이고 거짓말로 시작한 인생이었다. 인생 자체가 죄의 수치와 트라우마 속에 있었다. 그리고 형님한테 붙잡히면 죽는다는 공포감이 기저에 깔려있어서 항상 두려움이 가득했다. 야곱의 인생은 이제 나름대로 돈도 어느 정도 모았다. 노력해서 바벨론의 가치관으로 살면서 내 나름대로 원하는 여자도 취했다. 그리고 재산도 많이 늘렸다. 그런데 이제 결전의 날이 찾아온 것이다. 형님이 군대를 이끌고 온다는 것이다.

야곱이 얼마나 비겁한 인간인가 하면 아내와 아이들을 먼저 앞에 보낸다. 그 다음에 동물도 먼저 보낸다. 그래도 혈족이니까 조카를 보시고 마음을 좀 누그러뜨리시든지 아니면 짐승이라도 잡아서 잡수시고 나를 좀 살려달라는 것이다. 원래 가정의 가장이자 남자라고 한다

면 아내와 아이들을 뒤에 숨기고 본인이 먼저 나가야 될 게 아닌가? 믿음의 조상의 모습을 보면 연약한 우리의 모습을 볼 수 있다. 하나님께서는 위인전을 만들어 놓고 이 길을 따라오라고 하시지 않는다. 성경은 그런 것이 아니다. 아브라함도 실수투성이고 이삭도 연약하고 야곱도 완전 비겁한 우리의 모습과 같다. 이 비겁한 야곱이 결국은 이제 처자식을 먼저 얍복강 건너편으로 다 보내놓고 혼자 남아 기도를 하게 된다. 야곱이 그날 딴짓을 하면서 기도했겠는가? 기도하면서 배가 고팠을까? 아니다. 내일이면 죽을 날이기 때문에 몰입을 하지 않을 수가 없는 것이다.

야곱이 한 가지 잘했던 것은, 형님한테 죽기 전날 기도하러 간 것이다. 오늘 당신의 인생이 정말 죽을 것 같이 힘들다면, 해볼 만한 것들은 다 해보지 않았는가? 마지막으로 꼭 해봐야 하는 것이 무엇이냐면, 바로 하나님 앞에 가서 마지막 죽을 힘을 다해 기도하는 것이다. 그렇게 야곱이 죽을 힘을 다해 기도하며 주님을 만나니까 이제 하나님이 그에게 말씀하신다.

'야곱아 너는 이제 이스라엘이다.'

야곱이 얼마나 울었을까? 이 언약이 어디서부터 시작된 언약인가? 할아버지에게 주신 언약이다. 그런데 그날 얍복강 앞에서 주님을 만났더니 주님이 말씀하시는 것이다. '야곱아 너는 이제 야곱이 아니다. 이스라엘이다.' 이 말이 무슨 말일까? 그냥 이름을 지어주시는 것이 아니다. 하나님이 야곱을 보면서 말씀하신 것은 너는 이스라엘 민족이라는 것이다. 이미 하나님은 하나님의 언약의 완성을 보고 계시는 것이다. 야곱의 씨에서 예수 그리스도가 나올 것을, 주님은 이미 수천 년의 세월과 공간을 뛰어넘어 보고 계신 것이다.

하나님께서 '야곱아 너는 이스라엘이다.'라고 하실 때 야곱은 '아니요 주님, 저는 거짓말쟁이인데요. 주님 저는 비겁한 인간인데요. 주님 저는 내가 살기 위해서 아내와 내 자녀들까지 먼저 죽음의 자리로 내보낸 이렇게 비겁한 인간인데요.' 그것을 씨름하지 않았을까? 하나님은 계속해서 '아니야. 너는 이스라엘이야.' 야곱은 '아니에요. 주님 저는 못해요.' 밤새 씨름하다가 결국은 어떻게 되었을까? '아멘! 주님, 저는 이스라엘이 맞습니다. 주님, 저는 하나님의 백성입니다.'라고 고백하게 되는 것이다.

그렇게 이스라엘이 된 다음부터 야곱은 무엇을 고민했을까? 그에게는 인생의 대전환이 일어났다. 야곱의 관심은 그날부터 잘 먹고 잘 사는 것이 아니었다. 열두 명의 자녀가 있는데, 하나님께서 내 자녀 중 누구를 통해서 언약을 이루실까? 그것을 고민하기 시작하는 것이다. 그리고 야곱이 생각할 때는 자기가 사랑했던 여자를 통해 주신 요셉을 통해서 그 언약을 이루실 것이라 믿었을 것이다.

> 믿음으로 야곱은 죽을 때에 요셉의 각 아들에게 축복하고 그 지팡이
> 머리에 의지하여 경배하였으며
>
> 히브리서 11장 21절

죽은 줄 알았던 요셉이 총리가 되어 돌아오자 온 가족들과 함께 이 집트로 넘어와서 살다가, 이제 죽는 순간에 요셉에게 당부하는 장면 이다. 야곱은 계속해서 하나님이 주신 언약을 이야기하고 있다. 이 축 복이 무엇인가? 그냥 잘 먹고 잘 살라는 아버지로서의 축복이 아니다. 하나님이 우리 조상에게 주셨던 그 비전을 내가 나의 대까지 겨우 가 지고 왔지만, 이제 너희들이 이것을 잊으면 안 된다는 것이다.

> 믿음으로 요셉은 임종시에 이스라엘 자손들이 떠날 것을 말하고 또
> 자기 뼈를 위하여 명하였으며
> 히브리서 11장 22절

요셉은 아버지의 이 당부를 잊지 않았다. 하나님의 이 관점이 하나 로 관통되고 있는 것이다. 요셉은 자신이 할아버지 때부터 들었던 언 약, 감옥에서 만났던 하나님, 자신을 건져내셔서 총리가 되게 하시고 부르심으로 가게 하신 이유를 기억했다. 히브리인들은 이미 이집트 고센 땅에서 자리를 잡았다. 그러나 히브리인들이 애굽인이 되어서 이 땅에서 잘 먹고 잘 사는 것이 그들의 미래가 아니라는 것이다. 요 셉은 하나님께서 약속하신 그 땅으로 돌아가게 될 것이고 자신의 뼈 를 그곳에 묻어달라고 당부했다.

> 24 믿음으로 모세는 장성하여 바로의 공주의 아들이라 칭함 받기를
> 거절하고

25 도리어 하나님의 백성과 함께 고난 받기를 잠시 죄악의 낙을 누리는 것보다 더 좋아하고

26 그리스도를 위하여 받는 수모를 애굽의 모든 보화보다 더 큰 재물로 여겼으니 이는 상 주심을 바라봄이라

27 믿음으로 애굽을 떠나 왕의 노함을 무서워하지 아니하고 곧 보이지 아니하는 자를 보는 것 같이 하여 참았으며

28 믿음으로 유월절과 피 뿌리는 예식을 정하였으니 이는 장자를 멸하는 자로 그들을 건드리지 않게 하려 한 것이며

29 믿음으로 그들은 홍해를 육지 같이 건넜으나 애굽 사람들은 이것을 시험하다가 빠져 죽었으며

30 믿음으로 칠 일 동안 여리고를 도니 성이 무너졌으며

31 믿음으로 기생 라합은 정탐꾼을 평안히 영접하였으므로 순종하지 아니한 자와 함께 멸망하지 아니하였도다

32 내가 무슨 말을 더 하리요 기드온, 바락, 삼손, 입다, 다윗 및 사무엘과 선지자들의 일을 말하려면 내게 시간이 부족하리로다

히브리서 11장 24-32절

모세는 바로의 왕궁에서 왕자로 잘 먹고 잘 사는 것에 만족하지 않고 하나님의 언약을 기억했다. 그래서 모세는 애굽의 모든 보화보다 그리스도를 위한 수모를 선택하였다. 라합은 무엇을 한 것인가? 여리고성의 자신의 동족들을 배신하면 죽는다. 그런데 이스라엘 민족과 함께하는 전능한 하나님의 소문을 듣게 된 것이다. 그 때 라합은 생각

했다. '나도 믿음의 가문에 접붙여지고 싶다.', '나도 믿음의 삶을 살아보고 싶다.'. 그래서 정탐꾼들이 왔을 때 라합은 믿음으로 목숨을 거는 것이다. 뒤에 나오는 기드온, 바락, 삼손, 입다 등 성경에 있는 모든 인물들의 이야기를 통해서 알 수 있는 것은 딱 한 가지이다. 정체성 싸움이라는 것이다. 우리의 경험과 상식과 상처와 자존심을 선택할 것이냐, 하나님을 선택할 것이냐의 싸움이다. 나의 자아와 하나님의 약속, 이 두 가지 가운데서 무엇을 선택할 것인가라는 정체성의 싸움을 말하고 있다.

세 번째 도미노 : 정체성

지금까지 성경의 수 많은 인물들의 사례를 통해서 그들이 인생의 도미노를 세워나간 과정을 살펴보았다. 그런데 우리가 모세처럼 떨기나무 앞에서 하나님을 드라마틱하게 만나게 되는 경우는 드물다. 그렇다면 이제 구체적으로 어떻게 살아야 할까? 무엇으로 하나님의 뜻을 분별할 수 있을까?

우리는 아침에 오늘 하루를 살아갈 말씀을 펴서 보아야 한다. 그러면 전지전능한 하나님이 오늘 가장 나에게 필요한 말씀을 반드시 주신다. 묵상을 시작해 보면, 손이 떨린다. 어떻게 이렇게 나를 아시고 하루도 빠지지 않고 나에게 딱 맞는 영의 말씀을 주시는지 기가 막힌다. 아침마다 읽는 말씀을 통해 하나님을 만날 수 있다. 왜냐하면 말씀 그 자체가 하나님이시기 때문이다. 그 말씀이 육신이 되어 오신 것이 예수 그리스도이다. 말씀을 이미 우리에게 다 주셨다.

그렇기 때문에 마귀는 이 말씀이 우리 개인들에게 보급되지 못하게 하려고 수백 년 동안 많은 사람들을 죽였다. 그런데 지금은 말씀이 주변에 차고 넘치는데도 아무도 말씀을 보지 않는다. 왜 그런걸까? 왜냐하면 마귀가 전략을 바꾸었기 때문이다. 마귀의 전략은 많은 것을 먹여서 말씀 들어올 공간을 주지 않는 것이다. 옛날에는 말씀을 읽으면 영혼들이 다 살아나니까 개인이 성경을 가지지 못하게끔 어떻게든 잡아서 죽였는데, 결국 성경이 대중에게 확 풀리고 나니까 이제는 마귀가 전략을 바꾸어 진리를 덮어버리기 위해 더 많은 것들로 섞어버리는 것이다. 아예 세상에 지식과 볼 것들이 너무 많도록 만들어서, 더이상 말씀을 먹을 수 없게 만드는 것이다.

세 번째 도미노를 세우는 정체성 싸움은 다른 것이 아니다. 하나님을 대면한 후부터는 자신의 정체성을 알고 있다. '나는 죽고 예수로 사는 삶', '내게 능력 주시는 자 안에서 내가 모든 것을 할 수 있다.'라는 것을 날마다 선택하면서 그 정체성으로 나아가는 것이 믿음의 삶이다.

믿음의 삶을 살기 위해서는 방어기제를 버려야 한다. 자존심, 열등감 등 나를 폭발하게 만드는 버튼들이 있다. 아무 말도 아닌데 나를 열받게 하는 말들, 나를 기분 나쁘게 만드는 상황들이 무엇인지 살펴보아야 한다. 나를 두고 잠깐 한 걸음 뒤로 물러서서 나를 바라보아야 한다. 내가 언제 폭발하고, 내가 언제 수치감을 느끼고, 내가 언제 열등감이 있고, 내가 언제 교만함이 있는지 발견해야 한다. 한 걸음 떨어져서 마귀가 나를 주로 공격하는 지점이 무엇인지 확인하고 나면 그것을 가지고 주님 앞에 가는 것이다. 가서 주님의 정체성을 다시 받는 것이다.

우리를 가두는 닭장과도 같은 부정적인 언어들이 있다. 예를 들면, 어릴 때 부모에게 '너는 나오지 말았어야 되는데 왜 나왔냐?', '너는 엄마가 그날 술 먹고 아빠랑 잘못 만나가지고 태어난거야.'라는 말을 듣거나, 학교에 갔는데 선생님이 출석부로 머리를 때리면서 '넌 돌대가리니까 공부하지 말고 가서 공장에서 일이나 해라.'라는 이런 정체성을 흔드는 말을 듣게 되면 마음에 굉장한 데미지를 입을 수 있다.

그런데 중요한 것은 우리가 그 말에 갇혀 있을 필요가 없다는 사실이다. 왜냐하면, 예수님 앞에 가면 그분은 나에게 뭐라 말씀하시느냐? 우리는 다 결핍이 있는 존재인데 주님이 나를 사랑하신다는 것이다.

'주님 저는 결핍이 많습니다. 엄마 아빠한테 사랑도 못 받았고, 학교 선생님은 나에게 이런 거짓말들을 심어주었습니다.'

'사랑하는 아들아. 내가 너를 쓰겠다는데 누가 뭐라 그래?'

그래서 주님 앞에 가면 모든 것이 한 번에 해결되는 것이다. 내 안에 있는 내가 경험하고 들었던 모든 부정적인 언어들, 내 자아를 형성하게 만든 그런 모든 것들에서 탈출하는 길은 하나님을 대면하고 믿음을 택하는 것이다.

이 눈에 아무 증거 아니 뵈어도

믿음만을 가지고서 늘 걸으며

이 귀에 아무 소리 아니 들려도

하나님의 약속 위에 서리라

걸어가세 믿음 위에 서서

나가세 나가세 의심 버리고

걸어가세 믿음 위에 서서

눈과 귀에 아무 증거 없어도

할렐루야! 이것이 바로 믿음의 삶이다. 이 찬양 하나로 요약정리가 다 된다. 예수님과 함께 동행하는 삶, 염려할 거 없다. 걱정할 환경이 아니라서 걱정하지 말라는 게 아니다. 걱정할 환경을 보지 말고 주님을 바라보라는 것이다. 염려하지 말라 말씀하시니 믿음으로 그 길을 가는 것이다. 걱정하면 또 노예 생활로 돌아가게 된다. 믿음으로 그 동굴에서 나오라. 믿음을 선택하라.

행위와 삶의 변화는 구원을 받기 위한 조건이 아니라,
구원을 받은 증거로 나타나는 것이다.

4장

구원의 투구

4장
구원의 투구

우리가 하나님을 대면하고 정체성의 싸움을 시작하고 나서 가장 먼저 점검해야 하는 것은 바로 구원의 문제이다. 전신갑주는 전쟁 때 입는 방어용 갑옷을 말한다. 투구를 쓴다는 것은 누군가의 공격으로부터 우리의 머리를 지키기 위한 것이다. 네 번째 도미노의 이름이 구원의 투구인 이유는 신앙생활을 하면서 이 구원의 문제가 하나님의 말씀의 기초 안에서 명확하게 정리되어 있지 않으면, 실컷 달려가다가도 머리를 한 대 맞으면 바로 가사상태에 빠질 수 있기 때문이다. 열심히 믿음으로 나아가다가 엉뚱한 소리를 한 번 듣고서는 '내가 그래서 천국 가는 거야? 마는 거야?'라는 고민에 빠지게 되는 것이다. 평생 교회생활을 하고서도 구원에 대한 문제를 정확하게 알지 못해서 구원의 확신이 없는 경우가 허다하다.

그러나 우리가 분명히 알아야 할 것은 구원의 확신이 말씀에 근거한 확신이 되어야지 자기의 신념에 근거한 확신이 되면 안된다는 것이다. 마귀는 우는 사자와 같이 두루 다니며, 할 수만 있다면 택한 자들까지 지옥으로 끌고 가기 위해서 당신의 머리를 노리고 있다. 혼미함의 영들이 공격하는 것은 바로 구원의 문제이다. 대한민국에 있는 모든 이단들이 다 무엇을 가지고 장난을 치고 있는가? 바로 구원의 문제이다. 그래서 성경이 말하고 있는 구원이 무엇인지, 왜 우리는 오해하고 있으며 성경은 정확하게 뭐라고 말하는지에 대해 정리하고자 한다. 그러기 위해서 우리는 첫 번째로 죄에 대해서 정확히 알아야 한다.

> 7 그러나 내가 너희에게 실상을 말하노니 내가 떠나가는 것이 너희에게 유익이라 내가 떠나가지 아니하면 보혜사가 너희에게로 오시지 아니할 것이요 가면 내가 그를 너희에게로 보내리니
> 8 그가 와서 죄에 대하여, 의에 대하여, 심판에 대하여 세상을 책망하시리라
> 요한복음 16장 7-8절

성령이 우리 가운데 임하시면 죄에 대하여, 의에 대하여, 심판에 대하여 세상이 잘못 알고 있는 상식에 대해서 꾸짖어 바로잡아 줄 것이라는 말씀이다. 그리고 이어서 말씀하신다.

> 죄에 대하여라 함은 그들이 나를 믿지 아니함이요
> 요한복음 16장 9절

우리가 죄에 대해서 가진 잘못된 상식이 무엇인가? 우리는 대개 도

둑질과 사기와 폭력 등 윤리적이고 도덕적인 문제들을 죄라고 생각한다. 하지만 성경이 말하는 죄의 정의는 다르다. 하나님을 믿지 않는 것이 죄라는 것이다. 성경은 인간을 근본적으로 죄의 종이라 정의하고 있다.

예수께서 대답하시되 진실로 진실로 너희에게 이르노니 죄를 범하는 자마다 죄의 종이라
요한복음 8장 34절

또 아는 것은 우리는 하나님께 속하고 온 세상은 악한 자 안에 처한 것이며
요한일서 5장 19절

말씀은 진리이다. 성경은 정확하게 말하고 있는 것이다. 우리는 죄의 종이고 세상에 속해서 바벨론의 트랙 위에 있는 노예라는 사실이다. 그곳에서 탈출해서 하나님을 만나면 하나님의 종이 되는 것이다. 죄의 종이 되거나 하나님의 종이 되거나 이 두 가지의 선택지 밖에 없다.

모든 사람이 죄를 범하였으매 하나님의 영광에 이르지 못하더니
로마서 3장 23절

여기에는 예외가 없다. 전 세계 어느 누구도 예수 그리스도 외에는 의인이 없다. 모든 사람이 죄를 범하였고 그래서 하나님의 영광에 이르지 못한다. '그래도 감옥에 있는 누구보다는 내가 의인이지.' 그것은 우리의 생각이다. 하나님이 볼 때는 모두가 똑같이 근본적으로 죄인이다. 왜냐하면 하나님이 말씀하시는 죄는 우리가 저지르는 윤리 도덕적인 것들이 아니기 때문이다. 그것은 죄의 열매들이다. 성령이 가르쳐주시기를 죄는 하나님을 믿지 않는 것이라는 것이다. 하나님을 모르면 어떻게 되는가? 내 인생을 내 힘과 내 뜻대로 산다.

> 우리는 다 양 같아서 그릇 행하여 각기 제 길로 갔거늘 여호와께서는 우리 모두의 죄악을 그에게 담당시키셨도다
> **이사야 53장 6절**

이사야서의 말씀은 우리가 자기 뜻대로 각자 제 갈길로 갔기 때문에 예수님이 십자가에 달리셨다고 기록하고 있다. '아니, 내 인생 내 뜻대로 사는게 뭐가 죄야?', '내가 내 진로와 적성을 찾아서 내 수능 점수에 맞춰서 열심히 개척해서 사는 것이 뭐가 죄야?'라고 말할 수 있겠지만, 주님은 정확하게 바로 그것이 죄라고 말씀하시는 것이다. 내 인생을 내가 열심히 사는 것이 죄이다. 열심히 살 건 게으르게 살건 그래봐야 죄의 종이라는 사실이다.

구원에 대한 두 가지 생각

구원의 문제는 알쏭달쏭하다. 그래서 어떤 부흥사 목사님이 오셔서 말씀을 전하고 나면 성도들의 구원의 확신이 떨어져 나간다. '내 모습을 보니까, 정말 지옥 갈 거 같애.', '나 지금 이런 연약함이 있는데, 그럼 나 어떡해?' 그러면 오늘은 내 마음이 지옥에 들어가는 것이다. 그런데 다음날 다른 목사님이 오셔서 천국의 커트라인을 확 낮추면 그냥 아무나 다 천국에 들어갈 수 있을 것 같다.

이렇듯 이 구원의 확신이라는 것이 나의 오늘 영적 컨디션에 따라서 왔다갔다 하는 것인가? 또는 죽는 순간의 상태가 어떠냐에 따라서 복불복인 것인가? 오늘 이 부분에서 우리가 구원의 투구를 쓰고 명확해져야만 이단이 뭐라고 하건 누가 뭐라고 하건 간에 말씀에 근거해서 믿음으로 전진할 수 있다. 구원에 관해서 우리는 두 가지의 모순되는 듯한 말씀을 만나게 된다.

8 너희는 그 은혜에 의하여 믿음으로 말미암아 구원을 받았으니 이것은 너희에게서 난 것이 아니요 하나님의 선물이라

9 행위에서 난 것이 아니니 이는 누구든지 자랑하지 못하게 함이라

에베소서 2장 8-9절

이것이 하나님이 말씀하시는 구원에 대한 정의이다. 그런데 문제는 이 말씀만 있는 것이 아니다.

이와 같이 행함이 없는 믿음은 그 자체가 죽은 것이라

야고보서 2장 17절

　좀 전과는 완전히 다른 말을 하고 있는 것처럼 보인다. 분명히 '행위에서 난 것이 아니니 이는 누구도 자랑하지 못하게 함이라'고 했는데, 여기서는 다시 '행함이 없는 믿음은 그 자체가 죽은 믿음이다.'라는 것이다. 이 두 말씀을 가지고 혼란에 빠지는 것이다. 도대체 어떻게 해야 구원을 받을 수 있냐는 것이다.

　그래서 에베소서의 말씀을 선포하는 날은 모두가 다 해피하다. 그런데 어떤 목사님이 오셔서 야고보서의 말씀을 선포하면 성도들 얼굴이 컴컴해지고 불안해지면서 밥맛이 없어진다. 그러다보면 '확증편향'이라는게 있어서, 내가 더 인정하고 믿는 방향의 말씀과 설교만 들으면서 확신을 키워나간다. 지금은 인터넷으로 신앙생활을 하기 때문에 혼미한 방향으로 편향되기가 더욱 쉽다. 골방에 처박혀서 야고보서와 관련된 말씀과 설교만 계속 듣게 되면, 들을수록 지옥의 확신이 강해지는 것이다. 놀라운 것은 그런 사람이 주변에 아주 많다는 사실이다. 하나님의 말씀은 틀린 게 없다. 우리가 하나님의 의도를 오해하고 있는 것이다.

　이 에베소서의 말씀은 우리가 교단으로 굳이 따진다고 하면 장로교에서 말하고 있는 칼빈주의Calvinism와 가깝다. 하나님이 절대적인 주권을 가지고 끌고 가신다는 것이다. 그런데 여기에는 정확한 선이 있다. 여기에서 하이퍼 칼빈주의hiper-Calvinism, 극단적인 칼빈주의까지 가게 되면 뭐라고 얘기하는가? '하나님이 나를 선택하셨고 구원이 행위에서 나는게 아니니 나는 무조건 천국이 확정되어 있어'라고 하며 양심에 화인 맞은 상태까지 이르게 되는 것이다. 내 행위로 구원받는 것이 아니니까 간음을 하든 도적질을 하든 상관없이 무조건 천국에 갈 수 있다는 것이다. 칼빈은 그렇게 얘기하지 않았고, 성경은 그렇게 말하지 않았는데 사람들이 오해하는 것이다. 그래서 그 끝까지 가게 되면 구원파 이단이 되는 것이다. 우리가 구원파를 이단이라고 하면서도 스스로 구원파적인 신앙생활 하는 크리스천이 얼마나 많은지 모른다.

반대로 야고보서의 '행함이 없는 믿음은 그 자체가 죽은 것이다.' 라는 부분에 집중하게 되면 알미니안주의arminianism라고 한다. 극단적 칼빈주의처럼 극단적 알미니안주의로 가게 되면 내 힘으로 천국에 가는 것으로 생각한다. 천국에 갈 수 있는 길은 예수님이 열어 두셨지만, 내가 그것을 선택하고 노력해서 자신이 구원을 얻어낸다는 것이다. 내 힘으로 성화하고 거룩해질 수 있다는 것이다.

성경이 말하는 기본 전제

첫 번째로 명확한 것은, 행위를 통해 구원받을 수 있는 사람은 아무도 없다는 사실이다. 이게 성경에서 말하고 있는 기본 전제이다. 바벨론은 열심히 노력하라고 말한다. 그러나 하나님의 세계는 바벨론의 세계와 가치관이 다르다. 인간이 노력해서 구원을 받을 수 있는 길이 있었다면, 예수님이 십자가에 달리실 필요가 없다. '야 너희들 이렇게 노력해서 도를 닦으면 십자가의 길이 있어.'라고 말씀하셨을 것이다. 그러나 노력이 아니다. 구원은 행위로 얻을 수 없다. 행위를 완성해서 천국에 갈 수 있다는 것은 성경이 말하는 가르침과 다르다.

태국에 집회를 갔더니 길에서 한 젊은 청년이 고행을 하고 있었다. 동네의 절에 다니는 불교 신자였는데, 무릎과 팔꿈치에 나무판자를 붙이고서는 매일 바닥을 기어 다니며 3년 6개월 동안 고행을 하는 것이다. 그 고행을 통해 자기 육신을 죽여서 열반에 이를 수 있다고 믿고 있었다. 그래서 나는 속으로 이렇게 생각했다.

'이렇게 바닥을 3년 반을 기어다니면 구원받을 수 있다고 믿는구나. 그럼 어차피 고행을 할 거면 무릎 보호대와 팔꿈치 보호대는 왜 하냐? 그냥 다 벗고 제대로 피나면서 해야지.'

그 수고로움이 자기의 죄의 문제를 해결할 수 있느냐는 말이다. 인간은 근본적으로 스스로 자신의 죄의 문제를 해결할 수 없다. 성경은 천국에 가려면 하나님처럼 흠도 없고 티도 없어야 한다고 말한다. 나의 행위로는 흠과 티가 완전히 없을 수 없다. 행위를 통해서 구원받을 수 없다는 사실이 기본 전제이다.

조건이 아닌 증거

그렇다면 두 번째로, 왜 성경은 야고보서의 말씀처럼 행위에 대한 문제를 정확하게 요구하고 있는가? 이 부분은 이렇게 분명하게 정리할 수 있다. 우리의 삶이 변화가 되어서 구원을 받는 것이 아니다. 내가 어느 레벨까지 변화되면 구원을 받게 되고, 다시 어느 레벨로 돌아오면 지옥에 가는 그런 것이 아니다. 행위와 삶의 변화는 구원을 받기 위한 조건이 아니라, 구원을 받은 증거로 나타나는 것이다.

오직 구원은 예수를 믿는 믿음, 십자가의 능력으로만 이루어지는 것이다. 그러나 그 거듭남이 실제라면, 행위에 변화가 따라올 수밖에 없다. 왜냐하면 거듭남이라는 것은 내 힘으로 사는 것이 아니라 내 안에 그리스도가 사는 것을 의미하기 때문이다. 날마다 내 자아의 반응과 경험과 환경이 아닌 말씀을 선택하며 살기 시작하면, 주변 사람들이 가장 먼저 그 변화를 느끼게 된다. 남편이 제일 먼저 알게 되고, 아내가 제일 먼저 알게 된다. 평소처럼 찔렀는데도 반응을 하지 않는 것이다. '죽었나?' 싶어서 더 세게 찔러봐도 반응을 하지 않는다. 그러나 다시 한 번 강조해야 할 점은, 반응을 안 하기 때문에 구원을 받는 것이 아니고 구원의 삶을 살고 있는 증거가 내 삶에서 드러나는 것이라는 점이다.

한 번 생각해 보라. 정말 예수와 동행하는데 지속적으로 하나님이 싫어하는 일들을 계속 하면서 살아갈 수 있는가? 그럴 수 없다. 성령이 계속 내 양심에게 말씀하시기 때문이다. 인간이기 때문에 실수하고 넘어질 수는 있지만, 계속해서 내 인생의 방향이 하나님의 말씀과 반대되는 방향으로 나아갈 수는 없다.

> 1 그런즉 우리가 무슨 말을 하리요 은혜를 더하게 하려고 죄에 거하겠느냐
>
> 2 그럴 수 없느니라 죄에 대하여 죽은 우리가 어찌 그 가운데 더 살리요
>
> 3 무릇 그리스도 예수와 합하여 세례를 받은 우리는 그의 죽으심과 합하여 세례를 받은 줄을 알지 못하느냐
>
> 4 그러므로 우리가 그의 죽으심과 합하여 세례를 받음으로 그와 함께 장사되었나니 이는 아버지의 영광으로 말미암아 그리스도를 죽은 자 가운데서 살리심과 같이 우리로 또한 새 생명 가운데서 행하게 하려 함이라
>
> 로마서 6장 1-4절

　사도 바울은 로마서 말씀을 통해서 이야기한다. 침례가 무엇인가? 물속에 완전히 잠기면서 나는 죽었고, 다시 물속에서 나오면서 예수와 함께 살았다는 고백이다. 내 안의 죽은 옛 자아가 다시 나에게 오작동의 신호를 줄 때, 그 때마다 예수를 바라보라는 것이다. 그러니 사도 바울도 이렇게 고백하는 것이다. '나는 날마다 죽노라.'

　아니 왜 사도 바울과 같은 믿음의 거장이 날마다 죽을까? 그것은 사도 바울도 우리와 똑같은 인간이기 때문이다. 그도 죄가 있고 완벽하

지 않은 사람이었다. 사도 바울도 날마다 복음을 전하러 갈 때 육신의 연약함이 있었을 것이다. 피곤함과 곤고함이 있었을 것이다. 죽음에 대한 공포가 있었을 것이다. 그때마다 하나님의 부르심을 바라보며, 상 주실 이를 바라보며, '나는 죽었고 예수로 산다.'는 고백을 외치며 나아갔던 것이다. 매일의 정체성 싸움에서 예수를 선택한 것이다. 그 삶을 끝까지 살아가다가 주님이 부르시는 때가 되니까, 후대에게 '나는 나의 달려갈 길을 다 마치고 부르심의 상을 바라보고 있다. 너도 이 길을 달려와라.'라고 이야기하는 것이다.

> 7 우리 중에 누구든지 자기를 위하여 사는 자가 없고 자기를 위하여
> 죽는 자도 없도다
> 8 우리가 살아도 주를 위하여 살고 죽어도 주를 위하여 죽나니 그러
> 므로 사나 죽으나 우리가 주의 것이로다
> 9 이를 위하여 그리스도께서 죽었다가 다시 살아나셨으니 곧 죽은
> 자와 산 자의 주가 되려 하심이라
> 로마서 14장 7-9절

예수님이 이 땅에 다시 오실 때는 심판자로 오시며, 산 자와 죽은 자를 심판하러 오신다. 그러나 내가 정말 거듭나서 날마다 자아를 부인하고 예수와 동행하는 증거가 있는 사람은 이 심판이 두렵지 않다. 때로 실수할 수 있다. 욱하는 옛 성품이 드러날 수도 있고 욕심을 따라 죄를 저지를 수 있다. 그러나 절대 그 단계에 지속적으로 머물 수

는 없다. 내 안에 예수의 생명이 있기 때문이다. 성령은 우리를 회개하게 하시고, 다시 일어나게 하시고, 다시 걸어가게 하신다.

그런데 이 생명력이 없는 자들은 점차 종교화 되어진다. 내 안에 전혀 생명력이 없지만 스스로 속이는 것이다. '나 천국 간다니까?', '나 그리스도를 받아 들였어.', '나도 십자가를 동의해.' 그렇게 화석화 되어지다가 결국 배도의 단계까지 들어가게 된다.

예수님이 다시 오시면 산 자와 죽은 자를 심판하신다. 오늘 이 시대는 점점 더 산 자와 죽은 자의 신앙이 양극화되어 갈라진다. 죽은 자는 더 완전히 죽게 된다. 교회에 다니면서도 양심에 화인을 맞아서 입에 담을 수도 없는 짓들을 하는 것이다. 그런가 하면 또 어떤 자는 날마다 더욱 거룩해져서 믿음의 진보를 이루어가게 될 것이고, 이런 영적 양극화는 점점 더 심해질 것이다. 주님께서는 '내가 알곡과 쭉정이를 골라내다가 알곡까지 상하게 할 수 있으니 마지막 때까지 그대로 두라.'말씀하셨다. 주님은 세상에서 산 자와 죽은 자를 가려내시는 것이 아니다. 그곳은 이미 다 죽은 자들이기 때문이다. 예수님이 다시 오시면, 바로 '주여 주여'하는 그들 가운데서 진짜와 가짜를 골라내실 것이다.

3 우리가 그의 계명을 지키면 이로써 우리가 그를 아는 줄로 알 것이요
4 그를 아노라 하고 그의 계명을 지키지 아니하는 자는 거짓말하는 자요 진리가 그 속에 있지 아니하되
요한일서 2장 3-4절

사도 요한도 똑같은 이야기를 하고 있다. 그러나 이것을 오해하면 율법주의가 된다. '거 봐라, 계명을 다 지키라고 말하잖아. 그러니까 이걸 내가 다 지켜야 그를 아는 것이고 구원을 받는 거야.'

아니다. 이 말씀은 율법주의를 말하고 있는 것이 아니라 삶의 방향성에 대해서 말하고 있다. 내가 예수를 믿는다고 고백하면서, 나의 삶의 실제적인 방향은 매일 내가 주인 되어서 육신의 것들을 추구하며 바벨론의 노예 생활을 하고 있다? 결코 그럴 수 없다는 말이다. 진짜 예수의 생명이 있는 자는 내 자아의 반응과 하나님의 말씀 사이에서 말씀을 선택하게 되어져 있다. 설령 잘못 선택하더라도 그 방향을 지속적으로 유지할 수 없다. 이것은 믿음이 연약하고 어린 것과는 또 다른 개념이다. 거듭남이 없다는 것이고, 인생에서 첫 번째 도미노를 세운 적이 없는 것이다.

> 5 누구든지 그의 말씀을 지키는 자는 하나님의 사랑이 참으로 그 속에
> 서 온전하게 되었나니 이로써 우리가 그의 안에 있는 줄을 아노라
> 6 그의 안에 산다고 하는 자는 그가 행하시는 대로 자기도 행할지니라
> **요한일서 2장 5-6절**

사도 요한이 말씀을 통해서 우리에게 증거하고 있다. 우리가 구원의 확신을 어떻게 가질 수 있느냐? 날마다 나는 죽고 예수로 살아가는 삶의 방향성이 있을 때, 주님께서 '이제 진리의 씨앗이 네 안에 있구나. 구원이 네 안에서 이루어져 가고 있구나.'라고 말씀하신다는 것이다.

7 자녀들아 아무도 너희를 미혹하지 못하게 하라 의를 행하는 자는
그의 의로우심과 같이 의롭고

8 죄를 짓는 자는 마귀에게 속하나니 마귀는 처음부터 범죄함이라
하나님의 아들이 나타나신 것은 마귀의 일을 멸하려 하심이라

9 하나님께로부터 난 자마다 죄를 짓지 아니하나니 이는 하나님의
씨가 그의 속에 거함이요 그도 범죄하지 못하는 것은 하나님께로부
터 났음이라

요한일서 3장 7-9절

위 말씀은 아무도 너희를 미혹하지 못하게 하라고 이야기하고 있
다. 지금은 미혹의 시대이다. 마귀가 무엇을 가지고 미혹하는가? 구원
을 가지고 미혹하여, 투구를 쓰지 않은 자들의 머리를 치고자 하는 것
이다. 믿음은 행위와 나의 노력이 아니다. 온전히 십자가의 능력이고
하나님의 선물이다. 선물은 내가 노력했기 때문에 상으로 받는 것이
아니다. 주님이 일방적으로 주시는 것이다. 그 선물이 무엇인가? 그것
은 바로 하나님을 만나는 것이다. 인격적으로 하나님을 대면하는 것
이다. 진짜 주님을 대면한 자들은 이제 내 뜻과 내 힘과 노력으로 살
지 않는다. 세상과 하나님 사이에 한 발씩 걸치지 않고 한쪽 발을 완
전히 떼게 되는 것이다. 나는 죽고 예수로 살아가는 방향성을 가진 자
들, 그들이 바로 생명의 씨가 있는 자들이다.

믿음과 순종의 관계

믿음과 순종의 관계에 대한 오해가 있다. 믿음과 순종을 분리시켜서 정의하는 것이다. 어떤 자들은 믿어서 천국에 가고 순종해서 상급을 쌓는다고 말한다. 그래서 이들은 상급에 욕심이 없다고 말하며 겸손히 순종의 삶을 거절한다. 이들의 주장을 다시 말하자면 순종하지 않으면서 믿을 수 있고, 믿지 않으면서 순종할 수 있다는 것이다. 그러나 이것은 큰 오해이다. 믿음과 순종은 분리될 수 없는 하나이다. 이 두 단어는 같은 말이다.

18 어떤 사람은 말하기를 너는 믿음이 있고 나는 행함이 있으니 행함이 없는 네 믿음을 내게 보이라 나는 행함으로 내 믿음을 네게 보이리라 하리라

19 네가 하나님은 한 분이신 줄을 믿느냐 잘하는도다 귀신들도 믿고 떠느니라

20 아아 허탄한 사람아 행함이 없는 믿음이 헛것인 줄을 알고자 하느냐

21 우리 조상 아브라함이 그 아들 이삭을 제단에 바칠 때에 행함으로 의롭다 하심을 받은 것이 아니냐

22 네가 보거니와 믿음이 그의 행함과 함께 일하고 행함으로 믿음이 온전하게 되었느니라

야고보서 2장 18-22절

일부 목회자들은 이 야고보서의 말씀을 설교본문으로 잘 채택하지 않는다. 왜냐하면 이 말씀을 잘못 해석하면 마치 내가 노력해서 천국 가는 것으로 오해할 수 있기 때문이다. 그러나 이제까지 설명한 것처럼, 사도 야고보가 말하는 이 행함은 노력으로 천국 가는 것을 뜻하는 것이 아니다. 예수께 정말 나의 모든 주권을 드린 자들은 다시 옛 자아가 요구하는대로 살 수 없다는 말이다.

갈대아 우르를 떠나는 사건은 아브라함의 자아와 하나님의 부르심이 충돌하는 사건이라고 말했다. 아브라함의 자아와 상식은 고향을 떠나면 죽는다고 말하는데 하나님은 떠나라고 말씀하시는 것이다. 그러면 어떻게 해야 떠날 수 있을까? 내 자아가 아니라 말씀을 선택해야만 떠날 수 있다. 누가 순종할 수 있을까? 자아를 죽인 자만이 순종할 수 있다. 아브라함이 아들 이삭을 제단에 바칠 때에도 만약 '주님 바치겠습니다. 제 믿음을 아시죠?'라고 말하며 바치지 않는다면, 그 믿음을 무엇으로 알 수 있겠는가? 아브라함이 이삭을 데리고 제단 위로 올라갈 때 비로소 주님이 보시고 '네 안에 믿음이 있구나. 생명의 씨가 있구나.'라고 인정하신다는 것이다. 그래서 믿음은 순종과 같은 말이다. 믿어서 천국에 가고 순종해서 상급을 쌓는 것이 아니다. 믿지 않으면 순종할 수 없고, 순종하지 않고서는 믿음을 보일 수 없다. 믿음과 순종은 하나이다. 그래서 성경을 잘 연구해 보면 믿음과 순종을 의도적으로 한 문장 안에서 구조적으로 동일한 위치에 바꾸어서 사용하고 있는 것을 알 수 있다.

18 또 하나님이 누구에게 맹세하사 그의 안식에 들어오지 못하리라
하셨느냐 곧 순종하지 아니하던 자들에게가 아니냐
19 이로 보건대 그들이 믿지 아니하므로 능히 들어가지 못한 것이라
히브리서 3장 18-19절

왜 이렇게 의도적으로 믿음과 순종이라는 단어를 번갈아서 사용하고 있을까? 믿는다고 하지만 순종하지 않는 자들에게 그것이 죽은 믿음이며, 너희 안에 생명의 씨가 있는지 점검해 보라는 것이다.

나더러 주여 주여 하는 자마다 다 천국에 들어갈 것이 아니요 다만
하늘에 계신 내 아버지의 뜻대로 행하는 자라야 들어가리라
마태복음 7장 21절

예수님도 동일하게 말씀하신다. 마태복음 7장 21절을 보면, 주의 이름으로 선지자 노릇을 하며 귀신을 쫓아내고 권능을 행하더라도, 불법을 행하는 자들은 천국에 들어갈 수 없다고 기록되어 있다. 이것은 내 아버지의 뜻대로 행위를 완벽하게 갖추어야 천국에 간다는 그런 말이 아니다. 이제 이것이 이해가 되는가? 이것을 가지고 나의 행위와 노력으로 구원받는 것으로 해석하면 안 된다. 내 안에 예수의 영이 있고 말씀을 통해서 날마다 하나님과 교제하는 자들은, 아버지의 뜻대로 행하는 순종이라는 증거가 반드시 나타나게 된다는 것이다. 그러나 두려운 것은 이런 하나님과의 교제와 동행이 없이도 종교 비

즈니스처럼 예수의 이름을 팔아서 귀신을 쫓는 선지자 노릇과 종교 지도자 노릇을 할 수 있다는 점이다. 주님은 그들을 바라보시며, '너는 나하고 언제 교제 했느냐?' '불법을 행하는 자들아 내게서 떠나가라.'고 말씀하시는 것이다.

왜곡된 은혜, 참된 은혜

오늘날 많은 교회가 행위가 아닌 은혜로 구원을 받으므로 내가 어떻게 살던지 상관없이 천국에 간다는 잘못된 신념을 갖고 있다. 그런데 초대 교회 때도 이와 같은 생각이 퍼지기 시작했고 하나님의 은혜를 도리어 죄와 방탕한 것으로 바꾸기 시작했다.

> 이는 가만히 들어온 사람 몇이 있음이라 그들은 옛적부터 이 판결을 받기로 미리 기록된 자니 경건하지 아니하여 우리 하나님의 은혜를 도리어 방탕한 것으로 바꾸고 홀로 하나이신 주재 곧 우리 주 예수 그리스도를 부인하는 자니라
>
> 유다서 1장 4절

NIV 영어성경에서는 이 말씀을 그들이 하나님의 은혜Grace를 내가 죄를 지을 수 있는 자유이용권License으로 바꾸었다고 표현하고 있다.

... They are godless men, who change the grace of our God into a license for immorality ...

그러나 하나님의 은혜는 죄를 무조건 못 본 체하며 덮어주는 그런 것이 아니다. 죄를 이길 수 있는 능력을 주시는 것이 하나님의 은혜이다. 예수님은 두 주인을 섬길 수가 없으니 하나만 택하라고 말씀하셨다. 그런데 예수의 영으로 거듭나지 않은 자들이 이것을 종교적으로 해석하려고 하니 이런 거짓말을 믿게 되는 것이다. 디도서의 말씀을 보면 참된 은혜가 무엇인지 말하고 있다.

> 11 모든 사람에게 구원을 주시는 하나님의 은혜가 나타나
> 12 우리를 양육하시되 경건하지 않은 것과 이 세상 정욕을 다 버리고 신중함과 의로움과 경건함으로 이 세상에 살고
> 13 복스러운 소망과 우리의 크신 하나님 구주 예수 그리스도의 영광이 나타나심을 기다리게 하셨으니
> 14 그가 우리를 대신하여 자신을 주심은 모든 불법에서 우리를 속량하시고 우리를 깨끗하게 하사 선한 일을 열심히 하는 자기 백성이 되게 하려 하심이라
> 디도서 2장 11-14절

이 말씀이 지금까지 설명한 것을 정확하게 정리 및 요약해 주고 있다. 진짜 은혜가 무엇인지 여기서 말해 주고 있는 것이다. 이 은혜가 무엇이냐? 우리를 양육하시는 은혜이다. 사육은, 밥만 먹여서 나중에 잡아먹는 것이지만, 양육은 사랑하고 가르치며 징계하는 것이다. 부모는 자식을 사육하지 않고 양육한다. 자신의 자녀를 밥만 먹이며 동

물처럼 키우지 않는 것이다. 자녀가 잘못하면 '이렇게 하면 안 된다. 너 이렇게 해야 돼.'라고 가르치며, 그래도 말을 듣지 않으면 징계하여 바른 길로 가게 한다. 이것이 바로 양육이다.

아기가 태어나서 곧바로 걸을 수 없는 것처럼, 예수님 앞에 거듭나서 살아가고자 하는 자도 곧바로 장성해지는 것이 아니다. 믿음이 아직 연약하여 실수하게 된다. 그때 어떤 은혜가 우리에게 부어지느냐? 양육하심의 은혜가 부어지는 것이다. 내가 믿음의 길로 갈 수 있게끔 주님께서 말씀을 통해서 권면해 주시고, 설교를 통해서 듣게 하시고, 그래도 계속 반복적으로 넘어져 있으면 때로는 징계하신다. 이 양육하심을 통해서 경건하지 않은 것과 이 세상 정욕을 버리게 하시고, 하나님의 복스러운 소망 즉 하나님의 부르심을 향해서 우리가 살게 하신다는 것이다.

그리고 이어서 14절에서 말하고 있다. '그가 모든 불법에서 우리를 속량하셨다.' 속량이 옛날 말이라 요즘 사람들이 잘 이해를 못할 수 있다. 이걸 요즘 말로 하면 비용을 지불했다는 뜻이다. 예를 들면, 마트에 장을 보러 가서 물건을 사서 나오는데 출구에서 삐삐삐 알람이 울리더라도 당당하게 제시할 지불 완료 영수증이 있다는 말이다.

바벨론에서 나와 믿음의 삶을 살아가다 보면 또 실수할 수 있다. 그때마다 하나님의 어떤 은혜가 부어진다는 것인가? 사생자처럼 내버려 두시는 것이 아니라 양육하심의 은혜가 부어진다는 것이다. 내 삶에 개입하신다는 것이다. 이것이 은혜라는 것이다. 회개하고 일어나서 또 걷는 것이다. 다시 믿음의 삶을 살아나가는 것이다.

그때 마귀는 참소한다. '너 거듭난 거 맞아?', '너 믿음의 길로 가고 있는 거 맞아?', '너 진짜 하나님의 사람이 맞아?' 그 때마다 뭐라고 대답하는 것인가? '예수님이 나 사신 거 모르냐? 불법에서 나를 속량하셨어.', '넌 나하고 상관없어. 나한테 말도 걸지 마.', '나는 다시 주의 길을 갈 거야. 나는 다시 부르심으로 갈 거야.'. 그렇게 하나님은 우리를 양육해 주시고 자신의 백성 되게 해 주신다. 이것이 오늘 이 말씀에서 증거하고 있는 참된 은혜이다.

이 기쁨이 당신에게 있는가? 이 양육하심의 은혜가 당신에게 있는가? 만약 내가 주인 되어 사는데도 생활에 아무 염려도 없고 걱정도 없고 그냥 다 마음이 편하다고 한다면 더 무서운 마음을 갖고 하나님 앞으로 가서 기도해야 한다. 이 양육하심이 없는 자들은 버려진 자, 사생자와 같다. 내 마음대로 살아도 하나님이 징계를 하시지 않으시는데 그것을 축복이라고 착각하면서 사는 것이다.

그러니 하나님께서 나를 연단하시고 관리하신다면 감사해야 한다. 하나님이 관리해주지 않는 인생들도 있기 때문이다. 처음에는 믿음이 약하니까 '왜 나만 관리하냐고. 왜 나는 조금만 어긋나도 이렇게 개입하시냐고' 그렇게 불평하지만, 이 말씀을 깊이 깨닫게 되면 나를 포기하지 않으시는 그 사랑에 완전히 탄복해서 그저 완전히 순종하고 나를 내어드리게 된다. 결국 우리가 고백하게 되는 것은 십자가 공로 외에는 내가 아무 것도 자랑할 것이 없다는 것이다. 이 믿음의 삶을 계주하는 사람들마다 자신을 자랑할 수 없다.

> 그러나 내가 나 된 것은 하나님의 은혜로 된 것이니 내게 주신 그의
>
> 은혜가 헛되지 아니하여 내가 모든 사도보다 더 많이 수고하였으나
>
> 내가 한 것이 아니요 오직 나와 함께 하신 하나님의 은혜로라
>
> 고린도전서 15장 10절

사도 바울은 다른 누구보다도 훨씬 더 수고했지만 내가 한 것이 아니라고 고백하고 있다. 나와 함께하신 하나님의 완전한 은혜라는 것이다. 요셉이 노력해서 총리가 되었는가? 모세가 노력해서 바다를 갈랐는가? 야곱이 노력해서 이스라엘이 되었는가? 바벨론은 우리에게 계속해서 노력하라고 말한다. 그러나 성경은, 주님 앞으로 나와서 믿음의 삶을 살라고 말한다. 하나님이 하신다는 것이다. 그래서 정말 훌륭한 목사님들께 '어떻게 그런 일을 하셨습니까?' 질문하면 한결같이 하는 얘기가 '하나님이 하셨습니다.'이다. 그것은 듣기 좋으라고 하는 겸손의 말이 아니다. 진짜 믿음의 길을 걸어본 사람들은 이것을 아는 것이다.

자녀됨의 권세

양육하심의 은혜 뿐만 아니라 하나님은 우리에게 자녀가 되는 권세를 주셨다. 이것이 아무런 감격이 없는 사람도 있을 수 있는데, 영화 '벤허'를 보면 성경이 쓰여질 당시의 자녀됨의 권세를 이해할 수 있다.

영화에서 주인공은 로마시대 때 누명을 쓰고 노예가 된다. 그리고 갤리선*으로 보내져서 노를 젓게 된다. 그곳은 보통 1년이면 노를 젓던 노예가 죽을 만큼 고된 환경이었고 탈출의 소망이 없었다. 그리고는 전투가 벌어지는 바다 한가운데로 끌려가서 죽을 때까지 노를 젓게 되는데, 더 빨리 더 빨리 노를 저으라며 채찍을 때리는 것이다. 그런데 그 전쟁의 난리 속에서 주인공이 장군의 생명을 살리는 일이 벌어지게 된다. 그러자 장군이 자신의 반지를 빼서 그에게 끼워주며 그를 양자로 삼는 기적같은 일이 벌어진다. 좀 전까지 노예의 신분이었고 채찍을 맞던 그였지만, 장군이 반지를 손가락에 끼워주고 손을 들어주자 권세가 그에게 입혀진 것이다. 다른 병사들과 장군들이 함부로 건드리지 못하는 것이다.

> 영접하는 자 곧 그 이름을 믿는 자들에게는 하나님의 자녀가 되는
> 권세를 주셨으니
> **요한복음 1장 12절**

하나님의 자녀가 되는 권세, 이것이 얼마나 엄청난 권세인지 모른다. 한낱 장군의 아들이 아니다. 세상을 창조하신 하나님의 아들이다. 누가 뭐라고 해도 이제 자존심이 상할 일이 없는 것이다. '니가 나를 몰라서 그렇게 까부는데, 내가 실은 하나님의 아들이다.' 누가 나를 열받게 해도 다 괜찮다. '내 뒤에 계신 분이 누군지 아냐? 하나님이다. 말씀으로 세상을 창조하시고 다시 오실 그분이 우리 아빠야.' 그렇게

---

* 갤리선 : 중세 유럽에서 사용하던 군용 배

두려울 게 없어지는 것이다.

두려울 게 뭐가 있겠는가? 어려움이 있으면 아빠에게 전화 한 번 하면 되는데 말이다. 그런데 사실 전화할 일도 없다. 매일마다 주님이 공급하시기 때문이다. 이런 자들에게는 주님께서 알아서 새벽 배송처럼 다 공급해 주신다. 필요한 것을 정말 다 공급해 주신다. 그러니 주님이 말씀하시는 것이다. '너희가 이방인과 같이 다른 것들을 내게 구하지 마라. 나는 내 아들이 필요한 것을 다 알고 있다. 내가 불꽃 같은 눈동자로 지켜보고 있다.'

자녀를 바라보는 부모의 눈빛에 얼마나 기쁨과 만족이 있는가. 우리 집은 네 명의 아이들이 있어서 밤 9시가 되면 모여서 함께 기도하며 10시까지 아이들을 재우게 된다. 아이들이 한 시간 동안 고사리 같은 손을 모으고 얼마나 예쁘게 기도하는지, 그러다가 이제 한 명씩 잠이 들면 하나하나 품에 안고 쳐다보는 것이다. 첫째를 5분 동안 유심히 쳐다보다가 너무 예뻐서 둘째를 쳐다보다가 셋째를 쳐다보고 넷째를 쳐다본다. 또 한 바퀴 돌아와서 바라보면서 머리를 쓰다듬으며 기도한다. 왜 이렇게 하는가? 내가 아버지이고 부모이기 때문에 봐도 봐도 예쁘고 또 보고 싶은 것이다. 가만히 아이들의 얼굴을 들여다보고 있으면 기쁨이 있고 만족함이 있지 않은가?

그런데 그것이 우리를 바라보시는 아버지의 마음이라는 것이다. 하나님 아버지께서 우리를 그렇게 불꽃같은 눈동자로 유심히 바라보신다. '우리 아이가 드디어 이제 깨어났구나! 이제 드디어 정신을 차리고 전신갑주를 하나씩 입고 믿음의 계주를 시작하는구나!' 주님이 얼마나 기쁘시겠는가. 얼마나 신이 나시겠는가. 마치 아기가 이제 걸음마를 하려고 하면 부모가 그것을 바라보면서 물개 박수를 치는 것과 같다. 드디어 우리 애가 일어났다고 기뻐하는 것이다. 아이가 넘어졌다고 해서 부모가 화를 내면서 때리는가? 절대 그렇지 않다. 우리도 '이제 믿음의 길을 한 번 걸어봐야 되겠다.'하고 일어서려고 하면 넘어질 수 있다. 그러나 낙심하지 말라는 것이다. 주님이 우리를 보시며 화내시거나 징계하지 않으시고 우리의 이런 모습조차도 사랑의 눈으로 바라보시는 것이다. '일어나라! 일어나 또 해봐. 한 걸음 더 해봐.' 그러다 보면 이제 걷게 되는 것이다.

아기 때는 뭐든 자꾸 달라고만 한다. 집에 돌아오는 아버지의 손을 바라보는 것이다. 그러다 이제 믿음의 장성한 분량이 되면 아버지의 마음을 알게 된다. 이제 아빠의 손을 보는 것이 아니라 아빠 자체를 좋아하게 되고 그러다 더 철이 들면 이제 아빠의 마음을 알게 되는 것이다. 우리도 똑같다. 하나님이 우리의 아버지이시다. 우리는 그분의 자녀이다. 이 정체성이 분명해지면 더 이상 우리의 수치를 가릴 필요가 없어진다. 나의 결핍과 수치를 명품 브랜드나 학벌로 가리지 않게 되는 것이다. 하나님은 우리가 바벨론의 정체성에 머물러 있지 않고 성장하길 원하신다. 하나님 나라의 아들이 되어도 이 땅에 사는 동안에 어려움과 환난이 있을 수 있다. 그러나 그 안에 기쁨이 있다. 바벨론에서는 왕처럼 살아도 슬픔과 근심이 있고 언제 죽을지 모르는 권력 투쟁과 염려로 마음이 쉼을 얻지 못했는데, 이 하나님의 나라에서는 쉼이 있는 것이다. 평강과 샬롬이 있는 것이다.

지혜와 계시

또 함께 일으키사 그리스도 예수 안에서 함께 하늘에 앉히시니

에베소서 2장 6절

아들의 단계에서 더 나아가 하나님 보좌 옆으로 일으켜서 앉히신다. 아들이라고 하는 관계성 뿐만 아니라 그에 걸맞는 지혜와 계시를 부어주시는 것이다. 정말 하나님의 깊은 것들을 깨닫게 해주시고 말씀해주시는데, 부부 안에 있는 그 은밀한 비밀을 바깥에 다 말할 수 없는 것처럼 이런 것들은 다 말로 표현할 수가 없다.

하나님과 이 단계로 들어가게 되면 주님께서 밤중에도, 새벽에도, 말씀을 읽는 중에도, 운전하는 중에도, 수시로 마음에 말씀을 주시고 깨닫게 해주신다. 그때마다 알게 되는 것은 하나님의 생각은 나의 생각과 정말 다르다는 것이다. 그러면 운전하다가도 차를 세워놓고 울게 되고, 새벽에 자다가도 거실에 나와서 글을 쓰게 되는 것이다. 이 부어지는 하나님의 지혜와 계시는 맛보지 않은 사람은 알 수 없다. 이 은밀한 기쁨을 어떻게 설명할 수 있을까? 얼마나 깊고 달콤한지 모른다. 그리고 하나님께서 조명해 주시기 시작하는데, 앞으로의 세상과 교회의 모습에 대해서, 우리의 신앙에 대해서, 세상이 흘러가는 방향에 대해서, 지혜와 계시로 시세를 분별할 수 있는 명철함을 부어주신다. 지혜의 근본은 하나님을 경외하는 것이다. 이것이 먼저 깨달아지

고 나면 지혜가 시작된다.

다니엘을 보면 왕조가 바뀌어도 계속해서 살아남는다. 오늘날 우리 민주주의 국가에서도 정권만 바뀌면 지난 정권의 장,차관들이 감옥에 가기 위해 줄을 서 있는데, 다니엘의 시대 때는 왕이 바뀌는 것이다. 감옥에 가는 것이 아니고 죽임을 당하던 시대이다. 한 왕조가 끝났으니 모두 다 묻고 새 출발을 하는 것이다. 그러나 다니엘은 왕조가 바뀌는데도 계속해서 살아남는다. 왜 그럴까? 줄타기를 잘하거나 권모술수에 뛰어나서 그런 것이 아니다. 그가 너무나 탁월했던 것이다. 하나님을 경외하는 자의 그 지혜와 지식의 탁월함은 정권이 바뀌어도 필요했던 것이다. 이것이 하나님의 탁월함이다. 이것이 하나님의 자녀됨의 권세이다. 믿어지지 않겠지만 이 말씀을 오늘 받는 자에게는 이것이 실제가 된다.

참된 자유와 기쁨

구원의 투구가 왜 중요한지 알겠는가? 믿음의 여정을 나아가기 시작하면 이 구원의 문제를 가지고 양 옆에서 화살들이 들어온다. 이 가운데서 마치 외줄 타기처럼 말씀의 진리 체계를 가지고 좌로나 우로나 치우치지 않으며 믿음의 걸음을 걸어가는 것이다. 믿음을 살아가는 자들에게 이 삶은, 엄한 부모 밑에서 자라듯이 행위적인 경건함이 강요되는 삶이 아니다. 율법주의와 같은 묶임이 아니다. 하나님을 경외하고 사랑하는 자들만이 경험할 수 있는 완전한 자유와 기쁨이다.

하나님의 나라를 유업으로 받고 은혜 가운데 자유를 누리게 되는 것이다.

이 책이 12개의 장을 통해서 당신에게 말하고자 하는 것은 생존에서부터 나와서 부르심으로 살아가는 길을 보이는 것이다. 이 길은 마음이 곤고하여 기쁨이 없고 쉼을 누리지 못하며 날마다 근심하고 염려하던 바벨론의 노예 생활에서 우리를 구속하셔서 보이시는 생명의 길이다. 노예에서 자유인이 되는 길, 종교인에서 참된 신부가 되는 길이다. 영적으로 죽어있는 상태에서 살아나서 이제 믿음의 진보를 이룰 수 있는 길에 대해서 설명하는 것이다. 네 번째 도미노는 그 중에서도 바로 구원의 투구를 설명하고 있다.

앞으로의 시대는 더욱 더 미혹과 혼미함의 농도가 짙어질 것이다. 인터넷과 유튜브를 통해 더욱 더 이 싸움이 치열해질 것이다. 영적인 갈증과 궁금증이 있는 사람이 구원의 투구를 쓰지 않게 되면 더 쉽게 이단에 빠지게 된다. 이단들은 백 퍼센트 구원과 지옥의 문제를 가지고 공갈과 협박을 한다. 지옥을 가지고 사람들을 가스라이팅 하는 것이다. 그런데 하나님의 영은, 조종하고 컨트롤하는 영이 아니다. 하나님의 성품은, 우리를 불안 가운데 지옥으로 공갈 협박하는 것이 아니다. 하나님이신 진리의 영은 우리를 자유케 한다.

천국과 지옥은 내 상태와 감정이 아닌 말씀이다. 이 삶을 살아가는 자들에게 오늘 내가 지금 예수와 동행하고 있고 내 안에 성령님이 살아 계시는데 구원의 확신에 대해서 무슨 더 할 말이 있겠는가? 이것이 참된 구원의 확신이다.

그런즉 누구든지 그리스도 안에 있으면 새로운 피조물이라 이전 것
은 지나갔으니 보라 새 것이 되었도다

고린도후서 5장 17절

할렐루야! 이것을 아예 집에다 써서 붙여놓자. 화장대 앞이나 거울
에 붙여놓고, 아침에 눈을 뜨자마자 '할렐루야 나는 새 것이 됐어. 어
제 졌어도 괜찮아. 오늘 또 새 게임을 주신 거야.' 마귀가 와서 '무슨
새 것이냐? 너 어제도 넘어졌잖아.'라고 하면 '야 너는 나한테 말 시키
지 말고 가라. 나는 새 거야. 나는 말씀을 선택하기로 했어. 나는 믿음
의 길을 걸어갈 거야.'라고 선포하는 것이다. 그리고 말씀을 읽고 기
도하고 아침에 샤워하고 머리를 감으면서도 외치는 것이다. '이전 것
은 지나갔으니 보라 새것이 되었도다!'

용서는 감정으로 하는 것이 아니라
하나님을 믿는 믿음으로 순종하는 것이다.

5장

용서의 능력

5장
용서의 능력

다섯 번째 도미노의 이름은 용서의 능력이다. 이제 구원의 투구를 썼다고 한다면 정신은 말똥말똥하다. 그런데 몸이 여전히 묶여있다. 몸이 묶여있다는 게 무엇일까? 내 정신은 지금 멀쩡한데 손발이 내 마음만큼 따라오질 않는 것이다. 이 영적인 상태를 비유한다면, 나사로가 살아나서 무덤을 나오는데, 온 몸에 감겨진 붕대가 얼굴까지만 풀어진 것이다. 이제 좀 숨을 쉬고 개운해서 살 것 같다. 그러나 몸을 움직이려고 하니 묶여 있는 것이다. 이것을 해결하는 것이 바로 다섯 번째 도미노, 용서의 능력이다.

용서에도 원리가 있다. 첫 번째로 용서는 죄 사함이다. 내가 용서해준다는 것은 죄를 사하여 주는 것을 의미한다. 그런데 하나님께서 우리의 죄를 사해 주실 때 그냥 입술로만 말씀하셨는가? '내가 신이니까 그냥 용서해줄게.'라고 말씀하시면 그것만으로 죄가 사라지는가? 아니다. 성경의 원칙은 죄의 삯은 사망이라고 말하고 있다. 그러니 대가를 지불해야만 죄가 사라진다. 그래서 하나님께서는 신이심에도 독생자 예수를 십자가에 처형 시키셨던 것이다. 아무 죄도 없고 흠도 없는 예수님이 우리를 대신해서 피를 완전히 다 쏟으시고 죄의 대가를 지불하셨다. 십자가의 값 지불로 우리가 죄 사함의 은혜를 얻게 된 것이다. 똑같이 우리도 죄를 용서하기 위해서는 대가를 지불해야만 한다. 내가 죽어야지만 용서가 가능하다는 것이다. 내가 죽지 않고서는 용서가 되지 않는다.

세 번째 도미노인 정체성의 여정을 지나온 사람에게는 내면의 싸움이 계속된다고 말했다. 내 감정과 생각이냐, 하나님의 말씀이냐의 이 싸움에서 우리는 말씀을 선택해야만 믿음의 삶을 살 수 있다. 그런데 대부분은 이 용서의 문제를 감정의 문제라고 생각한다. 내 감정이 해결되지 않으면 '주님 용서하고 싶은데 용서가 안 됩니다.' 이렇게 반응하는 것이다. 그런데 성경적인 용서의 원리는 다르다. 용서는 내가 죽어야만 가능하다.

> 우리가 우리에게 죄 지은 자를 사하여 준 것 같이 우리 죄를 사하여
> 주시옵고
> **마태복음 6장 12절**

예수님께서는 우리에게 주기도문의 기도를 가르쳐주셨다. '너희는 이렇게 기도하라 하늘에 계신 우리 아버지여 …'로 시작해서 뒷부분으로 가면 용서의 문제가 나온다. 주님이 뭐라고 말씀하시는가? '우리에게 죄 지은 자를 사하여 준 것 같이 우리 죄를 사하여 주시옵고' 바로 우리에게 죄 지은 자를 용서해주라는 주님의 명령인 것이다. 그런

데 용서하지 않으면 어떻게 되느냐? 나도 너희를 용서하지 않는다는 것이다. 결국 우리는 다시 죽은 자가 된다. 내가 순종하지 않으면 다시 바벨론의 포로가 되는 것이다. 내가 이제 구원의 투구를 쓰고 전투를 나가려고 보니까, 내 몸이 묶여 있는 것이다. 내 마음이 묶여 있다. 사람마다 묶인 강도는 다르지만, 이게 풀어져야 말씀의 검과 믿음의 방패를 가지고 의의 흉배를 붙이고 복음의 신을 신고 세상을 정복하러 나갈 수가 있는 것이다. 그래서 이 용서의 문제는 반드시 해결되어야만 하는 관문이다.

> 서로 친절하게 하며 불쌍히 여기며 서로 용서하기를 하나님이 그리스도 안에서 너희를 용서하심과 같이 하라
>
> 에베소서 4장 32절

용서는 하나님의 명령이다. 그런데 우리는 기본적으로 죄인이기 때문에 이것이 그냥 도덕책의 이야기처럼 들릴 뿐 내 마음 깊은 곳으로 와닿지 않는다. 용서할 마음이 생기지 않는 것이다. 우리는 이것이 이해가 안 된다. '왜 하나님은 불공평하게 그 인간이 죄를 지었는데 나보고 용서하라 그러시는 거야?' '그 인간한테 찾아가서 빨리 가서 쟤한테 용서를 빌어라 이렇게 말씀하셔야지.' '왜 당한 사람한테 와서 용서를 안하면 나도 너를 용서해주지 않는다 이렇게 공갈 협박을 하시는 거야?' 이런 생각이 드는 것이다. 그러나 나중에 결국 알게 된 것은, 용서가 나는 죽고 예수로 살기로 결정한 자만이 할 수 있는 특권

이라는 것이다.

　용서를 하지 못하면 나타나는 첫 번째 현상은 바로 관계의 깨어짐이다. 창세기 3장을 보면 아담과 하와의 첫 번째 범죄의 장면이 나온다. 원래는 아담과 하와의 관계가 좋았다. 하나님께서 하와를 만들어 주시니 아담이 고백하기를, '내 뼈 중의 뼈요 살 중의 살이다.'라고 고백한다. 이것은 요즘 말로 하면 하와가 예뻐 죽겠다는 말이다. 이렇게 서로 잘 지내고 있는데, 죄가 그들 가운데 딱 들어오니까 그들이 보인 첫 번째 반응은 수치를 가리는 것이었다. 반드시 인간은 자신의 부끄러움을 가리게 되어 있다. 하나님께서 '아담아 네가 어디 있느냐'하고 찾으시니 아담이 나뭇잎으로 몸을 가리고 나타나는 것이다. 그리고 주님이 '내가 먹지 말라고 한 그 열매를 네가 먹었느냐' 질문하실 때 아담은 '당신이 만든 저 여자 때문입니다.'라고 대답한다. 이 이야기를 옆에서 듣고 있는 하와의 입장에서 한번 생각해 보라. '진짜 비겁하네. 자기도 같이 먹어놓고 그래도 가장이고 남자인 니가 그렇게 고자질을 하냐?'하고 열 받지 않겠는가? 서로 갈등이 생긴다. 아담 입장에서는 '너 때문에 내가 지금 이렇게 된 거 아니야. 너를 용서할 수 없어.' 하와 입장에서는 '하나님께 고자질한 너를 용서할 수 없어.' 그렇게 죄가 들어오게 되면서 서로 용서하지 못하고 관계가 깨어진다.

　아내와의 관계가 깨진 아담은 두 번째로 땅과의 관계가 깨진다. 땅이 저주를 받게 된 것이다. 하나님은 아담에게 '이제 네가 수고하고 땀을 흘려야만 먹을 게 생길 것이다.'라고 하신다. 원래는 아담이 노력하지 않아도 땅이 소출을 내주었지만 이제 땅이 가시덤불을 내기 시작해서 땀을 흘려야만 생존할 수 있는 고통스러운 삶이 시작된다. 여자도 원래는 고통이 없이 아기를 잘 낳을 수 있었지만 '이제 너희 아내들은 산고의 고통을 겪어야만 생명을 얻게 될 것이다.' 하여 이렇게 고통이 시작된 것이다.

용서하지 못하는 문제가 딱 걸려있으면 몸과 마음이 묶인다. 예를 들면, 과거 나에게 상처를 주었던 사람과 코가 비슷하게 생긴 사람만 만나도 그때의 그 기분과 감정에 사로잡히게 되는 것이다. 그래서 아무 상관도 없는 사람과도 관계가 깨진다. 그 상처가 누룩이 퍼지듯이 내 삶을 야금야금 잠식해 나가면서 고통을 주기 시작하는 것이다.

이게 점점 더 심해지면 어떻게 되느냐? 고혈압이 오고, 당뇨가 오고, 두통이 오고, 실제적으로 몸도 묶이게 된다. 병원에 가도 원인을 알 수가 없는데 실제 내 몸은 너무너무 아픈 이런 경우는 영적인 문제인 경우가 많다. 입맛도 없고, 무기력이 오고, 살기도 싫고, 짜증나고, 누가 내 몸에 손만 대도 그냥 열이 받는다. 그런데 병원에 가면 아무 이상이 없다는 것이다. '선생님 뭐라도 약을 좀 처방해 주세요.' 그러나 의사는 줄 수 있는 게 없다. 의학적인 병명이 없기 때문이다.

10 사람이 흑암과 사망의 그늘에 앉으며 곤고와 쇠사슬에 매임은

11 하나님의 말씀을 거역하며 지존자의 뜻을 멸시함이라

시편 107편 10-11절

시편은 사람이 곤고와 쇠사슬에 매임은 지존자의 뜻을 멸시하기 때

문이라고 말하고 있다. 지존자의 뜻이 무엇인가? 바로 용서하라는 것이다. 내어주라는 것이다. 이것은 주님을 위해서 용서하라는 게 아니다. 나를 위해서 용서하라는 것이다.

용서는 영어로 forgive이다. for는 '위하여', give는 '주다'라는 뜻이다. 용서는 주기 위한 것이다. 용서는 나를 위한 것이다. 주님은 말씀하신다. '얘야 내가 너를 핏값으로 샀기 때문에, 너는 노예생활을 할 필요가 없어. 너를 위해서 그걸 내어주면 너는 자유케 돼.' 그런데 우리 입장에서는 '내가 이걸 왜 내어줘? 내가 용서하면 그 인간이 자유케 되는데?'라고 생각하는 것이다. 천만의 말씀이다. 내가 용서 안 한다고 그 사람이 힘들어할 것 같은가? 그 인간은 원래부터 자유로웠다. 지금 이미 자유롭게 살고 있고, 기억도 하지 못 한다. 그런데 나만 '그 인간을 내가 왜 놔줘. 나 절대 용서 못해.'라며 붙들고 있는 것이다. 그런데 주님은 내어주라고 말씀하신다. 그렇지 않으면 내가 병이 들고, 내 마음이 곤고해지고, 내 관계가 깨지고, 내 삶의 자유가 없어지기 때문이다.

용서의 능력

과거에 한 집회에서 스탭으로 섬기면서, 어떤 교수님의 사모님을 만나게 되었다. 그런데 이분은 완전한 무기력증으로 고통받고 있었다. 왜 그런가 봤더니 10년째 불면증이 있다는 것이다. 새벽 4-5시까지 잠을 못 자다가 해 뜨기 직전에 겨우 잠깐 쓰러졌다가 아침 9-10시에 눈이 떠지면 몸이 천근만근이라는 것이다. 병원에 가봐도 약이 없다. 의사는 멀쩡하다는데 몸은 견딜 수 없이 무거운 것이다. 이분은 집회에 와서도 잠을 자지 못하고 있었다. 수면제가 없으면 10년 째 잠을 못 잔다는 것이다. 그런데 목사님께서 '자매님 걱정하지 말고 그냥 먹던 약통을 갖고 와서 하나님께 한번 내어드려 보세요.'라고 권면했다. 어차피 지금까지 못 자왔는데 3일 집회기간 동안 안 자도 죽지 않으니까, 그냥 약을 가지고 오라는 것이다. 그리고 이제 집회가 시작되었다. 그런데 집회 중 이런 용서의 메세지를 듣다가 이 성도님이 치유가 되신 것이다. 그리고는 다음날 아침 설교가 시작되었는데도 이분이 나오지 않아서 문제가 있는가 하고 중보팀에서 걱정을 했는데, 알고 보니 10년 만에 단잠을 푹 잤다는 것이다. 너무 푹 자고는 아침에 앞에 나와서 간증을 하는 것이다.

'여러분 제가 날씬해진 것 같지 않습니까?'

우리가 볼 땐 전혀 날씬하지 않은데 본인은 몸이 너무 가벼워졌다는 것이다. 너무 행복하다는 것이다. 이렇게 내 마음이 가볍게 될 줄 몰랐다는 것이다. 그리고는 간증을 이어나가는데, 이분이 이런 얘기를 하셨다.

자기가 어렸을 때 집이 너무 가난했다고 한다. 아버지가 경제적으로 능력이 없어서 어려운 가운데 성장을 하게 되면서 이런 내적 맹세를 했다는 것이다. '나는 나중에 크면 무조건 돈 잘 버는 능력 있는 남자와 결혼해야지. 이렇게 쪼들리면서 사는 생활이 지긋지긋해.' 이런 내적 맹세를 하고, 열심히 공부해서 유학을 간 것이다.

오직 이 자매의 목표는 돈 잘버는 신랑을 만나는 것이었다. 이 생각만 하면서 이를 꽉 깨물고 공부해서 유학을 간 것이다. 그런데 청년 때 어떤 남자가 찾아왔는데 능력이 있고 학교에서 실력이 있는 것이다. '아 얘는 한국에 돌아가면 교수할 수 있겠다.' 그래서 그 청년과 결혼을 하게 되었다. 대학생일 때는 박사 학위를 받기까지 열심히 뒷바라지 하면서 참을 수 있었다. 그런데 이제 학위를 받았으면 한국에서 교수로 임용이 되어야 하는데, 하필이면 박사 학위를 받는 그 해에 97년도 외환위기가 터진 것이다. 한국의 상황이 그렇다 보니까 대학교에는 교수를 새로 뽑을 자리가 없었고 남편이 취업이 안되는 상황이 벌어졌다.

이때부터 이 자매의 마음에 분노가 차오르기 시작했다. 과거 아버지에 대한 분노가 있었지만, 아버지에게는 표현을 하지 못했다. 이 자매는 성장 과정에서 아빠에 대한 원망과 분노를 싹 숨기고 이 동력으로 열심히 공부하며 스스로를 가혹하게 하면서 20대까지 버텨온 것이다. 그런데 자기가 선택한 남자가 취직이 안 되자, 배신감과 분노가 잠재되어 있던 어릴 때의 것부터 한 번에 다 밀려오는 것이다. 이 남자에 대한 분노가 폭발적으로 나오기 시작하는데 감정이 컨트롤이 안되는 것이다. 남편은 때를 잘못 만난 것 밖에는 아무 죄도 없다. 미움과 분노에 알 수 없는 감정이 폭발하는데 남편이 직접적인 가해자는 아니다 보니까 대놓고 화를 낼 수도 없고, 감정이 건강하게 표출되지 않으니까 무기력증이 찾아오는 것이다.

이 자매에게 불면증과 무기력증이 어느 정도 상태였는가 물어보니, 완전히 마음이 무너져서 아침에 일어나서 바지를 입고 거실까지 나오는데 한 시간이 걸렸다는 것이다. 그런데 나중에 남편이 취업이 되고 교수가 되었는데도 불구하고 여전히 그 상태에 묶여있다는 것이다. 이 자매님도 벗어나고 싶다. 벌떡 일어나고 싶지 무기력하고 싶은 사람이 누가 있겠는가? 그런데 마음이 원해도 육신이 매여 있는 것이다.

우울증과 무기력증 뿐만 아니라 폭식증과 거식증도 마찬가지이다. 대부분 다 영적으로 치유해야 될 문제인 경우가 많다. 어떤 여자애들의 경우 만나보면 뼈 같이 말라 있다. 하나님의 군대가 되어야 할 아이들이 폭식증과 거식증에 묶여있는 것이다. 청년 때 바벨론에서 잘못된 노예생활을 하느라 계속 먹은 것을 토한 것이다. 이 거식증에 걸린 사람은 소화를 못 하고 습관적으로 계속 토를 하게 된다. 자유해지고 싶지만 내 몸이 음식을 받아들이지 않는 것이다. 하지만 하나님의 말씀에 순종하면 결박에서 풀어질 수 있다. 이것이 바로 용서의 능력이다. 그러나 사실 이것은 한 두 시간 만에 해결될 문제가 아니다. 이것을 붙잡고 어떤 사람은 3박 4일을 씨름하고, 어떤 사람은 일주일 동안 씨름하기도 한다. 정말 이 문제를 두고 주님을 대면해서 내 안에 있는 깊은 것까지 용서의 문제들을 처리해야 하는 것이다. 그래야지만 마음 속 깊은 곳에 있는 쓴 뿌리가 사라지게 된다. 마음에 쓴 뿌리가 있으면 그것이 계속 자라서 결정적일 때마다 앞으로 나가지 못하게 다리를 붙잡는다. 영적 전쟁을 하고 앞으로 치고 나가야 하지만 발목을 붙잡히게 되는 것이다.

용서의 문제와 내적 치유의 문제가 해결되지 않으면, 해외 단기 선교에 가서도 싸우게 된다. 선교지에 가서도 자기들끼리 방에서 머리카락을 누가 더 많이 떨어뜨렸네, 스카치 테이프로 치웠네 안 치웠네 하면서 싸우게 되는 것이다. 그까짓 것 그냥 내가 한 번 해주면 되는데, 해주면서도 속으로는 '이 인간 그냥 아주 더러워 죽겠어. 선교 끝나면 다시는 이 인간 안 봐.' 이런 경우가 허다하다는 것이다. 이런 사람이 선교지에 가서 무슨 영적전쟁을 할 수 있겠는가. 자신이 이미 영적으로 다 묶여서 노예생활을 하고 있는데 말이다.

우리가 용서하지 못하는 이유는 하나님을 못 믿기 때문이다. 엄밀하게 말하자면 하나님의 주권을 인정하지 않기 때문이다. 이것이 바로 죄의 본질이다. '내 인생이 내 건데 내가 왜 용서해?' 하나님께서 용서하라 말씀하시는데도 용서하기가 싫은 것이다. 왜냐하면 내가 여전히 살아있기 때문이다. 그래서 '하나님 용서할 감정을 먼저 부어주세요.' 이렇게 기도하는 것이다. 용서할 감정이라도 주면 한 번 순종을 해보겠다는 것이다. 그리고 하나님 앞에 따지기 시작한다. '하나님은 좋은 분인데 왜 나한테 이런 일을 허락하셨어요?' '주님 내가 뭘 잘못했어요?' 당한 피해자의 입장에서 이해할 수 없다는 것이다. 그렇게 용서를 하지 못하면 계속 그 감옥 안에서 노예생활을 하게 된다.

요셉의 이야기를 통해 이것을 알 수 있다. 요셉은 감옥살이를 하고 있다. 용서할 수가 없는 감옥살이이다. 일단은 나에게 누명을 씌운 보디발의 아내가 용서가 안 되고, 그리고 내 인생을 이렇게 만든 형님들이 용서가 안 된다. 요셉의 입장에서 이 상황이 상식적으로 용서가 되는 상황이냐는 말이다. 지금 내가 감옥을 나와서 잘 되고 나서 용서하라고 하면 또 모르겠는데 여전히 감옥 안에 앉아 있다. 이 감옥은 징역 몇 년처럼 끝날 희망이 있는 곳도 아니다. 죽음의 공포 가운데 희망이 없는 감옥인 것이다. 요셉은 보디발의 아내의 유혹을 이겨냈다. 그런데 하나님께서 상을 주시는 것이 아니고 오히려 감옥에 들어가게 된 것이다. 완전히 몰락하게 된 요셉은 하나님께서 용서하라고 하셔도 즉각 용서가 되지 않는다.

그런데 요셉이 언제 회복이 되고 감옥에서 나오게 되었을까? 처음에는 감옥을 나가게 될 것을 기다리고 희망을 가졌다. 하지만 떡 관원장과 술 관원장의 꿈을 해몽해 주었는데도 아무리 기다려도 응답이 없다. 꿈 해몽을 받고 풀려난 술 관원장이 이 사실을 다 까먹은 것이다. 사람은 자꾸 자신의 방법으로 탈출하려고 한다. 약을 먹으면 나을 수 있겠지. 수면제를 먹으면 해결될 수 있겠지. 그런데 인생의 최고 전문가가 바로 하나님이라는 사실이다. 하나님은 우리의 세포와 혈관과 모든 것을 다 창조하셨다. 모든 방법이 끊어진 요셉이 그것을 깨달은 것이다. 요셉이 감옥에서 하나님 앞에 집중하며 몰입하기 시작한다. 그리고 하나님을 대면하니까 어떤 문제가 드러나는가? 용서의 문제가 수면 위로 드러나는 것이다.

17 그가 한 사람을 앞서 보내셨음이여 요셉이 종으로 팔렸도다

18 그의 발은 차꼬를 차고 그의 몸은 쇠사슬에 매였으니

19 곧 여호와의 말씀이 응할 때까지라 그의 말씀이 그를 단련하였도
다

시편 105편 17-19절

그리고 요셉에게 하나님의 말씀이 응하게 된다. 나는 지금 형님들
과 보디발의 아내 때문에 내 인생이 망가졌다고 생각하면서 용서하지
못하고 분노에 휩싸여있는데, 이 요셉에게 하나님의 말씀이 임하자
하나님의 주권을 깨닫게 되는 것이다. 그제서야 하나님의 섭리가 보
이는 것이다. 성경을 읽는 우리는 이미 그 결과를 다 알고 있다. 먼저
보내신 요셉을 통하여 흉년의 때와 기근의 때에 요셉의 창고를 준비
하게 하시고 자신의 형님들과 부모님이 다 와서 결국 거기서 큰 민족
을 이루게 하시려는 것이다. 하지만 당시 요셉의 입장에서는 그 미래
가 보이지 않는다. 그런데 주님 앞에서 기도하며 집중하는 중에 주님
이 깨닫게 해주시는 것이다. '이 모든 것이 하나님의 섭리 가운데 있
었구나.' '내가 형님들을 미워할 이유가 없구나.' '형님들도 나를 부르
심의 자리로 보내는 하나님의 도구였을 뿐이구나.'를 깨닫게 되는 것
이다. 내 발은 여전히 차꼬를 차고 몸은 쇠사슬에 매여 있지만 여호와
의 말씀이 임하니까 이 심령의 결박이 풀어지는 것이다. 그러자 바로
가 그제서야 감옥에 있는 요셉을 꺼내는 것이다.

이 과정이 보이는가? 그런데 이 요셉의 용서의 사건은 개인의 치유

와 자유로움의 문제로 끝나는 것이 아니다. 요셉의 용서는 결국 부르심으로 연결된다. 그렇게 용서했을 때 하나님께서 요셉을 이스라엘 민족을 이루는 하나님의 일에 사용하시는 것이다. 만약 요셉이 이집트 총리로서의 하나님의 부르심을 감당하지 못했다면 성경이 얼마나 더 두꺼워졌겠는가?

창세기 45장을 보면, 정말 드라마로 치면 클라이맥스같은 요셉이 형님들과 다시 만나는 장면이 나온다. 나를 팔았던 배다른 형님들이 나를 알아보지 못하고 앞에 서 있는 것이다. 세상 사람들은 힘과 권력을 얻으면 복수하고 싶어한다. 정권이 바뀔 때마다 서로 감옥에 집어넣고 주님 다시 오실 때까지 적폐 청산만 하는 것이다. 그것이 이 세상의 스토리이고 세계의 역사이다. 그래서 세상 영화들의 내용이 다 무엇인가? 어벤져스Avengers, 복수를 이야기하는 것이다. 내가 강력한 영웅이 되어서 세상을 심판하려고 한다. 심판자는 예수 그리스도 한 분이신데 인간이 영웅이 되어서 심판하겠다는 것이다. 하지만 성경은 이렇게 말한다.

내 사랑하는 자들아 너희가 친히 원수를 갚지 말고 하나님의 진노하심에 맡기라 기록되었으되 원수 갚는 것이 내게 있으니 내가 갚으리라고 주께서 말씀하시니라

로마서 12장 19절

하나님의 사람들은 복수하지 않는다. 요셉은 이렇게 이야기한다.

'당신들은 나를 해하려 하였으나, 하나님은 그것을 선으로 바꾸사 오늘과 같이 만민의 생명을 구원하게 하려 하셨나이다.'

얼마나 요셉이 멋지게 성장했는가? 당신들은 나를 죽이려 했지만 그것을 하나님께서 선으로 바꾸셨다는 것이다. 만민의 생명, 바로 당신들의 생명과, 아버지의 생명, 이 민족의 생명을 보존하게 하시려는 하나님의 섭리 가운데 내가 앞에 먼저 보내졌다는 것이다. 이어서 이렇게 말한다. '요셉이 그들에게 이르되 두려워 마소서 내가 하나님을 대신하리이까.' 원수 갚는 것이 나에게 있지 않고, 나의 주권이 하나님께 있기 때문에 복수는 하나님께 있다는 말이다.

용서하지 못하는 이유

자, 그런데도 여전히 용서가 안 되는 사람이 있을 수 있다. '목사님 그거는 요셉의 이야기구요, 나는 스토리가 달라요. 잘 들어보세요.' 그래서 상담을 해보면, 자신의 스토리가 더 기구하다고 말한다. 절대로 용서를 할 수 없는 사연이 있다는 것이다. 그렇다면 당신이 두 번째로 깨달아야 할 것이 있다.

성경에는 예수님께서 빚을 탕감받은 사람에 대해 말씀하시는 부분이 나온다. 그것이 무슨 이야기인가? 어떤 사람이 왕으로부터 엄청나게 많은 빚을 탕감받았다. 너무나 감사한 마음으로 집으로 돌아가다가 우연히 나에게 돈을 빌린 사람을 만났다. 그래서 '야 어떻게 여기서 만나냐. 잘 만났다 이리와 봐. 너 그때 나한테 빌린 돈 있지 그거 왜 안 갚냐?'라고 하는 것이다. '내가 갚고 싶은데 지금 상황이 너무 어려워 내가 꼭 갚을게. 조금만 더 시간을 줘.'라고 간청하지만 '지금까지 시간 줬잖아. 더 이상 못 참으니까, 오늘 나하고 같이 법원에 가자. 이제 몸으로 때워.' 그리고 경찰서에 가서 고소장을 쓰는 것이다. 그런데 이 상황을 보고 경찰이 왕에게 가는 것이다.

> '왕이시여 내가 정말 너무 황당한 일을 겪었는데, 왕이 100억을 탕감해준 그 사람이 지금 우리 경찰서에 와서 50만원 빚진 사람을 감옥에 보내달라고 고소장을 쓰고 있습니다. 내가 너무 민망해서 앉아 있을 수가 없었습니다.'

이게 누구의 이야기인줄 아는가? 바로 우리의 이야기다. 하나님께서는 나의 죄를 용서해 주셨다. 내가 얼마나 큰 죄인인지 본인은 알고 있다. 그 엄청난 죄를 주님께서 용서해 주셨는데, 나는 지금 용서를 못한다는 것이다. 성경이 바로 이것을 비유로 말하고 있는 것이다. 우리는 계속 '주님 난 그 인간 절대 용서 못해요.'라고 말하지만 그 모습을 주님이 볼 때는 '그 인간보다 더한 너도 내가 용서해 주었다.'라고 하시는 것이다.

그런데 이런 메세지를 하면, 어떤 사람들은 책을 덮거나 밖으로 나가 버린다. '나는 도저히 용서 못해. 오늘 이 챕터는 내가 건너뛰어야겠어.' 그러나 이 다섯 번째 도미노는 피할 수 있는 것이 아니다. 이것을 건너뛰고 뒤로 넘어갈 수는 없다. 이 지점을 통과하지 못한다면 감옥으로 돌아가서 트랙을 달리다가 인생이 곤고해지는 때가 찾아오면 다시 이 도미노 앞에 직면하게 된다. 세월이 지나고 이 자리로 돌아오게 되는 것이다. 그때도 또 회피할 것인가? 우리의 인생은 짧다. 세월을 아껴야 한다. 이번에는 해결해야만 한다. 이번에는 이 산을 넘어가야 한다. 이번에도 해결을 못 하고 넘어가면, 돌고 돌다가 다시 이 지점에서 걸리게 된다. 본인만 인생을 다 놓치고 할머니 할아버지가 되고 마는 것이다.

집회나 캠프를 하는 중에 이 용서의 파트가 나오면 어떤 분이 중간에 나가시는 경우가 있다. 그래서 그분을 불러 왜 나갔는지 물어보면 자기는 도저히 용서를 못 하겠다는 것이다. '목사님 용서할 마음을 하나님이 주시면 용서할게요.'라고 말한다. 그러나 그게 아니다. 마음을 받아서 용서하는 것이 아니다. 용서는 순종이다. 그래서 용서는 누가할 수 있느냐? 믿음이 있는 사람만 할 수 있다. 하나님을 믿는 것이다. 용서할 마음이 안 생겨도 순종하는 것이다. 그때 결박이 풀어진다. 그리고 나면 주님께서 마음을 만져주신다. 용서하고 나면 하나님께서 나에게 주신 사랑이 얼마나 큰지 경험하게 된다. 이 원리가 이해되는가? 이 용서의 문제를 해결해야지만 부르심의 자리로 나아갈 수 있다.

앞으로 다가오는 시대는 정말 어려운 시대일 것이다. 우리는 전신갑주를 입고 준비되어야 한다. 서핑을 탈 때 서퍼들은 파도가 오지 않으면 앞으로 나갈 동력을 얻을 수 없다. 똑같은 파도가 와도 어떤 사람들은 그것이 쓰나미가 되어서 파도를 맞아 떠내려가거나 죽는다. 남 탓을 하고 비난하면서 파도 속으로 가라앉는 것이다. 그런데 서퍼로 준비되어 있는 사람은 파도가 크게 올수록 더 다이나믹하게 파도를 탄다. 왜냐하면 파도의 힘만큼 더 앞으로 나아갈 수 있기 때문이다. 그런 사람들은 파도를 통해 믿음이 더 성장하고 충만해져서 하나님께 나아가게 된다.

전 지구적인 코로나 바이러스의 파도가 지나가고, 이어서 전 지구적인 금융위기의 파도가 다가오고 있다. 그때에도 코로나 때처럼 파도에 가라앉고 죽는 사람들이 있을 것이다. 미국을 욕하고 자본주의자들을 욕하고 금융권을 욕하면서 비난하다가 끝나는 사람들도 있을 것이다. 그러나 오히려 그 위기를 지렛대로 삼아서 더 크고 강력하게 부흥의 파도를 타는 자들도 나오게 될 것이다. 그 부흥의 파도가 다가올 때 이 용서의 문제가 해결이 되지 않으면 가다가 물속에 빠지게 된다. 이것을 해결해야만 그 다음 여섯 번째 도미노로 넘어갈 수 있다. 용서는 하나님의 명령이다.

먹는 대로, 생각하는 대로, 말하는 대로

사람은 먹는 대로 살고, 생각하는 대로 살고, 말하는 대로 산다. 사람의 말은 그 사람의 세계이고 한계가 된다. 예를 들어 내가 아침에 일어나자마자 뉴스를 보게 되면 지하철을 타고 가면서도 그 생각을 하게 된다. '이런 나쁜 정치인이 그런 짓을 했구나.'하고 생각하는 것이다. 그 상태로 점심때쯤 되면 어떻게 될까? 그 생각이 입술로 나오는 것이다. '야 너 그거 봤어? 그 사람이 이랬대.' 이것이 바로 세상의 노예들이 살아가는 패턴이다. 그러나 반대로 아침에 말씀을 먹은 사람은 그 먹은 말씀으로 하루를 생각하게 되고 그 생각을 입술로 말하게 되어 있다. 아침에 눈을 떠서 '내가 너희를 사랑한 것 같이 너희도 서로 사랑하라.' 이 말씀을 먹었다고 하면, 아침에 지하철을 타고 가면서도 '서로 사랑하라고 하는데 나는 사랑할 힘이 없어.' 이런 생각을 하면서 마음에 갈등이 생긴다. 그리고 결심하여 사랑하기로 선택하는 순간 어떻게 될까? 사랑의 능력이 하늘로부터 부어진다. 직장에서 사랑할 수 없는 사건이 일어나더라도 예전 같으면 분노하면서 누가 잘했냐 잘못했냐 합리적으로 이 사건에 반응했을 테지만, 하나님께서 나에게 사랑할 수 있는 기회를 주신 것이다. 그리고 오후 시간에 곰곰이 생각해보면 '그때는 몰랐는데 이게 오늘 하나님의 테스트였구나. 아침에 주신 말씀으로 내가 드디어 1승을 했네!'하고 혼자 화장실에서 은혜를 받는 것이다. '야 진짜 내가 오늘 드디어 1승을 했다.' 그러면 이제 밤에 일기를 쓰는 것이다. '주님 오늘 드디어 1승을 했어요. 드디어 우리 김 부장을 이겼어요!' 그런데 참 신기한 것은 그렇게 1승을 하고 나면 더이상 김 부장이 나를 괴롭히지 않는다는 사실이다. 이것이 바로 영의 세계이다.

그런데 만약 이 다섯 번째 도미노, 용서의 문제를 넘어가지 못하면 주님이 다시 오실 때까지 김 부장은 회사에서 나를 기다리고 있다. 도저히 김 부장 때문에 못 살겠다고 해서 이직을 하면 그곳에는 이 부장이 기다리고 있다. 내가 이 인간하고 못 살겠다고 해서 도망치면 오히려 더한 인간을 만나게 되는 것이다.

교회에서도 마찬가지이다. 셀이나 구역모임에 가면 꼭 이런 분만 안 계셨으면 좋겠다 하는 분이 그곳에 있다. 그러면 목사님을 찾아간다. '목사님 셀 좀 바꿔주세요. 그 인간 때문에 은혜가 안 됩니다.' 그래서 목사님이 셀을 바꿔주면 또 다른 분을 만나게 된다. 그러면 이제 '교회를 바꿔야 되겠다. 이놈의 교회는 아주 그냥 지뢰밭이야.' 하고 다른 교회를 가면 그곳에 또 있다. 얼굴과 이름만 바꾼 그 사람이 그곳에 또 있는 것이다.

이 문제를 대면하여 해결해야 되는데 회피하려고 하면 엄한 세월만 낭비하게 된다. 내 힘으로는 이길 수 없다. 말씀을 먹고 말씀을 생각하고 말씀을 말하고 선포하는 자들만 이길 수 있다. 그래서 계속 이 거룩한 수레바퀴와 같이 말씀을 먹고 말하는 삶을 살아내야 하는 것이다. 탈출하는 방법을 모르는 사람은 맨날 환경을 탓한다. 교회에 와서는 '주님 김 부장을 처리해주십시오. 아니면 다른 데로 발령을 내주십시오.'하고 기도하는 것이다. 그러나 발령이 나도 새로운 분이 나타나게 되어 있다. 그 지점을 넘어가야만 하기 때문이다.

나를 불편하게 하는 것들

내가 수치감이 있는 만큼, 내가 열등감이 있는 만큼, 내가 교만함이 있는 만큼 상대방의 행동이 나에게 자극으로 다가오게 되어 있다. 그 사람이 뭘 잘했냐 잘못했냐 하는 객관적인 상태가 중요한 것이 아니다. 남 이야기를 할 필요가 없다. 내 부르심과 주님을 보고 가면 되는 것이다. 그런데 나를 불편하게 하는 것은 항상 내가 해결되지 않은 부분을 대면하는 순간이다.

어떤 권사님이 명품으로 온 몸을 치장하고 교회에 왔어도, 이 문제가 다 해결된 사람은 그냥 긍휼한 마음으로 속으로 기도해 주게 된다. 그런데 만약 내가 이 문제에 해결이 되어있지 않으면 '교회 오는데 명품을 처바르고 말이야. 누구는 없어서 못 입나.' 속으로 궁시렁대며 자기방어를 시작하는 것이다. 내가 외모 콤플렉스가 있으면 잘생긴 남자나 예쁜 여자가 눈에 거슬리게 된다. '어디 교회에 오면서 저렇게 화장을 처바르고 와. 누구를 꼬실려고.' 왜 그런 것인가? 내 안에 해결되지 않은 부분들이 충돌하는 것이다. 그 사람이 잘했건 잘못했건 그게 중요한 것이 아니다. 나하고 하나님과의 관계를 점검해야 하는 것이다. 만약 돈 문제에 묶여 있으면 그 부분에 대해 엄청 예민해진다. 그러니까 목사님이 밥을 어떤 것을 먹는지 차를 어떤 것을 타는지 이런 것들에 마음이 묶이고 충돌하면서 교회를 떠나게 되는 것이다. 지금 부르심을 좇아서 믿음으로 나가야 되는데 맨날 모여서는 교회 식당에서 뒷담화를 하는 것이다. 모든 것의 옳고 그름을 다 판단하지만 본인의 믿음은 성장하지 못한다. 거기서 계속 감옥살이를 하는 것이다.

나도 마찬가지로 아직도 어디를 가면 불편한 게 있다. 옛날에 이 원리를 몰랐을 때는 '왜 저 사람이 나를 이렇게 불편하게 하지?'하고 생각했을 것이다. 어느 모임을 가거나 사람들을 만나면 자꾸 내 안의 자아가 그들을 판단하려고 하는 것이다. 그러나 어떤 문제든 내 안에 불편하게 다가오는 것이 있다면 그것을 불편함으로 느끼지 말고 한 걸음 떨어져서 냉정하게 바라봐야 한다. 내가 어떤 부분이 해결이 안 돼서 아직 불편한 것인지 찾아보는 것이다. 그리고 하나님이 말씀을 먹고 생각하고 선포하는 것이다. 이것이 하나님의 군사가 되는 길이다.

서로 용서하라

22 너희는 유혹의 욕심을 따라 썩어져 가는 구습을 따르는 옛 사람을 벗어 버리고

23 오직 너희의 심령이 새롭게 되어

24 하나님을 따라 의와 진리의 거룩함으로 지으심을 받은 새 사람을 입으라

25 그런즉 거짓을 버리고 각각 그 이웃과 더불어 참된 것을 말하라 이는 우리가 서로 지체가 됨이라

26 분을 내어도 죄를 짓지 말며 해가 지도록 분을 품지 말고

27 마귀에게 틈을 주지 말라

28 도둑질하는 자는 다시 도둑질하지 말고 돌이켜 가난한 자에게 구제할 수 있도록 자기 손으로 수고하여 선한 일을 하라

29 무릇 더러운 말은 너희 입 밖에도 내지 말고 오직 덕을 세우는 데 소용되는 대로 선한 말을 하여 듣는 자들에게 은혜를 끼치게 하라

30 하나님의 성령을 근심하게 하지 말라 그 안에서 너희가 구원의 날까지 인치심을 받았느니라

31 너희는 모든 악독과 노함과 분냄과 떠드는 것과 비방하는 것을
모든 악의와 함께 버리고
32 서로 친절하게 하며 불쌍히 여기며 서로 용서하기를 하나님이 그
리스도 안에서 너희를 용서하심과 같이 하라
에베소서 4장 22-32절

이 에베소서의 말씀이 5장의 내용을 요약정리하고 있다. 22절을 보면 너희는 유혹의 욕심을 따라 썩어져 가는 구습을 따르는 옛 사람을 벗어 버리라고 말한다. 눈만 뜨면 내 옛 자아가 반응하는 것이다. 그러면 어떻게 심령을 새롭게 할 수 있을까? 말씀으로 새롭게 하는 것이다. 이것이 영적전쟁을 이기는 기술이다. 이것을 사도 바울은 '나는 날마다 죽노라' 라고 표현한 것이다. 그리고 뭐라 말하는가? 분을 내어도 해가 지도록 분을 품지 말라고 말한다. 우리가 분을 낼 수는 있다. 그러나 해가 지도록 품어서 마귀에게 틈을 주지 말라는 것이다. 그리고 더러운 말을 입 밖에도 내지 말고 떠드는 것과 비방하는 것을 다 버리고 서로 용서하기를 하나님이 그리스도 안에서 너희를 용서한 것 같이 하라고 말하고 있다.

오늘 우리는 결단해야 한다. 곰곰이 묵상을 하면서 용서할 사람이 있는지 생각해 보라. 또는 용서할 사람이 아니더라도 나를 불편하게 하는 뭔가가 있는지, 나에게 열등감이 있는지, 나에게 치유받아야 될 부분이 있는지, 나에게 어떤 결핍이 있는지 이런 것들을 곰곰이 묵상하면서 적어보라. 내가 용서를 구해야 될 사건이 있으면 그것도 적어

보라. 그리고 주님 앞에 조용히 나아가서 '주님 나는 용서했습니다. 그리고 나도 이것을 용서받기 원합니다.'라고 고백하는 것이다. 그리고 적은 그것을 어디 혼자 가서 조용히 불태우거나 찢어서 버리거나 나에게서 분리시켜라. 그리고 하나님 앞에 기도하면 그날 밤에 자유가 찾아올 것이다. 거식증이 치유되고 폭식증이 치유되고 수면제를 먹지 않아도 잠잘 수 있게 될 것이다. 마음이 해와 같이 밝아질 것이다. 요한일서 4장을 보면 이렇게 기록하고 있다.

> 20 누구든지 하나님을 사랑하노라 하고 그 형제를 미워하면 이는 거짓말하는 자니 보는 바 그 형제를 사랑하지 아니하는 자는 보지 못하는 바 하나님을 사랑할 수 없느니라
> 21 우리가 이 계명을 주께 받았나니 하나님을 사랑하는 자는 또한 그 형제를 사랑할지니라
> 요한일서 4장 20-21절

성경은 우리에게 권면하고 경고하는 것이다. 네가 하나님을 사랑한다고 입으로 말하면서 눈에 보이는 형제를 용서하지 못하니 그 형제를 사랑하지 않으면서 어떻게 눈에 보이지 않는 하나님을 사랑할 수 있느냐는 것이다. 용서는 용서하려고 애쓰고 노력하는 것이 아니다. 그러면 더 감옥살이를 하게 되고 고통을 겪게 된다. 성경은 노력하라고 말하지 않는다. 성경은 믿으라고 말한다. 그리고 믿는 자는 순종하라고 말한다. 그냥 믿음으로 '주님 용서합니다.'라고 선포하는 것이

다. '주님 용서하겠습니다.'라고 순종하는 것이다. '주님 나는 죽었습니다.'라고 고백하는 것이다.

> 조금 나아가사 얼굴을 땅에 대시고 엎드려 기도하여 이르시되 내 아버지여 만일 할 만하시거든 이 잔을 내게서 지나가게 하옵소서 그러나 나의 원대로 마시옵고 아버지의 원대로 하옵소서 하시고
>
> 마태복음 26장 39절

예수님도 자기 뜻대로 살지 않으셨다. 내 의지와 내 육신의 두려움대로 살지 않으셨다. 예수님은 내일이면 십자가에서 처형당해야 하고, 그 고통을 뻔히 다 알고 계셨다. 채찍으로 등가죽의 살점을 뜯기게 된다. 이스라엘의 광야에서 가시면류관에 사용되었던 가시나무를 본 적이 있는데 멀리서 봐도 소름이 끼쳤다. 그것을 머리에 쓰면 뇌가 쪼개질 만큼 살을 찌르고 들어오는 것이다. 우리는 작은 가시 하나만 박혀도 아파서 난리를 치는데 양 발을 포개고 그 위로 못이 뚫고 들어오는 것이다. 창자를 찔러서 물이 다 쏟아져 나온다. 그것을 내일이면 우리의 죄를 위해서 감당하셔야 한다. 그것이 아버지의 뜻인 것이다. 예수님도 우리와 똑같은 사람으로 이 땅에 오셨기 때문에 전날 밤에 기도하며 씨름하셨다. '아버지, 이 잔을 내게서 지나가게 해주십시오. 그러나 내 뜻대로 마시고 아버지 뜻대로 하옵소서.' 주님께서 먼저 이 길을 실천하여 보이시는 것이다.

이 장면을 영화로 찍을 때는 너무 비참해서 하체를 천 조각으로 가

리지만 당시 십자가에 달리신 예수님은 완전히 벗은 몸이셨다. 지나가는 사람들이 침을 뱉고 돌을 던지고 야유하는 그 모든 일을 겪으시면서 주님은 뭐라고 말씀하시는가? '아버지여 저들을 용서하여 주십시오.' 주님이 친히 우리 앞에 용서의 길을 순종하며 보여주신 것이다. 그리고 우리에게 말씀하신다. '내가 너희를 용서하지 않았니? 너희도 서로 용서해라.'

용서의 대가는 죽음이다. 죄는 그냥 사하여 줄 수 없다. 그래서 주님은 대가를 치르신 것이다. 우리도 마찬가지로 죄를 용서하기 위해서는 내가 죽어야만 용서할 수 있다. 그런데 이 용서는 용서로 끝나지 않는다. 이제 부르심을 향해서 나가도록 감옥안으로 빛이 한줄기 쫙 들어오면서 결박이 풀어진다. 그리고 이제 자유를 얻게 된다.

최고로 좋은 엔진과 주행능력을 가진 차를 뽑았다고 해도
주유소에 가서 기름을 넣지 않으면 차가 움직일 수가 없다.

6장
기도의 능력

6장
기도의 능력

    노예생활에서 부르심의 자리로 나아가기 위해서 첫 번째로 해야 할 일은 바로 원띵이다. 한 가지 일에만 집중하는 것이다. 그런데 사도행전을 살펴보면 예수님께서 부활하신 후 승천하시면서 제자들에게 당부하신 것이 있다. 이것저것 하지 말고 오로지 한 가지에만 전념하라는 것이다. 그것이 무엇이었을까?

> 4 사도와 함께 모이사 그들에게 분부하여 이르시되 예루살렘을 떠나지 말고 내게서 들은 바 아버지께서 약속하신 것을 기다리라
> 5 요한은 물로 세례를 베풀었으나 너희는 몇 날이 못되어 성령으로 세례를 받으리라 하셨느니라
> 사도행전 1장 4-5절

    그것은 약속하신 성령이 임하기까지 모여서 기도하는 일이었다. 제자들은 기도하는 일에만 전념했던 것이다. 오늘날 우리는 왜 이런 영적인 충만함과 폭발적인 힘을 가지지 못할까? 우리의 삶을 한 번 생

각해 보라. 신앙생활을 몇십 년을 했던지 간에 과연 나의 인생 가운데 오로지 기도에만 전념했던 적이 얼마나 있었는가? 사도행전의 폭발적인 역사는 다른 것 때문이 아니었다. 당시에도 생활의 문제, 먹고사는 문제, 로마라는 정치적인 문제 등 얼마나 문제가 많았겠는가? 그러나 성령을 받을 때까지 오로지 기도에만 전념하라는 예수님의 말씀에 제자들이 순종했던 것이다. 문제를 바라보는 것이 아니라 문제를 이기는 힘이 되는 기도에 전념했던 것이다.

제자들이 예수님과 함께 있을 때는 3년을 함께 먹고 잤음에도 불구하고 여전히 세상에 속한 연약한 자들이었다. 천국에서 누가 높은 자냐 하고 싸우는 그런 인간적인 생각을 갖고 있던 것이 바로 제자들이었다. 그런데 사도행전으로 넘어오고 나서는 이제는 목에 칼이 들어와도 예수를 부인하지 않는 자들로 바뀌게 된 것이다. 이 비밀은 바로 여섯 번째 도미노인 기도의 능력에 있다. 오로지 기도에 전념한 제자들이 성령의 충만함을 받으니까 한 순간에 부르심을 이루는 자들로 변화된 것이다. 이렇듯 아무리 강조를 해도 부족하지 않은 것이 기도인데, 이 기도라는 것이 쉽지가 않다. 어떻게 하는 건지, 얼마나 하는 건지, 무엇을 구해야 하는 건지, 훈련이 되지 않은 사람들은 여러 가지 고민 가운데 잘 되지 않는다.

우리가 이론적으로 바벨론의 트랙을 탈출하는 방법을 다 알고 있어도 이것을 실제로 실행하기 위해서는 힘과 에너지가 있어야 한다. 기도가 바로 그 에너지인 것이다. 원리는 이제 다 알고 있다. 버리고 선택하고 집중해서 몰입하면 하나님을 만나게 된다. 그러면 정체성 싸움이 시작되고 그때마다 말씀을 선택해야 이길 수 있다. 구원의 투구를 써서 머리를 보호해야 하고, 용서의 문제를 해결해야만 전진할 수 있다. 여기까지 원리를 다 알고 있어도, 우리의 의지와 성실로는 도저히 이 길을 갈 수가 없는 것이다.

예를 들어, 자동차를 새로 뽑았다고 해 보자. 최고로 좋은 엔진과 주행능력을 가진 차를 뽑았다고 해도 주유소에 가서 기름을 넣지 않으면 차가 움직일 수가 없다. 예수님은 제자들에게 이미 다 가르쳐 주셨다. 세상의 끝 날까지 일어날 일들을 다 말씀하시고 제자들이 가야 할 사명과 부르심을 다 설명해 주셨다. 제자들이 생각하기엔 이제 가야 할 목표도 알고 하루 빨리 열방을 제자화하고 싶을 것이다. 빨리 한 명이라도 더 구하기 위해 당장 나가서 선교를 해야 될 것 같다. 그런데 주님께서 뭐라 말씀하시는가? '너희는 예루살렘을 떠나지 말고 내게서 들은 바 아버지께서 약속하신 성령을 기다려라.' 돌아다니지 말고 성령충만을 받을 때까지 모여서 기도만 하라는 것이다. 그러니 내 힘으로 사역하고 내 힘으로 영적 전쟁에서 승리한다? 그것은 근본적으로 불가능하다. 주님께서는 1-5단계 도미노의 원리와 방법을 다 가르쳐주신 다음에 이제 기름을 채우게 하시는 것이다.

기도의 시대

지금 이 시대는 기도의 시대이다. 외국에 나가면 영적 전쟁을 한다고 생각하고 힌두교나 무슬림 사원에 한 번 가보라. 무슬림은 기도하는 종교이다. 그들은 무섭게 기도한다. 무슬림들은 시간을 정해두고 하루에 다섯 번씩 탑에서 소리가 울려퍼지면 모두가 한 방향을 향해 카펫을 깔고 기도하기 시작한다. 운전기사도 차를 세워놓고 기도하고, 밥 먹던 사람들도 수저를 내려놓고 기도한다. 무슬림 회당에 들어가 보면 머리가 띵해진다. 공간 안에 기도의 압이 쌓여있어서 영적으로 얼마나 뿌연지, 들어가 보면 영이 서로 다르기 때문에 내 영이 고슴도치같이 긴장을 하게 된다. 그런데 주변을 살펴보면 무슬림들이 전부 다 몰입해서 기도를 하고 있는 것이다. 그들이 기도하는 집중력은 대단하다. 집단적으로 금식을 하면서 기도를 하는데 그게 무슬림의 라마단Ramadan 기간이다. 그런데 그들이 어떤 기도를 하고 있는지 아는가? 그들은 생활의 문제를 해결해 달라고 기도하지 않는다. 전 세계의 무슬림화를 위해 기도하고 있다.

이 시대는 영적인 시대이다. 이 영적인 시대를 이기려고 하면 영이 강해져야 한다. 그러기 위해서는 진리 체계가 분명해야 하고 기도의 능력이 있어야 한다. 성경이 증언하는 바 예수님은 이미 세상을 이기셨다. 우리가 해야 될 것은 정신 차리고 믿음의 삶을 사는 것이다. 우리는 무슬림을 두려워 할 것이 아니라 우리 안에 생명 없음을 두려워해야 한다. 어떠한 적이 와도 내 안에 예수의 영이 충만하면 천이고 만이고 다 이길 수 있는 것이다.

처음에는 기도를 어떻게 해야 하는지 잘 모를 수 있다. 하지만 기도는 유튜브나 강의를 보면서 배우는 것이 아니다. 기도는 기도를 하면서 배우는 것이다. 그러면 하나님이 기도의 영을 부어주시고 기도를 돕는 천사를 보내주신다. 기도학교에 강사로 초청을 받아서 가보면 이런 경우가 많다. 먼저 수강생들에게 기도의 원리와 종류에 대해서 쫙 설명을 한다. 그리고 '이제 기도합시다'하면 다들 배고파서 밥을 먹으러 가는 것이다. 그래서 답답한 나머지 '다음 주는 내가 안 올테니까 나를 부르지 말고 차라리 그 시간 동안 기도를 해라.'하니 그것은 안 된다는 것이다. 돈을 받았기 때문에 뭐라도 가르쳐야 한다는 것이다. 15주 동안 기도학교를 듣고 수료를 해도 정작 기도를 하지 않는 것이다. 기도는 하는 것이다. 주님 앞에 시간을 정하고 자리에 앉아서 하는 것이다. 그렇게 하다 보면, 기도의 능력이 부어지고 기도의 근력이 부어진다. 그렇게 기도를 해야만 이 1번부터 6번까지의 도미노를 세울 수 있는 에너지를 공급받을 수가 있다.

비행기 이륙의 원리

지금은 없어졌지만 옛날에 콩코드Concorde 비행기 라는 것이 있었다. 콩코드 비행기는 일반 여객기보다 2배 높은 고도에서 2배나 빠른 속도로 날아서 평균 8시간이 넘게 걸리는 파리-뉴욕 구간을 3시간대에 주파하는 비행기였다. 그런데 2000년 7월 25일, 콩코드 비행기가 활주로에서 이륙하자마자 추락을 하는 사건이 발생하게 된다. 당시 상황을 살펴보면, 에어 프랑스 소속의 콩코드 비행기가 활주로로 나섰다. 이륙을 하려고 관제탑의 허가를 받고 출력을 높이기 시작했다. 그런데 비행기가 이륙을 하다가 갑자기 뒷 꼬리 부분에 불이 붙게 되고 만다. 하지만 그 사실을 조종석에서는 알지 못했고 그 상태로 하늘로 올라가지만 얼마 못 가고 추락하게 되었다. 그렇게 탑승한 승객 전원이 사망하게 된 것이다. 이 사건은 2000년에 있었던 실제 사건이다.

자 한번 잘 생각해 보라. 지금 기도의 원리에 대해서 설명하고자 이 사건을 설명하고 있다. 비행기 파일럿들과 이야기를 나눠보면 제일 위험한 구간이 이륙할 때와 착륙할 때라고 한다. 이때가 제일 사고가 많이 생기고 위험한 구간이다. 추락한 콩코드 비행기에 대해 사고조사위원회가 열려서 조사를 해 보니 원인이 무엇이었을까? 무엇 때문에 그 큰 비행기가 추락해서 한 명도 빠짐없이 사망하는 끔찍한 사고가 발생했을까? 사고조사위원회에서 밝혀낸 원인은 활주로 위에 떨어져 있던 사십 센티 짜리 작은 철 조각 하나 때문이었다. 바닥에 놓여져 있던 작은 철 조각 하나가 비행기가 이륙할 때 타이어에 껴서 들어가게 되었고, 마찰열을 일으키면서 고무 타이어에 불이 붙은 것이다. 그리고 그 불길이 엔진까지 타고 들어가서 결국 추락하게 된 것이다. 이 작은 조각 하나가 엄청난 잠재력을 가진 지구에서 가장 빠른 속도로 사람을 실어 나르는 여객기를 추락하게 만들었다.

이것을 기도의 삶에 한 번 대입을 해보자. 기도로 이륙하기 위해 활주로에 서 있다. '이제 기도 생활 똑바로 해야지. 하나에 몰입해야지.' 그렇게 마음을 먹는다. 그런데 영적 전쟁은 큰 데서 구멍이 뚫려서 망하는 것이 아니다. 작은 것 하나 때문에 넘어지게 된다. 별 거 아닌 것 같아도 아침에 눈 떴을 때 말씀을 먼저 먹지 않고 '이제 뭐 습관이 됐으니까. 이 정도면 내가 말씀 안 봐도 오늘 하루 이길 수 있지 않겠어?' 그러면서 세상 것을 보는 것이다. 눈 뜨자마자 카톡을 확인하고, 뉴스를 검색하는 것이다. 주식 차트가 어떻게 되었는지, 밤새 축구 결과가 어떻게 나왔는지 확인하는 것이다. 별 것 아니다. 그러나 그런 작은 것 하나가 우리의 영적 집중력을 훼손시켜서 결국은 이륙을 하지 못하게 만든다. 무슨 큰 잘못을 저질러서 비행기가 뜨지 못하는 것이 아니다. 영적으로 집중을 해야 되는데, 내 마음에 미워하는 사람이 있으면 기도가 될까? 내가 지금 순종하지 못하는 사건 하나가 있는데 기도가 될까? 내가 지금 회개하지 않는 내 안의 은밀한 죄가 있는데 기도가 되느냐는 말이다. 하나님의 나라에서는 별거 아닌 것처럼 보여도 작은 구멍이 하나 뚫리면 그 구멍으로 들어온 여우 한 마리가 포도농장 전체를 다 망치게 된다. 충분히 목적지까지 갈 수 있는 힘과 기술이 있어도, 작은 하나의 틈을 막아내지 못하는 허술함이 결국 모든 사람이 목적지에 가지 못하고 죽게 만드는 것이다.

활주로

비행기는 공항에서 이륙하는 순간에 갖고 있는 기름 중 가장 많은 양을 사용한다고 한다. 국제선 비행기이면 비행기가 성층권*으로 올라갈 때까지 에너지를 가장 많이 소모하는 것이다. 기름을 쭉쭉 쓰면서 힘차게 올라가는 것이다. 그래야 모든 중량과 공기 저항을 이겨내고 올라갈 수 있다.

그런데 비행기가 공항에 와서 활주로를 드라이브하는 것처럼 계

---

* 성층권 : 10~50km 사이의 대류현상이 일어나지 않고 기상현상도 없어 매우 안정화된 대기층

속 돌기만 하면 어떻게 될까? 비행기가 최고속도로 출력을 올리지 않고 시속 60km정도로 속도를 맞춰놓고 활주로만 빙글빙글 도는 것이다. '언젠가는 뜨겠지. 내가 지금 공항에 와 있는데, 언젠가는 뜰 거 아냐?' 한 10년 동안 시속 60km로 걸어놓고 다녀보라. 비행기가 뜰 수 있는지. 이게 무엇인가? 집중하지 않고, 몰입하지 않고 종교생활을 하는 것이다. '내가 교회를 30년을 다녔으니 믿음이 성장했겠지.' 그러나 자기사랑 자기만족 자기연민으로 둘러싸여서 툭 건드리면 '내'가 나온다. 80살을 먹어서 명예 권사까지 되어도 오직 내 문제에 갇혀서 사소한 문제에도 삐치는 것이다. 왜 그럴까? 교회에 와서 영적으로 성장하지 않고 그냥 3-40km 속도로 안전하게 공항 활주로를 도는 것이다. 그러다가 어떤 비행기가 하나 이륙하려고 하면 올려다 보면서 미움 다툼 시기 질투가 뻗치는 것이다. '늦게 들어온 게 개념 없이 혼자 날아가?' 그렇게 저주하면서, 열심히 하려고 하는 사람을 만나도 '야 가지마. 나랑 같이 그냥 산책이나 하자. 여기 얼마나 뷰도 좋고, 우리 교회 커피도 맛있고 말이야.'하는 것이다.

250-300km의 속도로 달려야 비행기가 뜨는데 평생 30km로 공항을 산책하는 것이다. 그러면서 공항은 완전히 구석구석을 다 안다. 교회 내의 시시콜콜한 것부터 오만 것을 다 아는데 정작 믿음은 없고 기도를 못 하는 것이다. 그런 사람이 우리 주변에 허다하다.

비행기의 목적은 하늘을 나는 것이다. 하늘 위로 떠야 할 것 아닌가. 비행기가 뜨고자 한다면 어떻게 해야 하는가? 활주로에서 스탠바이하다가 관제탑의 사인을 받으면 바로 출력을 최대로 높이고 속도를 전속력으로 높인다. 그러면 그 안에 타고 있는 승객들은 목이 뒤로 젖혀지게 된다. 미국 갈 때 A380 같은 큰 비행기를 타보니까, 얼마나 큰지 타면서도 믿기지가 않는다. 비행기에 타기 전에 '야 이렇게 큰 비행기가 뜬다고?'라고 말한다. 그러나 우리는 그 비행기에 탑승을 한다. 뜰 거라고 믿는 것이다. 마찬가지로 내가 기도하면서도 과연 기도가 될까? 내가 과연 하나님을 만날 수 있을까? 이런 생각을 하면 안 되고 믿어야 한다. 성경에 보면, 하나님을 간절하게 찾는 자를 주님이 만나주신다고 했다. 두드리면 문이 열린다는 것이다. 그러니 내 경험과 감정을 믿으면 안 되고 '주님 이 말씀을 내가 의지해서 기도합니다.'하고 온 힘을 다해서 뚫고 올라가야 한다. 그런데 대부분이 이걸 하지 않는다. 이걸 해보지 않고 신앙생활을 하는 것이다. 세상의 비행기도 올라갈 때 온 힘을 다해서 출력을 높여야 이륙할 수 있는데 기도로 이륙을 해본 경험이 없으니까 평생 땅에서만 신앙생활을 하는 것이다.

대류권

이제 비행기가 이륙을 해서 하늘 위로 올라가면 어떻게 될까? 그때부터 바로 평강이 오고 신세계가 열릴까? 아니다. 그때부터 난기류를 만나게 된다. 국제선 비행기는 대류권에서 성층권까지 올라가게 되는데 대류권에는 새 떼와 난기류가 있다. 그래서 이륙과 착륙을 하는 순간 다음으로 위험한 구간이 바로 대류권을 지나는 순간이다. 성층권에서 추락하는 경우는 거의 없고 대부분 이 대류권에서 비행기가 추락하게 된다. 대류권을 올라가다가 새 떼를 만나면 엔진에 불이 붙기도 하고, 난기류를 만나면 비행기가 진동하며 어려움을 겪게 되는 것이다.

이것을 기도의 관점에서 보면, 이제 기도를 하려고 몰입해서 주님 앞에 나아가는데 내 안에 있는 쓴 뿌리들이 나오기 시작하는 것이다. 모세도 떨기나무 앞에서 하나님을 대면했는데 하나님의 명령은 '내 백성을 자유케 하라'는 것이다. 그런데 그 명령은 내 현실과 상황과 경험으로 볼 때 도저히 불가능한 것이다. 이렇게 갈등하는 것이 대류권을 통과하는 것과 비슷하다. 내 안의 옛 자아들, 내 환경들, 내 경험들, 내 상황들이 계속 비행기가 뜨지 못하고 땅의 것을 바라보게 만드는 것이다. 비행기에 타 보면 이륙을 하는 순간 창가에 앉아 있는 사람들이 무엇을 보고 있는가? 땅을 바라보고 있다. 창문에 달라붙어서 우리 집이 어디 있을까? 찾아보는 것이다. 내 차는 어디에 주차되어 있을까? 공항이 어디에 있나? 다 땅의 것을 쳐다보는 것이다.

사람들이 기도를 시작할 때, 다 완벽해서 이륙하는 것이 아니다. 여전히 육신적인 연약함이 있고, 자아의 연약함이 있고, 육신적인 욕망이 있어도 기도의 비행기는 뜨게 된다. 처음에는 비행기가 뜨면 육신적인 고민들이 시작된다. 땅의 고민들이 시작되는 것이다. 그러나 땅을 계속 보고 있으면 안된다. 눈을 들어서 하늘을 바라보아야 한다.

성층권

정신을 차리고 비행기가 계속 상승해서 성층권까지 올라가면 이제 알람 신호가 뜨게 된다. 안전한 고도에 도달했으니 기내식을 준비중이라는 방송이 나오는 것이다. 그때부터는 엔진에 불을 하나를 끄고 기름을 조금씩만 사용한다. 성층권에는 공기가 희박하기 때문에 공기 저항이 적어서 적은 기름으로도 빠르게 날 수 있다. 성층권에는 난기류가 없고, 거기까지는 새 떼가 올라오지 못한다. 그러니까 충돌할 일도 없고 목적지까지 오토파일럿자동운항을 걸어놓으면 기름도 이륙할 때에 비하면 아주 조금만 쓰면서 가는 것이다.

이게 무엇이냐면 영적인 돌파가 일어난 사람들을 뜻한다. 신앙생활을 어떻게 평생 이륙하듯이 살 수 있겠는가. 금방 지치고 만다. 그러나 첫 번째 생명이 잉태되는 순간처럼 신앙이 어느 한 번은 몰입과 집중을 하며 전력을 다해서 뚫고 올라가야 한다. 그곳에서 주님을 만나야 하는 것이다. 이륙을 하는데 이것저것 다 하면서는 이륙이 되지 않는다. 초집중을 해서 올라가야 한다. 여전히 우리의 마음은 땅에 있을 수 있지만, 성층권까지 올라가는 돌파가 일어나야 하는 것이다. 영적인 세계에서 돌파가 일어나고 나면 그때부터는 창문 밖을 봐도 땅의 것이 보이지 않는다. 이제 하늘의 세계만 보이는 것이다. 영의 세계가 보이고 전혀 다른 세계가 보이는 것이다.

움직이는 비행기에서 땅까지 줄로 연결한다고 하면 그 밑의 땅에 사는 사람이 있을 것이다. 같은 시간과 같은 위치에 있지만 고도가 다른 것이다. 똑같은 위치에서 똑같이 살아가지만 땅 위를 사는 사람은 땅의 것을 보고 있고, 하늘 위에 있는 사람은 하늘의 것을 보는 것이다. 우리가 똑같은 오늘을 살아가더라도 영적 상태와 수준에 따라서 전혀 다른 하루를 살아가게 된다. 이제 이때가 되면 옛날처럼 애를 쓰지 않아도 하늘의 세계가 보이게 된다. 뷰파인더*Viewfinder가 달라지는 것이다. 땅의 것을 보며 사는 사람은 맨날 몇 미터 앞의 것들, 오늘과 내일 먹고사는 것들만 보면서 살아간다. 그러나 조금만 높은 곳에 올라가도 '야 우리가 저렇게 작은 블록같은 동네에서 왜 이렇게 치고받고 싸우면서 사냐?'하게 되는 것이다. 그러다가 성층권까지 올라가게 되면 이제는 땅이 전혀 보이지 않게 된다. 구름만 보이고 하늘의 세계만 보이는 것이다.

그런데 신기한 점은, 땅에서는 폭우가 쏟아지고 바람이 불고 태풍이 불어도 성층권 위의 하늘은 잠잠하고 해가 떠있다는 사실이다. 환란 중에서도 나에게는 이것이 환란이 아닌 것이다. 전쟁 가운데에도 나는 평강이 있는 것이다. 풍랑 가운데서도 나는 물 위를 걷는 것이다. 똑같은 위치에서 똑같은 시대를 살아가는 사람이라도 영적 고도에 따라서 전혀 다른 하나님의 공급하심을 경험하는 사람들이 있다는 것이다. 이것은 올라가 봐야지만 알 수 있다. 한 번도 올라가 보지 못한 사람은 이해할 수 없는 것이다. '무슨 뭐 소설 속의 이야기를 하나?' 하겠지만 지금 이 시간에도 당신의 바로 위 만 피트 위에는 해가 떠있다는 사실이다. 그것이 실제이다. 그것이 영의 세계이고 기도의 세계이다.

* 뷰파인더 : 사진기에서, 촬영 범위나 구도, 초점 조정의 상태 따위를 보기 위하여 눈으로 들여다보는 부분

성층권의 위기

이 기도의 성층권까지 올라오면 이제 목적지까지 계속 힘을 많이 들이지 않아도 된다. 기도의 근력이 붙어있고 여기까지 올라오는 동안 연단받은 훈련들이 있으니까 마음을 지키고 집중하고 몰입하며 기도하는 것이다. 그런데 쭉 가다 보면 기내에 안내 방송이 나오기 시작한다. 어떤 방송일까? 면세품을 살 시간이라고 안내 방송이 나오는 것이다. 그러면 갑자기 눈이 반짝이면서 좌석 앞에 꽂혀있는 잡지책을 펼치고 내가 뭘 사야 되나 뒤져보기 시작한다. 내 몸은 지금 만 피트 위에 있는데, 내 정신은 다시 땅으로 돌아간 것이다. 그래서 뭘 사야 되나 하며 계속 땅의 것을 들여다 본다. 면세품 잡지 속에는 담배도 있고 술도 있고 계속 넘기니 화장품들이 나온다. 지금 내 시선은 하늘에 있어야 되는데 땅의 것을 쳐다보고 있는 것이다.

이때가 최고의 위기이다. 이때 마음을 딱 놓치면 어떻게 될까? 이제 이 사람은 코마Coma 상태에 빠지게 된다. 완전한 졸음 상태가 되는 것이다. 그런데 내가 승객이라면 괜찮은데, 조종사라고 한 번 가정해 보라. 조종사인데 다른 데 관심이 있는 것이다. 그래서 목적지에 집중하지 않고 딴 짓을 하다가 코마 상태에 빠진다면 비행기가 어떻게 되겠는가? 목적지를 이탈해서 하나님이 말씀하신 목적지와 다른 방향으로 가는 것이다.

하나님은 교회마다 다 사명을 주셨다. 그런데 개척해서 뚫고 나갈 때 타락할 사람이 누가 있겠는가? 뚫고 올라가면서 기적을 경험하고 하나님을 만난다. 다윗이 아둘람굴에서 죄를 짓겠는가? 사울에게 쫓길 때 죄를 짓겠는가? 그때는 죄 지을 여유가 없다. 다윗의 위기는 왕궁에서 찾아온다. 비행에 비유하면 비행기가 이륙해서 성층권에 도달한 때인 것이다. 다윗이 전쟁을 다 이기고 이제는 더 이상 내가 전쟁에 나가지 않아도 되는 순간에 왕궁을 걷다 보니까, 어떤 여자가 옷을 벗고 샤워를 하고 있는 것이다. 원래 기도하고 깨어 있었다면 눈을 감았을 것이다. 그런데 이것을 쳐다보다가 죄가 그 속으로 들어왔다. 그래서 그 여자와 동침을 하게 된다. 그리고 나서 그 남편인 장군을 위험한 전투로 내몰아서 죽이게 된다. 다윗이 지금 완전한 영적 코마 상태에 빠진 것이다. 이것이 우리 믿음에 찾아오는 두 번째 위기이다. 첫 번째 위기는 이륙 단계에서 만나는 외부의 저항들이다. 새가 출몰하고 난기류를 만나는 이런 외부 요소들이 첫 번째 위험 요소인데, 영적 돌파가 일어나고 나서는 두 번째 위험 요소인 내면의 문제가 발동하기 시작한다.

다윗처럼 이렇게 범죄하고 넘어지고 나면 이제 마귀가 참소하러 찾아온다. 마귀는 말한다. '야. 어떻게 너 같은 사람이 이스라엘의 왕이냐.' '니 병사들은 지금 적진에 가서 싸우고 있는데, 니가 이런 짓을 하고 있어?' 이렇게 참소하는 것이다. 그러나 하나님은 회개하라고 선지자 나단을 다윗에게 보내신다.

한 번 생각해 보라. 사울과 다윗을 비교해 보면, 사울이 지은 죄 보다 다윗이 지은 죄가 훨씬 더 커 보인다. 사울은 예배를 하는데 제사장이 늦게 온다고 자기가 먼저 예배했다고 죽은 것이다. 이렇게 생각할 수 있다. '아니 뭐 사울은 예배를 할려고 하는데 제사장이 좀 지각을 해서 급하게 먼저 했다고 죽여버리고, 다윗은 간음하고 살인교사하고 별 짓을 다 했는데도 하나님이 축복하시고 이게 도대체 뭐야?'

그러나 그것이 아니다. 사울은 범죄를 하고 누구를 보았는가? 사람을 보았다. 내 평판이 어떤지, 내 여론이 어떤지, 사람을 두려워하고 이것을 인본적으로 해결하려고 했던 것이다. 그러나 다윗은 비록 넘어졌지만, 선지자가 와서 지적했을 때 어떻게 했는가? 즉시 하나님 앞에 엎드렸다. 그리고 사람을 보지 않았다. 다른 사람이 나에게 욕을 하건 비난을 하건 사람을 보지 않고 하나님 한 분만 두려워 했다. 회개하고 주님 앞에 나아가는 것이다. 다윗이 다시 영적 집중력의 힘을 가지고 주님 앞에 재몰입을 하기 시작한다. 결국 주님은 회개를 받으시고 용서해 주신다. 그러나 마귀는 여전히 다윗을 참소하는 것이다. '니가 하나님 앞에 해결됐으면 끝이야?' '너가 그런다고 다시 왕이 될 수 있어?' 그러나 다윗은 뻔뻔할 정도로 부르심을 향해서 더욱 집중한다.

당신이 만약 넘어졌다고 해보자. 조종사인 내가 성층권까지 올라갔다가 넘어진 것이다. 그런데 옆에 있는 부기장이 '아니 어떻게 400명의 생명을 싣고 가는데 졸 수가 있습니까?'하고 비난하자, '그래 나는 기장의 자격이 없다.'라며 화장실에 가서 울고 있다고 상상해 보라. '그래 니 말이 맞다. 난 자격이 없어. 죽어야 돼.'하고 화장실에 처박혀서 나오질 않는 것이다. 승무원이 '기장님 이제 나오십시오! 비행기가 이제 착륙해야 됩니다!' 하는데도 '난 자격이 없어.'하고 나오지 않으면 다 죽는 것이다.

이해가 되는가? 지금 회개하고 다시 조종대를 붙잡고 부르심을 향해서 나아가야 되는데 마귀는 '넌 자격 없는 놈이야. 니가 어떻게 조종대를 잡아?'라고 참소하는 것이다. 회개하고 일어나야지 수치감에 사로잡혀서 화장실에 처박혀 있으면 안 된다는 것이다. 십자가를 의지해서 나와야 한다.

어떻게 보면 화장실에 처박혀 있는 게 오히려 편할 수 있다. 유다를 보라. 예수님을 팔고서는 화끈하게 자기 목숨을 내놓고 자살을 하였다. 오히려 자살하는 것이 편할 수 있다. 내 마음대로 하는 거니까. 내가 죄 지은 것을 내가 해결하겠다는 것이다. 그런데 예수님은 유다가 자살하길 원하셨을까? 그는 뻔뻔해도 회개를 했어야 한다. 예수님을 파는, 정말 인간이 할 수 없는 짓을 했다 할지라도 그 죽을 용기와 죄성을 가지고 다시 십자가 앞으로 와서 회개를 했어야 하는 것이다. 그것이 살 길이다. 뼈가 아프고 심령이 아프고 죽을 것 같이 고통스럽겠지만, 그래도 우리는 회개해야만 한다. 그러나 다윗이 넘어진 것을 쉽게 생각하면 안 된다. 그 넘어진 것 때문에 다윗이 후대에 받는 저주를 보라. 우리가 그것을 가볍게 여기면 안되는 이유는 죄의 삯이 사망이기 때문이다.

그래서 이 성층권의 구간은, 두 가지의 위험이 존재한다. 첫 번째는 매너리즘에 빠질 수 있고 두 번째는 다시 땅의 것을 생각할 수 있다. 이 매너리즘에 빠지거나 땅의 것을 생각하는 순간에 크게 넘어지게 되고 실수를 할 수 있다. 그러나 그때 우리는 어떻게 해야 되느냐? 다시 영적 집중력을 가지고 주님의 보좌 앞으로 나아가야 한다. 그리고 회개해야 한다. 이 성층권에 올라갈 때쯤 되면 마음에 생각하기를 뭔가 된 거 같은 교만함이 들어오는 것이다. 그런데 말씀은 뭐라 말하는가? 이 세상에 의인은 단 한 명도 없다는 것이다. 선 줄로 생각할 때 넘어질까 조심하라는 것이다.

성층권에 진입하고 나서 '나 이제 진짜로 내면 관리를 잘 해야 되겠다.' 다짐해도 인간은 넘어지게 되어 있다. 왜냐하면 스스로 관리를 잘해서 끝까지 잘 가게 되면 도착해서 내릴 때 얼마나 스스로 교만해지겠는가? '주님 봤죠? 면류관 어떤 거 주실 건지 제가 하나 골라볼게요.' 이렇게 되는 것이다. 그런데 넘어지고 다시 회개하고 사고치고 다시 말씀 붙잡게 되면 어떻게 되느냐? '나는 죽고 예수로 사는 길밖에 없구나.' '내가 자랑할 것은 십자가 밖에 없구나.'하고 고백하게 되는 것이다. 그리고는 처음에 활주로를 이륙할 때 느꼈던 구원의 감격과 기쁨을 성층권에서 다시 경험하게 되는 것이다.

모든 일을 행한 후에

이와 같이 너희도 명령 받은 것을 다 행한 후에 이르기를 우리는 무

익한 종이라 우리가 하여야 할 일을 한 것뿐이라 할지니라

누가복음 17장 10절

자 이제 우리가 이 하나님의 세계에 들어와서 세월이 지나 주님 앞에 서야 될 때가 되고, 사역이 열매와 성과를 내었다고 가정해 보자. 그러나 여전히 우리는 연약한 인간이다. 그래서 대접받고 싶고, 인정받고 싶고, 존중받고 싶고, 내가 수고한 것에 대해서 확인받고 싶은 것이다. 이게 끊어질 수가 없다. 그래서 날마다 죽어야 하는 것이다.

만약 내가 누구를 도와주게 되면 우리는 뭘 기대하는가? '내가 이렇게 도와줬으니까. 이 사람이 나한테 감사하겠지.' 그것을 기대한다. 그런데 하나님은 그런 기대까지도 다 잊어버리라고 말씀하신다. 내가 이만큼 주님 앞에 헌신해서 여기까지 왔으니 비행기를 내릴 때가 되면 나에게 어떤 하나님의 상급이 있을까 하는 이런 인간적인 생각을 하지 말라는 것이다. 말씀은 우리에게 말하고 있다. 내가 이 비행을 다 마치고 내리게 될 때는, '나는 무익한 종입니다. 당연히 해야 할 일을 한 것 뿐입니다.'라고 고백하라는 것이다. 비행기에서 내렸을때 상 받을 자에게 상 주시는 것은 주님이 하시는 일이다. 우리가 그 너머까지 생각하면 안 되는 것이다.

우리가 이 기도의 생활을 할 때, 누군가는 이제 막 공항에 도착했을 수도 있다. 또 누군가는 평생을 활주로에서 드라이브만 해오다가 이제 정신을 차리고 올라가는 사람도 있을 수 있다. 어떤 사람은 이륙을 했는데 난기류와 새 떼를 만나서 어려움을 겪고 있는 사람도 있을 수 있고, 어떤 사람은 이미 성층권으로 들어와서 영적 안정기를 경험하고 있을 수 있다. 그렇다면 나는 과연 매너리즘에 빠지지는 않았는지, 땅의 것에 지금 집중하고 있는 것은 아닌지, 또는 내가 과거에 넘어진 문제를 가지고 지금 화장실에 숨어 있는 것은 아닌지 점검하면서 다시 초점을 잡고 주님 앞에 나아가야 하는 것이다. 마지막으로 누군가는 비행을 마치고 이제 주님 앞에 설 때가 되어져 가고 있을 수 있다. 그렇다면 '나는 아무 공로가 없구나. 예수의 피밖에 없네.' 이렇게 고백하는 것이다.

사랑하는 법을 배웠니

기도의 비행기를 타고 신앙생활을 하다 보면 하나님이 어떤 사람을 붙여주시는가 하면, 내가 제일 싫어하는 사람을 옆에 붙여 놓으신다. 정말 기가 막힌다. 교회에 가보면 새해에 셀을 배정할 때 정말 저 사람만 아니면 좋겠다 하는 사람이 같은 셀이 되는 것이다. 하나님은 그 사람을 왜 붙여줬을까? 사랑하는 법을 배우라고 붙여준 것이다. 비행기가 목적지까지 도착해서 내리면 주님께서 무엇을 물어보시는지 아는가? '너 얼마나 기도했니?' 이런 건 안 물어보신다. '너 어떤 일을 했니?' 이것을 물어보시는 게 아니다. 주님이 무엇을 물어보시는가? '너 사랑하는 법을 배웠니?' 이걸 물어보시는 것이다. 그래서 제일 사랑하기 어려운 사람을 옆에다 갖다 놓고 사랑하는 법을 배우라고 하시는 것이다. 그러면 어떻게 사랑할 수 있느냐? 내가 죽고 예수가 살면 사랑하는 법을 배우게 되는 것이다.

이 마지막 때에 예수님이 주신 것은 다른 게 아니다. 성경은 복잡한 게 아니다. 하나님을 사랑하고 이웃을 사랑하라. 이것이 너에게 주는 계명이라는 것이다. 그런데 우리가 마지막 때를 말하고 북한을 이야기하지만, 정작 하나님을 사랑하고 이웃을 사랑하는 것에 집중하지 않는 경우가 많다. 왜냐하면 마지막 때는 자기를 사랑하는 시대이기 때문이다. 사랑이 식어지는 시대이기 때문이다. 그렇다면 우리는 이 비행기를 타고 올라가면서 무엇을 해야 할까? 용납하는 법을 배워야 한다. 사랑하는 법을 배워야 한다. 나를 힘들게 하는 사람들을 품고 기도하는 법을 배워야 한다.

> 그리스도를 위하여 너희에게 은혜를 주신 것은 다만 그를 믿을 뿐
> 아니라 또한 그를 위하여 고난도 받게 하려 하심이라
> **빌립보서 1장 29절**

예수님의 제자들은 고난받기를 두려워하지 않았다. 앞으로 우리가 사는 시대는 하나님께서 영광도 주시지만 고난도 함께 주신다. 기쁨도 주시지만 인내도 함께 감당해야 한다. 그렇기 때문에 내가 예수님을 믿고 잘 올라가고 있는데 고난이 찾아오는 것을 이상하게 여길 필요가 없다. 고난이 주님 앞에 더 몰입하게 하는 기도의 동력으로 쓰이기 때문에 오히려 유익이 되는 것이다.

> 그러므로 우리는 긍휼하심을 받고 때를 따라 돕는 은혜를 얻기 위하
> 여 은혜의 보좌 앞에 담대히 나아갈 것이니라
> **히브리서 4장 16절**

기도하고 담대히 나아가면 하나님이 때를 따라 돕는 은혜를 부어주신다. 정말 하나님은 기가 막히게 은혜를 부어주신다. 예수님께서 승천하시고 난 뒤 제자들은 마가의 다락방에 모여서 기도하기 시작했다. 최종적으로 성령을 경험한 사람은 120명이었지만, 첫째 날 마가의 다락방에 120명 만 왔겠는가? 아마도 미어터졌을 것이다. 예수님께서 부활하셨다는 소문이 이미 다 돌았고 예수님을 직간접적으로 만나고 소문을 들은 사람이 얼마나 많았겠는가. 그런데 첫째 날에 와서 기도를 해도 아무 일이 일어나지 않는다. 하루가 지나고 이틀이 지나니 처음에는 은혜받고 좋았는데 점차 하던 사업도 생각나고 가게도 생각이 나기 시작한다. 그러다가 '뭐 별일 있겠어? 지금까지도 별일 없었는데.'하면서 돌아간 사람은 결국 성령을 받지 못했다. 똑같은 시대를 살아도 끝까지 기도했던 120명에게만 불이 떨어진 것이다. 그들은 이후에 전 세계에 복음을 전하는 주님의 첫 씨앗이 되었다. 마찬가지로 하나님께서는 마지막 때 성령을 부어주시겠다고 약속하셨다. 누가 그 성령을 받을 수 있을까? 사모하는 마음을 가지고 불이 떨어질 때까지 끝까지 기도하는 사람, 그 사람이 성령을 경험하게 되는 것이다. 이 책을 읽는 사람은 많을 수 있지만, 누가 이 삶을 사느냐? 바로 DO IT하는 사람들이다.

농사짓는 법을 열심히 배워도
씨를 뿌리는 수고를 한 자만이 거둘 게 있다.

이것을 정말 실천하여 삶 가운데 씨앗을 심는 사람만이
이 트랙을 탈출할 수 있다.

7장

실행력

7장
실행력

    일곱 번째 도미노는 실행력이다. 실행력은 실천할 수 있는 힘을 말한다. 눈을 감고 지난 1번부터 6번까지의 도미노들을 한 번 생각해 보라. 금방 생각나지 않을 수 있다. 그러나 이것을 잘 기억해서 하나씩 내 것으로 만들어야만 한다. 책은 단숨에 열두 개의 챕터를 쭉 읽어나갈 수 있겠지만, 이것을 가지고 하나하나 소화하고 실행하는 일은 단숨에 이루어지지 않는다. 1번이 세워져야 2번이 세워질 수 있다. 2번이 세워져야 3번이 세워질 수 있다. 나는 마음이 급해서 5번 도미노부터 세워야 되겠다고 하면, 바벨론 탈출이 되지 않는다. 하나님을 먼저 만나지 않고는 아무 일도 일어나지 않는다. 그래서 첫 번째, 원띵하는 삶에서부터 이 모든 여정이 시작이 되는 것이다.

    나는 지난 40년의 나의 신앙생활을 돌아보면서, 왜 사람은 근본적으로 바뀌지 않을까 고민하기 시작했다. 내가 지금까지 살면서 내 시간과 재정을 제일 많이 투자한 곳이 교회인데, 왜 매일 말씀듣고 교회 다니고 기도를 해도 성과가 나지 않을까? 만약에 어떤 학생이 학교와 학원을 열심히 다니고 있는데도 성적이 오르지 않는다? 그러면 어떤 이유가 있는 것이다. 학원에 문제가 있는지 공부 방법에 문제가 있는지 뭐가 문제인지 전문가에게 찾아가서 코칭을 받아봐야 한다. 마찬가지로 나는 왜 영적으로 성장하지 않고 정체되어 있을까? 아니 때로는 내려가고 있을까? 이것을 끌어올릴 수 있는 방법이 없을까? 이것을 끊임없이 고민하였고 그 긴 고민의 결과를 책으로 정리하게 되었다.

대부분의 사람들은 자신이 이 21세기 바벨론의 노예상태라는 것을 인정하지 않는다. 과거 시대에는 진짜 채찍을 맞는 노예생활을 했다고 한다면 지금은 스스로 노예라고 인지하지 못할 만큼 고도화된 노예 생활을 하고 있다. 그러나 이 시스템을 벗어나는 일은 쉽지 않다. 이곳에서 탈출할 수 있는 사람은 정말 소수의 사람들이다. 그런데 이 소수의 사람들이 무엇을 했던 사람들인가 하면, 눈에 보이는 환경과 나의 경험과 상식을 뛰어넘어서 믿음대로 반응한 사람들이었다. 그들만 탈출할 수 있었다.

마찬가지로 이 열두 개의 메세지를 쭉 읽어도, 그냥 '정말 맞다. 은혜 받았어.' 이렇게 반응하면 아무 일도 일어나지 않는다. 지금까지 우리가 다 해보지 않았는가? 우리가 언제 은혜를 안 받아봤는가? 눈물을 안 흘려봤는가? 눈물도 흘려보고 은혜도 받아보고 다 해봤지만, 행동DO IT을 하지 않으면 아무 변화도 일어나지 않는다.

사람은 기본적으로 죄성이 있어서 게으르다. 그래서 귀로 듣고 마음으로 이해해도 행동을 하지 않는다. 몸이 움직여지지 않는 것이다.

'이렇게 하면 감귤 농사가 되는구나.' '이렇게 하면 사과농사가 되는구나.' 농사짓는 법을 열심히 배워도 씨를 뿌리는 수고를 한 자만이 거둘 게 있다. 그래서 이 메세지를 수 만명이 읽고 듣더라도 이것을 정말 실천하여 삶 가운데 씨앗을 심는 사람만이 이 트랙을 탈출할 수 있다.

교회에 가는 목적이 무엇일까? 죄의 문제를 해결받고 천국에 갈 뿐만 아니라, 진리를 깨달아서 이제 내 인생을 부르심을 위해서 살려고 하는 것 아닌가? 하나님이 나를 만드셨다는 것을 믿는가? 우리 부모님이 육신으로 나를 만들어 주었지만 실제 나를 창조하신 분은 하나님이시다. 아무 이유없이 만들어진 사람은 한 명도 없다. 나를 만드신 이유가 있다. 그렇기 때문에 우리는 집요하게 '하나님이 나를 왜 만드셨는가'를 기도의 자리로 가서 물어보고 응답을 받아야 되는데, 이것을 하지 않고 아침에 눈을 뜨면 일단 달린다. 이 노예의 구조가 그렇다. 아기가 걷기 시작하면 그때부터 달리라는 것이다. 네 살 때부터 영어 유치원에 다니면서 경쟁하느라 숨 쉴 틈이 없다. 목적도 없이 이유도 없이 무조건 열심히 뛰는 것이다. 열심히 뛰어서 1등을 해도 그곳에는 아무것도 없다.

하나님께 나의 부르심을 묻고 몰입해서 비행기가 이륙해야 하는데 그냥 30-60km 속도로 공항 주변만 빙글빙글 돌면서 신앙생활을 하고 있다. '언젠가는 나도 뜨겠지. 언젠가는 나도 주님을 만나겠지.' 막연히 기대하며 그렇게 늙어가고 있다. 그래서는 절대 안된다. 어떤 자가 주님 앞에 나아갈 수 있느냐? 있는 힘을 다해서 기름 절반을 다 써서라도 출력을 높여서 비행기가 활주로를 떠야 한다. 돌파가 있어야 한다. 누가 하나님 앞에 뚫고 올라갔는가 봤더니 힘을 다해서 추진력 있게 밀고 나가는 사람, 실행력이 있는 사람이 비행을 하더라는 것이다. 누가 이 힘과 실행력이 있느냐 봤더니, 간절한 사람이었다. 간절한 만큼 실행력이 있었다.

그래서 환경이 어려울 때 그 어려운 환경 때문에 불평하고 죽는 사람이 있는가 하면, 갈급하고 어려운 환경을 역으로 주님 앞으로 치고 나가는 동력으로 바꾸는 사람들이 있다. 그런 사람들이 지혜로운 사람들이다. 내가 지금 불치병에 걸렸다고 할 때, 불평불만하고 죽을 수도 있다. 그런데 오히려 세상에서 해결되지 않는 나의 절박한 문제가 주님 앞에 집중적으로 치고 나갈 때 엄청나게 빠른 속도로 비행기가 성층권까지 도달하게 되는 에너지가 될 수 있는 것이다.

이 장에서는 영적 몰입력과 집중력, 비행기가 올라갈 때 폭발적인 에너지로 불이 붙어서 하늘을 올라갈 수 있는 실행력에 대해서 말하고자 한다.

이 많은 사람들 중에

초등학교 5학년 때, 학급 반장이 되어 전교 부회장 후보로 연설을 하러 나갔던 적이 있었다. 그때는 오전 반과 오후 반이 나눠져 있었을 만큼 아이들 숫자가 많았다. 전교생이 약 4,000명은 됐었던 것 같은데, 월요일마다 전교생이 운동장에 모여서 조례를 하곤 했다. 어느

날 전교생이 운동장에 반 별로 열을 맞추어 서 있고, 내가 그 앞에 나가서 연설을 하게 되었다. 6학년이 회장 후보, 5학년이 부회장 후보로 나오게 되어서 나는 당시 부회장 후보로 앞으로 나갔다. 단상에서 내가 연설할 순서를 기다리며 앉아있는데, 운동장에 서 있는 수 많은 친구들을 보면서 문득 이런 생각이 들었다.

'이 가운데 예수님을 믿는 사람이 몇 명이나 될까?'

그래서 속으로 일단 우리 반을 먼저 생각해 보았다. '우리 반에 교회 다니는 애가 몇 명 되지?' 한 반에 50명 정도가 있었는데, 그 당시 우리 반에 교회다니는 애가 5명 밖에 되지 않았다. 그런데 그 다섯 명 중에서도 내가 전도한 애가 세 명이었으니까 진짜 교회 다니는 애는 두 명이란 이야기다. 이게 14반까지 있으니까 한 학년에 다 해봐야 삼십 명 가량 밖에 안 되는 것이다. 그러면 6학년까지 다 해 봐야 200명이 안 되니, 4,000명 가운데 5퍼센트 정도가 채 안 되는 것이다. 하지만 그중에서도 진짜로 예수님을 믿는 사람이 또 얼마나 될까 혼자 생각을 해보았다. 떡볶이 먹으려고 교회 다니는 애들도 있고, 달란트 잔치 때문에 교회 다니는 애도 있고, 친구 따라서 온 애들도 있고, 그렇게 쭉쭉 줄여보니까 '진짜 예수를 제대로 믿는 사람이 별로 없구나.' 혼자 이런 잡념에 빠진 것이다.

스무 살이 되어서는 이런 생각을 하게 되었다. 하나님은 분명히 매 시대마다 사람을 통해 일하시니 사람을 찾고 계실 텐데, 거의 모든 애들이 하나님의 그 콜링에는 관심이 없었다. 내가 친구들하고 이야기를 해봐도 교회 다니는 애들도 하나님의 부르심 이런 것에는 아예 관심이 없었다. 그런 단어 자체에 관심이 없었다. 그냥 교회에서 노는 것이다. 교회 생활을 하면서 대학부가 되면, 소개팅을 하고 여자친구를 만나고 성가대에서 봉사하고 극장도 가고 그네들 나름대로 노는 것이다. 본질적으로 우리가 왜 교회를 다니느냐 이것을 고민하는 사람이 없었다. 이 고민이 머릿속을 떠나지 않았다. 내가 교회를 맨날 가고 내 시간을 무진장 그곳에 쏟아 붓는데, 아웃풋Output이 도대체 뭐냐는 것이다. 내가 교회에 와서 내 인생에 어떤 열매가 있느냐 스스로 자기 객관화를 해보는 것이다.

제일 메타인지*가 안 되는 집단 중 하나가 크리스천이다. 정말 자기 객관화가 안 돼서, 예수님을 제대로 만나지 않으면 얼마나 예의 없고 무대뽀인지 모른다. 말도 통하지 않고 싸움도 얼마나 열심히 하는지, 금식하면서 싸우고 기도하면서 싸운다. 그래서 성령충만하지 않은 교회는 피가 터지는 것이다. 나는 그런 교회에서 일어나는 싸움들을 팔짱을 끼고 지켜보다가 질문을 던졌다. 내가 교회에 다니는 목적은 구원받고 하나님께 쓰임 받기 위해서인데 그렇다면 도대체 어떻게 해야 쓰임받을 수 있느냐는 것이다. 이것에 몰입을 해서 그 길을 찾아보기 시작했다.

내가 학교에 다닐 때만 하더라도 사람이 많아서 63만 명의 학생이 수능을 봤다. 그리고 군대에 가니까 60만 대군이라고 말한다. 남자가

* 메타인지 : 자신의 생각에 대해 판단하는 능력

60만 명이 있는 것이다. 그래서 만약 이 60만 대군 가운데서 정말 하나님 앞에 완전 올인해서 최상위권으로 주님 앞에 기도의 자리로 올라가면 주님이 주목해서 보시지 않을까? 이런 생각을 가지게 되었다. 그리고 60만 군인 가운데 주님 앞에 몰입해서 기도하는 사람이 몇 명일까를 예상해 보았다. 그런데 이게 완전히 블루오션*Blue Ocean인 게, 우리 부대가 2천 명인데 이런 연대급 부대에 기도를 제대로 하는 사람이 정말 아무도 없었다. 달랑 나 하나 있었다. 다들 교회에 와서 초코파이 먹고 그냥 난로 옆에서 불 쬐다가 돌아가는 거지, 기도하는 사람은 정말 없었다. 그래서 이것을 부정적으로 생각하면 '어떻게 나 하나 밖에 없냐?' 이렇게 생각할 수도 있었겠지만 내 생각은 전혀 달랐다. 완전히 블루오션인 것이다. '야 여기는 완전히 경쟁이 없는 동네구나. 2천 명 중에 나 하나밖에 없다. 세상에는 서울대에 가려고 피 터지게 경쟁하는데 하나님 앞에 쓰임 받으려고 하는 곳에는 경쟁이 없네?' 그냥 내가 깃발을 꽂으면 되는 것이다. '주님 저요! 주님 저를 좀 써주세요.' 이게 나에게 보이기 시작한 것이다.

그래서 계산을 해보니까 내가 2천 명 중에 1명이면, 2만 명 중에서는 10명이고, 20만 명 중간에서는 100명, 60만 장병 가운데에서는 300명의 하나님께서 키우시는 후보가 있을 것이라고 생각을 해보는 것이다. '오케이. 이 정도면 내가 한 번 해볼 만하다.' 혼자서 동기부여를 그렇게 하는 것이다. '내가 2천 명 중에서 1명으로 뽑혔나 보다. 주님이 이제 다음 시대에 쓰시려고 우리 연대급 부대에서 나를 훈련시키시나 본데, 내가 제대로 한번 해보자.' 그리고 정말 힘을 다해서 정

* 블루오션 : 현재 존재하지 않거나 알려져 있지 않아 경쟁자가 없는 유망한 시장

말 비행기 엔진에 불이 붙게끔 몰입해서 기도해 나가기 시작했다.

기도는 기도의 자리에서 배우는 것이다. 태어나서 응애 하고서 방언기도를 하는 경우가 어디 있겠는가. 헬스장에서 근육을 키우듯이 기도의 영적 근력은 기도의 자리에서 키우는 것이다. 그렇게 몰입해서 기도를 해 보라. 정말 딱 30분 동안 딴 생각을 하지 말고 성경에서 주님을 만난 사람들을 읽어보면서 마음을 모으고 부르짖으며 기도해 보라. 혹여 몰입이 되어서 기도가 깊이 들어가기 시작하면, 그것보다 기쁜 일이 무엇이 있겠는가. 로또보다 더 기쁜 일이다. 그렇게 몰입하게 된 사람은 시간 가는 줄 모르며 기도할 수 있게 된다. 이게 몰입의 기도를 한 사이클 경험해 본 것이다. 집중해서 기도하다 보면 회개의 영이 임하고, 말씀이 생각나고, 내가 주님 앞에 처리해야 될 문제들이 떠오르게 된다. 정리해야 할 것들을 정리하게 하시고 끊을 것들을 끊게 하시고 삶이 심플해지기 시작한다.

정체성의 변화

그렇게 주님을 만나고 나니까 정체성의 변화가 오기 시작했다. 그전까지 나의 정체성은 어떤 정체성이었냐? 사람들이 나를 보는 눈이 내 정체성이었다. 거울 정체성인 것이다. 저 사람이 나를 어떻게 보는지, 학교 선생님이 나를 어떻게 보는지, 이것이 나를 결정지었다.

그래서 어린 아이들이 클 때는 사회적 거울이 굉장히 중요하다. 다른 사람의 눈에 투영된 자신의 모습을 통해 자기를 인식하기 때문이다. 그래서 부모가 아이를 바라봐 주는 안정감이 중요하다. 아이들이 다 잘하지 못 할 수 있다. 그때 부모가 '너는 니 아빠를 닮아가지고 그래.'라고 말하거나, 선생님이 '야 너는 어차피 머리가 나쁘니까 공부하지 마라.' 이러면 그 아이는 깨진 거울로 자기 자아상을 만들어 가게 된다. 머리가 나쁘던 좋던 상관없다. 뇌는 발전한다. IQ는 고정이 되어 있는 게 아니다. 뇌도 계속 안 쓰면 굳고, 쓰면 쓸수록 발전한다. 그런데 'IQ 검사를 했더니 나는 뭐 원래 돌고래라서 어쩔 수가 없다.' 이렇게 믿으면 죽을 때까지 정말로 돌고래가 되는 것이다. 그래서 어릴 때 다른 사람들이 나를 바라보는 사회적 거울이 중요하다.

그리고 또 하나는 그 거울을 통해서 투영되는 내가 나를 보는 거울이 있다. 그것이 자기자신이 된다. 그러니까 사람은 다른 사람이 나를 보는 눈과 내가 나를 보는 눈이 합쳐져서 '나'라고 하는 정체성이 만들어지게 된다. 열등감과 우월감 사이에 어느 좌표를 찍고 분야별로 내 위치를 파악하는 것이다. 내 외모와 실력을 열등감과 우월감 사이에 좌표를 찍고 파악하는 것이다.

나는 내 실력을 알고 있다. 내 수능 등급을 알고, 내 대학 순위를 알고, 내 스펙을 알고, 내 토익 점수를 알고 있다. 소개팅에 나가보면 내가 어느 정도 수준인지 알게 된다. 집에 가면 엄마는 내가 최고라고 그러지만 나가보면 객관화가 되는 것이다. 내가 별로구나. 그렇게 24살의 청년이었던 나도 다른 사람이 나를 보는 눈, 내가 나를 보는 눈, 이런 것들에 둘러싸여서 '나는 이런 사람이구나.'하고 살고 있었다.

그리고 거기에서 어떻게 하면 내가 적절히 포지셔닝을 해서 잘 먹고 잘 살수 있을까 이것을 고민했다.

그렇게 살고 있는데, 24살이 되어 하나님을 만나니까 또 하나의 눈을 만나게 되었다. 주변 사람들의 눈, 내가 나를 보는 눈, 이것 두 개만 갖고 23년을 살아왔는데 주님을 인격적으로 만나게 되니까 하나님의 눈동자를 보게 되는 것이다. 그런데 하나님이 나를 보는 눈은 내가 그동안 봐왔던 눈하고 다른 것이었다. 그동안 사람들이 나를 봤던 눈, 학교 선생님이 나를 봤던 눈, 친구들이 나를 봤던 눈, 내가 나를 봤던 눈이 모여서 나라고 하는 정체성이 되었는데, 어느 날 하나님을 대면해서 하나님의 눈동자를 보니까 주님이 나를 보고 계시는 그 눈동자 안의 내 모습은 그동안 내가 알고 있는 내 모습과 전혀 다른 것이다. 여기에서 엄청난 충격이 온다. '아니 하나님이 다른 사람 잘못 보시는 거 아닌가?' '하나님이 착각하시는 거 아닌가?' '내가 어떻게 이걸 할 수 있을까?' 말을 잇지 못 하는 것이다.

이게 무엇인가? 하나님의 눈동자를 떨기나무 앞에서 대면했을 때 나타나는 반응이다. 모세가 말하는 것이다. '하나님 저 팔십 세입니다.' '저 이집트 말 다 까먹어 버렸습니다.' '이집트는 G1 국가입니다.' 그때 당시에는 히브리인들에게 여호와 하나님이라고 하는 개념도 없을 때이다. 그래서 개구리 신, 메뚜기 신, 무슨 신 그게 다 이집트의 문화였다. 430년 동안 우상 숭배의 문화에 찌들면서 노예가 되어있는 히브리인들이었다. 그래서 떨기나무 앞에서 하나님을 만난 모세가 물어보는 것이다. '그들에게 가면 당신을 누구라고 설명할까요?' 우리는 지금 '내가 예수님, 하나님을 만났습니다.'라고 하면 다 공감한다. 왜냐하면 하나님이라고 하는 이 데이터가 우리 가운데 정의되어져 있기 때문이다. 그런데 모세가 하나님을 만났을 때는 하나님이라고 하는 유일신의 개념 자체도 그들에게 없을 때였다. 하나님은 그런 모세에게 이렇게 답하신다. 'I AM WHO I AM, 나는 스스로 있는 자다.' 사실 이 문장 하나가 당시 시대의 엄청난 철학적인 명제이다. 그래서 신학 대학원에 가면 이 문장 하나를 가지고도 한 학기 동안 논문을 쓸 만한 주제인 것이다. 이 단어 하나가 그 근동 사회의 문화와 다른 신들 가운데 주는 파격은 컸다. 나는 스스로 있는 자다. 나는 존재의 근거 자체가 그냥 나이다. 이분은 그러니까 유일하신 분인 것이다. 그냥 GOD인 것이다. 이 하나님을 모세가 만나게 되었다.

그런데 모세가 그 하나님의 눈동자를 딱 보는데, 내가 너를 이 민족의 지도자로 부를 건데 내 백성을 출애굽 시키라는 것이다. 지팡이를 던져서 뱀이 되고, 옷깃 안에 손을 넣었더니 문둥병이 되는 기적을 보여주셨지만, 여전히 내가 갖고 있는 눈이 깨지지가 않는다. 계속해서 방어 기제를 만들어내는 것이다. 이게 깨지면 나라는 존재가 붕괴되고 자아가 분열되기 때문에 본능적으로 우리는 부단히 방어 기제를 만들어 내게 된다. 그렇게 수치감을 가린다. 그래서 자아가 건강하게 형성되지 않은 청소년기나 청년기를 보낸 사람들은, 성인이 되면 방어 기제를 훨씬 더 많이 사용하게 된다. 예를 들어 조폭들은 왜 문신을 할까? 두려움이 많기 때문에 역으로 오버해서 방어 기제를 몸에다 새기는 것이다. 나의 연약함을 방어하기 위해서 몸에다가 그리는 것이다. 정체성이 건강하지 않게 형성되면 자꾸 이렇게 수치를 가리려고 하게 된다. 명품 브랜드로 나를 가리고 학벌로 나를 가리고 성형수술로 나를 가리는 것이다.

그런데 하나님이 나를 보는 눈이 있다. 이게 진짜 우리의 모습이다. 그런데 그 눈으로 살아가려고 하면, 날마다 우리 육신의 눈과 사회적 눈이 그것과 충돌하게 된다. 하나님이 나를 바라보는 눈의 데이터량은 아주 적고, 그동안 쌓아왔던 다른 눈의 데이터량은 너무나 많다. 우리가 몰입해서 살지 않으면, 사람은 데이터량이 많은 쪽으로만 가게 되어 있다. 그래서 내가 세상의 것으로 내 눈을 계속 업그레이드시키고 충전하고 있으면 그 정체성에서 벗어날 수가 없다. 나를 부정시키는 사회적 눈, 나를 인정하지 않는 가족의 눈, 스스로 패배감에 젖어 있는 내 자아의 눈에 갇혀 있는 것이다.

내 실패의 경험이 있을 수 있다. 내가 어떤 목표를 가졌는데 취업에 실패했다든지, 결혼에 실패했다든지, 사업에 실패했다든지, 대학 진학에 실패했다든지, 이런 흔적이 남을 만한 강력한 사건들을 경험하게 되면 그때 헤어진 남자친구한테 들었던 말, 대학 떨어지고 나서 엄마한테 들었던 말, 이런 것들이 더 깊이 내 자아에 박히게 되는 것이다. 이게 처리가 안되면 나도 모르는 사이에 내 마음이 잡초처럼 그것을 감싸 쥐게 된다. 그러면 어떤 밭이 되느냐? 예수님이 말씀하신 가시덤불 밭과 돌짝 밭이 되는 것이다. 그렇게 자아가 구겨지고 훼손될

수록 가시덤불 같은 쓴 뿌리가 엄청나게 많은 밭이 되는 것이다.

그런데 마음을 창조한 분이 누구일까? 하나님이시다. 24살에 하나님을 만난 나는 통곡하며 울었다. 왜냐하면 내 마음을 보니, 너무 피폐해져 있었다. 당시 내 마음은 옥토 밭이 아니었다. 그래서 너무 속상했다. 내 마음을 이렇게 피폐하게 만든 상황과 환경도 화가 나고 내 스스로에게도 너무 화가 나고 마음이 완전히 너덜너덜해져 있었다. 그런데 그때 성령님 앞에 기도하고 있는데, 내 마음에서 이런 찬양이 들렸다.

마음이 상한 자를 고치시는 주님
하늘의 아버지 날 구원하소서
의의 길로 인도하사 자유케 하소서
새 일을 행하사 부흥케 하소서

24살의 나는 하나님을 대면하면서 혼자 이 찬양을 부르며 오열하며 울었다. 그렇게 한참을 울고 나서 뭘 알게 됐는가 하면, 마음이 돌짝 밭이나 가시덤불 밭의 상태로 그대로 있는 게 아니고 하나님이 마음을 고치신다는 것이다.

우울한 사람이 있는가? 괜찮다. 왜냐하면 하나님은 마음을 고치시는 분이기 때문이다. '나는 마음에 너무 쓴 뿌리가 많아요.' 그런 사람이 있는가? 괜찮다. 주님 앞에 나가서 주님의 눈을 대면하면, 우리 주님은 내 마음의 잡초를 다 뽑아내시는 분이다.

내가 이 찬양을 얼마나 바닥을 데굴데굴 구르고 오열하면서 불렀는지, 한 시간 넘게 혼자 부르고 있는 것이다. 마음을 고치시는 주님이 내 마음을 고치기 시작하시는데 고침을 받고 나니 얼마나 마음이 가볍고 자유케 되는지, 열등 의식과 교만함이 사라지는지, 이제 나를 숨기고 치장할 필요가 없게 되었다. 육신의 눈과 마음이 청결해지는 것이다. 마음이 청결한 자는 어떻게 될까? 예수님을 보게 된다. 일상생활 가운데 주님의 섭리를 볼 수 있는 눈들이 열린다.

그렇게 하나님을 만나고 교회 문을 열고 나오는데, 그때가 3,4월이었다. 꽃들이 피고 새싹이 자라 있었다. 나는 이제껏 꽃을 느껴보고 산 적이 없었다. 그때까지는 꽃은 뭐 그냥 꽃이지, 한 번도 꽃에 대해서 감탄을 해본 적이 없었다. 나무가 새싹이 돋는 것에도 관심이 없었고 바람이 불어서 나무가 흔들려도 내가 시인도 아니고 그런 데 마음을 둘 여유가 없었다. 그런데 마음을 고치시는 주님 앞에 나아가서 내 마음이 힐링이 되니까 만물이 하나님을 찬양하는 게 보이기 시작했다. '꽃들도 구름도 바람도 주님을 찬양하고 있구나!' 이게 느껴지는데, 우주의 오케스트라 같이 느껴지는 것이다. '와 나만 지금까지 모르고 살았네. 나만 모르고 살았어.' '만물이 여호와를 찬양하고 있다는 시편의 구절이 나는 그냥 시인 줄 알았는데 이게 진짜구나.' 영계가 열리면서 이것이 느껴지는데 정말 너무너무 좋은 것이다.

예수님은 우리를 정말 완벽한 나의 부르심의 모습으로 보고 계신다. 그게 아가서의 말씀이다. 나는 완전 거무튀튀 해서 준비가 하나도 안 됐는데 주님은 나를 바라보시기를 '나의 어여쁜 신부야 일어나서 나와 함께 가자.' 하시는 것이다. 나는 지금 전혀 준비가 안 됐다. 마음이 다 고장 나서 만신창이로 있는데 주님은 끊임없이 뜨거운 사랑의 눈빛으로 나를 바라보시면서 '아냐 너 내가 쓸 거야.'라고 말씀하시는 것이다. 내 자아나 사회적 거울을 보며 '주님 저는 불가능한데요. 나는 도저히 안 되는데요. 전 할 수가 없는데요.'라고 말하는 우리에게 주님은 '아니야. 너 할 수 있어.'라고 말씀하신다. 그 싸움에서 이기는 자가 되는 것이 마지막 때 세상을 이기는 길이다.

기독교의 가장 탁월한 점이 무엇이냐? 세상은 제 아무리 재벌 총수 할아버지라도 한계가 다 있다. 회사 재무제표를 딱 열어보면 그 회사의 한계가 나오는 것이다. 세상은 어떤 잘난 사람이건 못난 사람이건 자신의 한계가 있다. 내 스펙과 위치의 자기한계가 딱 있다. 그런데 예수님의 눈동자를 대면한 사람들은 그 한계가 깨진다. 나는 할 수 없지만 예수님은 할 수 있다는 것이다. 그래서 믿음으로 이것을 아멘하고 순종하면 나로서는 절대 할 수 없는 것을 주님이 하게 하시는 것이다. 모세가 어떻게 노력해야 바다를 가를 수 있는가? 하나님이 하라고 하시는 것은 인간이 할 수 없다. 하늘에서 만나가 떨어지는 생각을 계속하면 만나가 떨어지는가? 우리는 못한다. 우리는 불가능하다. 그런데 하나님은 하신다. 그래서 하나님의 생명의 씨가 있는 사람들마다 세상을 이긴다.

한계를 부수시는 하나님

군대를 전역하고 어려워진 집안 환경으로 인해 아르바이트를 하게 되었다. 이제 사회적 거울과 내 자아상과 하나님의 눈동자 이 세 가지 가운데서 고민을 하면서 아르바이트를 열심히 했다. 그때 당시 24살에 전역하고 집안의 환경을 보니까, 우리 집은 망해서 경매에 넘어갔고 답이 없었다. 좌절해야 될 환경과 요소가 너무나도 많았다. 지금 나 하나 뚫고 나가는 것도 힘들어 죽겠는데, 집은 망했고 어머니는 혼자서 8시간씩 기도만 하고 계셨다. 그때 당시에는 너무나도 괴로웠다. 당장 나라도 정신을 차려서 돈을 벌어야 했다. 그럴려면 내가 옛날에 하던 주식이나 과외로 효율성 있게 돈을 벌어야 되는데 성령님은 그런 것들을 하지 말라고 하셨다. 육체적인 노동을 통해서 돈을 벌라는 것이다. 육체노동이 시급이 제일 낮은데 왜 내가 그래야 하지? 이해는 되지 않지만 그 말씀에 순종해서 서울숲에서 아르바이트를 하게 되었다.

새똥을 치우고 쓰레기를 치우고 돈까스를 튀기고 접시를 닦고 돌솥밥을 나르는 일들을 하기 시작했다. 처음에는 음식물 쓰레기 버리는 일이 도저히 내키지 않았다. 속으로 생각했다. '내가 이거를 어떻게 치워. 이등병 때 이후로 해보지도 않았는데.' 그런데 큰 짬통 두 개를 매일마다 비워야 했다. 통을 비우러 갈 때마다 비둘기들이 얼마나 달려드는지 서울숲에 있는 수 많은 비둘기들이 이 음식물을 먹으려고 백 마리씩 오는 것이다. 그러면 혼자서 열이 받는 거다. 아침에 다른 사람들은 그곳에서 조깅을 하고 있고, 부잣집에서는 개를 끌고 나와서 산책하고 있다. 그런데 나는 지금 짬통을 치우고 있는 것이다. 그러니까 내 안에 있는 사회적 거울과 산책하는 개들도 나를 무시하는 것 같았다. 비둘기들도 와서 빨간 눈으로 나를 무시하는 것 같았다. 비둘기가 백 마리 씩 올 때마다 소리를 지르며 쫓아내면 잠시 도망갔다가 또 날아왔다. 이것들이 얼마나 빠른지 발로 차려고 해도 차이지도 않고 지나가는 사람들은 그 광경이 얼마나 웃겼겠는가. 그러다가 잠시 앉아 말씀을 읽는데 하나님께서 이런 말씀을 주셨다.

> 20 내 아들아 내 말에 주의하며 내가 말하는 것에 네 귀를 기울이라
> 21 그것을 네 눈에서 떠나게 하지 말며 네 마음 속에 지키라
> 22 그것은 얻는 자에게 생명이 되며 그의 온 육체의 건강이 됨이니라
> 23 모든 지킬 만한 것 중에 더욱 네 마음을 지키라 생명의 근원이 이에서 남이니라
> 잠언 4장 20-23절

새똥을 치우다가 열이 받아서 잠깐 앉아서 말씀을 보는데 이런 말씀을 주시는 것이다. '내 아들아 내 말에 주의하며 내가 말하는 것에 귀를 기울여라.' 지금 내 상황은 정말 이제 더 이상 내려갈 수도 없을 것 같다. 그런데 지금 아침에 새똥을 치우다가 쭈그리고 앉아서 '이것이 네 눈에서 떠나게 하지 말며 네 마음속에 지켜라 … 모든 지킬 만한 것 중에 더욱 네 마음을 지키라 생명의 근원이 이에서 남이니

라.' 이 말씀을 딱 먹는데 갑자기 뭔가 슈퍼맨이 된 것 같은 것이다. '환경? 오케이 괜찮다. 새들아 마음껏 나를 조롱해도 괜찮다.' 아무렇지가 않은 것이다. '하나님이 나를 지금 이 서울숲에서 짬통 치우면서 훈련시키시나 본데, 난 여기서 평생 있을 사람이 절대 아니야. 어차피 훈련할 거 서로 피곤하게 만들지 말고 빨리 끝내자.' 그래서 그 순간부터 딱 마음을 잡고 하나님이 나를 보시는 눈동자에 집중하는 것이다. 아침에 이 말씀을 가슴에 새겨놓고 오늘 하루를 살아보는 것이다. 커피를 내주고 돈가스를 튀겨주고 이것저것 나에게 짜증을 내면 상냥하게 처리해서 다 내보내는 것이다. 감정 소비를 하는 것은 굉장히 힘들다. 사람을 대면해서 일하는 게 얼마나 스트레스 받을 일이 많겠는가. 그런데 내 마음을 지키기로 하고 나니까 아무리 화살이 날아와도 마음에 안 박히는 것이다. 전신갑주를 입고 있으니까 불화살이 왔다가 그냥 녹아버린다. 그날은 내 마음을 하나님이 말씀으로 지키시는 것이다.

그래서 이것을 하면서 '내 친구 가운데 짬통을 누가 치워봤겠어.' 이런 생각을 해보는 것이다. '내 나이대에 누가 이런 일을 하겠냐. 나는 이걸 할 수 있기 때문에 그만큼 내 역량이 강화되는 거야.'라고 생각했다. 하나님이 시키시면 나는 밑바닥도 어디까지든 갈 수 있고 한계가 없는 것이다. 공원에서 나를 알아보는 사람들이 있다. 가끔 친구들이 와서 '야 너 여기서 일하고 있냐?' 하거나 또 다니던 교회에서 애들이 놀러오거나 심방을 왔다. 그래도 마음이 상하지 않는 것이다. 그렇게 5개월을 하루도 안 쉬고 훈련을 했다.

지면에 담기엔 긴 내용이나 그로부터 6개월이 지나서는 하나님께서 회사를 창업하라는 감동을 주셔서 순종을 하게 되었고 35억원의 투자를 받고 여의도에 있는 회사의 총괄이사가 되었다. 회사에는 직원이 수십 명이 있었다. 그리고 법인 차량과 운전기사가 주어졌다. 60평 아파트를 관사로 주고 법인카드도 주었다.

사람들은 내가 무슨 회장님 아들인 줄로 알았다. '도대체 쟤 누구냐. 숨겨놓은 아들아니냐?' 내 나이는 고작 20대였고 나보다 나이가 10살이나 20살 많은 사람들이 내 밑에 직원으로 있었다. 하나님께서 사업을 하라고 하시더니 그런 환경으로 나를 보내신 것이다. 그래서 나는 이것을 보면서 '밑바닥에서 훈련시키시다가 이제는 높은 데로 끌고가서 또 훈련을 시키시나 보다.' 그렇게 생각했다.

하나님에게는 한계가 없다. 하나님을 만나지 못한 사람들은 다 자기 한계 안에서 살고 있다. 그 틀 안에서 애쓰고 노력하다가 망하고 마는 것이다. 그런데 하나님을 제대로 만나게 되면 주님이 우리를 한계없이 부르셨기 때문에 그분의 목적을 위해서 우리의 사이즈를 키우신다. 하나님께서 우리를 무한한 스펙으로 만드시는 것이다. 그래서 바울이 이렇게 고백하게 되는 것이다.

'나는 부요함에 처할 줄도 알고 가난함에 처할 줄도 안다. 내게 능력 주시는 자 안에서 내가 모든 것을 할 수 있다.'

그런 능력을 체험했지만 비행기가 성층권을 뚫고 나니 또 매너리즘이 찾아오고 위기가 찾아오기 시작했다. 사장이 되어 회사를 처음 경영할 때는 매일 새벽기도를 다니곤 했지만 내 사회적인 환경이 달라지게 되니 점점 마음이 처음 같지가 않는 것이다. 이제 비둘기들도 날째려보지 않는 것 같고 나를 부러워하는 것 같다. 주일날 교회를 가면 일부러 기사 아저씨에게 사람이 많은 데다가 차를 세워달라 하고는 아는 친구를 만나면 밥이나 사주면서 으스대는 것이다.

그런 짓을 하면서도 고민이 들기 시작했다. 새똥을 치울 때도 하나님께서 도대체 나를 어떻게 쓰실 거냐 고민했던 것처럼, 사장놀이를 하면서도 고민이 시작된 것이다. '이게 아닌데, 주님이 나를 부르신 목적이 있는데' 이렇게 생각하며 정신을 차리고 주님 앞에 기도하기 시작했다. '주님 이게 뭡니까? 벤처 회사 하나 상장시키는게 내 부르심은 아니지 않습니까? 주님 나를 어디에 쓰시려고 하는 겁니까?' 계속 이 고민을 하면서도 또 기도 시간이 끝나고 나면 내 인생을 즐기는 삶이 반복되었다. 그러다가 어느 날 다시 하나님을 대면하게 되었다. 집중해서 하나님을 만나는데 성령님께서 '야 이제 훈련 끝났다. 너 거기서 나와라.'라고 하시는 것이다. 그래서 나는 못 들은 척 하기 시작했다. 한창 사장 생활이 좋고 BMW 차도 얼마나 좋은데, 나가기가 싫은 것이다. 나도 나를 이곳에 보내신 이유가 앞으로도 쭉 사장을 하라고 보내신 것이 아니라는 것은 알지만, 그래도 조금 더 놀고 싶었다. 그런 내게 주님이 말씀하시는 것이다. '너, 직장 생활하는 사람들이 얼마나 고달프게 사는 지 봤지?' 순간 김 과장님이 생각났다.

당시에는 내가 회사 직원들을 경력직만 뽑았다. 그런데 내가 뽑은 사람들 중에서 김 과장님은 정말 내가 뽑아주지 않으면 갈 데가 없겠다 하는 사람이었다. 나보다 한 스무 살 정도 많은 아저씨였는데 이분은 알코올 의존증이 있었다. 담배를 피고 매일 소주를 마셨고 당연히 교회도 다니지 않았다. 다른 사람들은 다 예수님을 믿는 사람만 뽑았는데, 어떤 마음을 주셨는지 모르지만 예수님도 안 믿고 완전 세상에 찌들어있는 40대 중반의 아저씨를 뽑게 된 것이다. 그래서 내가 긍휼한 마음을 가지고 '집에 애들도 있고 처 자식도 있는데 내가 뽑아줄 테니까 정말 잘 해보세요.'하고 뽑아주었다. 그리고 그를 지켜보는데 아침마다 지각을 하는 것이다. 매일 술을 퍼마시고 늦게 자니 당연히 그럴 수밖에 없었다. 그래서 밑에 직원들이나 부장이 잘하라고 말해도 고쳐지지가 않았다. 그때는 내가 철이 없어서 불러다가 정말 심한 말로 다그치게 되었다. 김 과장은 내가 스무 살이 어린데도 내가 사장이니까 앞에서 죄송합니다 하면서 듣고 있었다. 그러면서 어깨가 축 처진채로 나가서 담배를 피우고 있는 모습을 내가 창가에서 보면서 '저게 우리 부모님들의 모습일 텐데, 인생들이 다 저렇게 사는구나. 참 얼마나 힘들까.'하고 생각했다. 저게 직장에 계신 우리 아버지의 모습이고 불과 나도 몇 달 전에는 서울숲에서 새똥 치우고 돌솥밥 긁어내면서 그렇게 손목 나가게 설거지를 했는데 어느새 이제 사장이되어서 다 까먹고 이렇게 있는 것이다.

성령님이 내 마음에 말씀하셨다. '너 직장 생활이 얼마나 힘든지 잘 봤지?' 직장인들이 한 달에 300만원 400만원 벌려고 다 그렇게 산다. 다들 정말 애쓰고 살고 있었다. 그런데 마음에 소망이 없다. 돈은 벌어야 되니까 아침에 나가는데 퇴근할 때쯤 되면 너무 스트레스를 받는데 감정을 표출할 데가 없다. 우리 예수님 믿는 사람들이야 기도하고, 말씀을 통해 치유받지만, 예수님을 안 믿는 김 과장님을 보니까 정말 마음이 쩌들어서 나이가 40대 중반밖에 안 됐는데 그냥 인생의 고생이 얼굴에서 느껴지는 것이다. 그런데 마음이 너무나 고슴도치 같아서 내가 좀 어떻게 도움을 주려고 해도 할 수가 없었다. 위로받지 못하고 산 인생이 수십 년이 되어서 딱딱하게 굳은 마음, 아무것도 기대하지 않는 마음, 소망이 하나도 없는 마음이 되어버린 것이다.

그런데 성령님이 원래 우리를 만든 목적은 그렇게 고생시키기 위한 것이 아니다. 너희들이 힘들면, 나에게 와서 울어라는 것이다. '힘들면 교회에 와서 울어라 그게 예배다.' 그러시는 것이다. 그리고 나에게 이런 감동을 주셨다. '형규야 그러면 네가 김 과장을 데리고 와서 같이 울어 줘라.' '고통받는 자와 함께 울어주고 위로해줘.' '너 저 사람 소주 먹는다고 맨날 욕하는데 그냥 딴소리 하지 말고 옆에 가서 같이 울어줘. 뭐 때문에 그렇게 맨날 술을 먹는지 한 번 이야기를 들어줘 봐라.'

그래서 하루는 그날도 또 아침에 한 시간을 지각했길래 내가 불렀더니 혼날 줄 알고 긴장하며 들어왔다. 그래서 과장님에게 어떤 어려움이 있냐고 뭐가 제일 힘드시냐고 한 번 이야기나 들어보자 하니까 마음의 이야기를 쭉 하시기 시작했다. 그리고는 같이 정말 펑펑 울었다. 이렇게 고단한 인생도 있구나. 이렇게 어려운 사람도 있구나. 그걸 같이 듣다 보니까 나도 모르게 울음이 터져나온 것이다. 그래서 그

냥 엉엉 울었다. 그리고 그냥 같이 밥을 먹고는 일을 보라고 하고 나
는 내 방에 돌아왔다. 다음날 이분은 일찍 출근했다. 며칠은 안 갔지
만 그래도 같이 울어준 그날이 그분에게 뭔가 치유가 있었던 모양이
다. 성령님은 그때를 기억나게 하셨다. 그리고는 훈련이 마쳤으니 그
곳에서 나오라고 말씀하셨다.

　솔직히 인간적으로 회사를 나온다라는 것 자체에 대한 걱정이 있었
다. 누가 월급을 주는 것도 아니고 먹고살아야 되는 것이다. 당장 현
실적으로 다음달 월세도 내야 되고 동생 학원비도 대줘야 하고 핸드
폰 값도 내야 하는 것이다. 백수 생활을 하다가 직장에 다녀보면 알
수 있는 출근하는 기쁨이라는 것이 있다. 내가 아침에 눈을 뜨면 갈
데가 있다는게 어떤 기쁨인지 백수생활을 오래 해본 사람들은 안다.
그런데 아침이 되면 다시 백수가 되는 것이다. 하지만 믿음은 순종이
라는 것을 알기 때문에 하기 싫었지만 기도원에 가서 며칠을 기도해
보고는 회사에 사표를 냈다. 좋은 차도 다 내려놓고 지하철을 타고 다
시 집으로 돌아왔는데, 아침에 눈을 떠 보니 갈 데가 없는 것이다.

　사람이 자신의 세이프 존Safe Zone, 안전지대를 떠난다는 것이 얼마
나 싫은가. 그리고 이제 고민하는 것이다. 하나님이 나를 부르신 목적
이 뭘까? 나를 만드신 이유가 뭘까? 그 시간대를 통과하면서 성경을
쭉 보고 있는데 하나님이 내 마음 속을 보여 주셨다. 내가 왜 하나님
을 만나려고 하며 기도하고 있느냐? 그냥 내가 더 잘 되기 위한 것이
었다. 내가 왜 내 부르심을 알기 원했을까? 내 마음의 깊은 동기를 파
보니까, 더 인생을 효율적으로 살고 싶은 마음과 주님이 부르시는 대

로 사는 것이 제일 부자가 되거나 잘 살게 되는 방법이라고 착각을 하고 있는 것이다. 그런데 점차 하나님의 목적을 발견하게 되었다. 주님이 나를 쓰시겠다는 것이다. 주님은 나를 광야의 외치는 자의 소리로 쓰시겠다고 말씀하셨다.

오늘 이 책을 읽는 독자들 가운데 진로를 놓고 고민하거나 뭘 해서 먹고살까 고민하는 청년이 있다면 이렇게 권면하고 싶다. 이 바벨론의 트랙에서 나와서 하나님의 트랙으로 들어가면 하나님이 입히시고 먹이시고 양육하시면서 당신을 키우신다.

나는 결단을 하게 되었다. 돈 문제하고 나는 이제 끝이다. '주님 난 더 이상 돈 문제 가지고는 끝입니다. 내 돈, 내 스톡옵션도 다 버립니다. 주님이 나를 먹이시는 것을 나는 백 퍼센트 신뢰합니다. 주님이 안 주시면 난 굶습니다.' 그러고는 사표를 내고 나왔다. 그때부터 주님의 공급하심이 끊어진 적은 단 한번도 없다. 말 그대로 하나님이 다 공급하신 것이다. 예수님은 이 모든 과정을 통해서 나를 아버지께로 더 가까이 가게 하셨다.

그리고 근본적으로 염려와 근심이 사라지게 되었다. 근심할 상황이 없는 것이 아니다. 하지만 하나님께서 염려하지 말라고 하셨으니 주님의 완전하심을 믿는 것이다. 결과물이 항상 좋은 것은 아니다. 하지만 하나님이 이끌어가시는 과정을 믿는 것이다. 그 일을 통해서 나를 반드시 하나님께로 더 가까이 가게 하시기 때문이다. 하나님이 뭘 하라고 하신다고 해서, 세상적으로 대박이 나고 그런 것은 아니다. 세상적으로 잘 될 수도 있고 안 될 수도 있고 망할 수도 있고 성공할 수도 있다. 그게 중요한 게 아니다. 나를 하나님께로 더 가까이 가게 하시는 하나님의 온전한 목적을 알게 된 것이다.

7번째 도미노 : 실행력

7장의 제목은 실행력이다. 실행을 하라는 것이다. 내가 만약에 20대 때 하나님을 만나고도 실행을 하지 않았더라면, 믿음의 삶을 살아내지 못했을 것이다. 하나님을 한 번 만난다고 끝나는 것이 아니다. 날마다 주님을 만나야 한다. 날마다 주님은 나에게 말씀하신다. 어떨 때는 꿈에서 말씀하시고 어떨 때는 말씀을 읽는 중에 말씀하시고 어떨 때는 운전을 하고 있는데 내 마음에 강한 감동을 부어주신다. 그래서 그것에 순종해 나갈 때마다 하나님이 신비한 일들을 해 나가시는 것이다. 이것을 경험할 때 우리는 점점 하나님의 자아상으로 바뀌게 된다.

그런즉 누구든지 그리스도 안에 있으면 새로운 피조물이라 이전 것은 지나갔으니 보라 새 것이 되었도다
고린도후서 5장 17절

하나님의 말씀은 그냥 진리 그 자체이다. 그러니까 생각하고 고민하고 연구하고 이런 것이 아니다. 우리는 이 말씀을 밥 먹듯이 그냥

믿고 먹는 것이다. 아침에 눈을 뜨면 주님이 말씀하시는 것이다.

'누구든지 그리스도 안에 있으면 새로운 피조물이라. 이전 것은 지나갔으니 보라 새것이 되었도다.' 아멘 하고 응답하는 그 순간 나는 새 것이 되는 것이다. 하나님은 고쳐서 쓰시는 분이 아니다. 주님은 새 것으로 만드시는 분이다. 하나님이 한 방에 새 마음을 주시는 것이다. 그것을 믿음으로 취하면 나에게 새 마음이 탑재되게 된다.

오늘 졌어도 괜찮다. 내일 아침에 눈을 뜨면 게임은 새로 시작된다. '보라 새 것이 되었도다!' 어릴 때 오락실에서 해본 게임과 같다. 100원을 넣으면 다시 뉴 스테이지가 시작되는 것이다. 그러면 다시 또 싸우는 것이다. '어제는 어떻게 졌지? 이번에는 이겨야지.' 이겼으면 왜 이겼는지, 졌으면 왜 졌는지 복기하고 오늘을 싸워서 이기면 되는 것이다. 그래서 영적일기를 써야 한다. 밤에 자기 전에 10분에서 20분 정도 오늘 하루를 복기하는 것이다. 나름대로 하루를 돌아보면서 '이렇게 하면 이기는구나.' '오늘 이렇게 했더니 졌구나.' 이렇게 하다 보면 이제 노하우들이 생기게 된다. '오늘 아침에 이 말씀을 받았었는데 나에게 오늘 이런 일이 있었지.' 그리고 만약 오늘 어떤 사건에서 이겼다면 주님께 고백하는 것이다. '주님 감사합니다. 내일도 이기게 해주세요. 꿈에서도 주님을 보고 싶습니다.' 그리고 잠들면 꿈에서도 주님은 우리를 만나주신다. 이것이 얼마나 큰 행복한지 모른다.

내 형질이 이루어지기 전에 주의 눈이 보셨으며 나를 위하여 정한

날이 하루도 되기 전에 주의 책에 다 기록이 되었나이다

시편 139편 16절

놀라운 말씀이다. 내가 엄마 뱃속에서 착상이 되어서 세포 분열을 하기도 전에 주님은 주님의 눈동자로 나를 보고 계셨다는 것이다. 이것은 소설이 아니다. 주님은 내 형질이 만들어지기도 전에 나의 모든 부르심이 다 기록된 책을 보시면서 '너는 내가 이렇게 쓰려고 세상에 보낸다.' 이렇게 말씀하신다. 그래서 이 하나님의 눈동자를 대면하는 사람들은 충격을 받게 된다. 하지만 그 눈에 몰입해서 계속 부르심을 따라가면 결국 세상을 이길 수밖에 없다. 세상을 정복하고 다스릴 수밖에 없다. 탁월해질 수밖에 없다. 왜냐하면 그분이 탁월하시기 때문이다. 그 주님의 탁월함의 기름부음이 나에게 부어지기 때문이다.

당신의 사회적 거울과 자아의 거울을 가지고 거짓말에 속지 마라. 하나님께서는 우리를 마지막 주자로 부르셨다. 우리의 잠재력에는 한계가 없다. 나는 못할 게 아무것도 없다. 그래서 나는 우리집 아이들에게 말한다. '아빠는 하나님의 뜻이라면 대통령도 할 수 있어.' '대통령을 해본 적 있어서 하는 사람이 어디 있냐. 아빠는 하나님이 시키시면 모든 걸 할 수 있어. 그게 하나님의 사람이야.' 이것이 바로 당신을 향한 하나님의 부르심이다.

1번부터 6번까지의 도미노는 그냥 빠르게 훑고 넘어가면 안 된다. 반드시 내 삶에 대입하고 시도해 보아야 한다. 그래서 지금까지의 내 삶의 간증을 통해서 정말 그렇게 살기 위해 어떠한 과정들을 살아오

게 되었는지 실행력에 대해서 설명을 했다.

계속 우리는 영적 집중도를 높여가면서 레벨업 해야 한다. 레벨업 되는 만큼 자유가 찾아오게 된다. 모든 것으로부터 완전한 해방의 자유를 누리게 되는 것이다. 넘어져도 된다. 십자가로 다시 일어나면 된다. 옳은 것을 택하는 것이다. 지금 이게 옳은 방법이라고 동의가 된다면 이제 심플하게 이것을 반복하라. 계속해서 집중하며 반복하다 보면, 거룩한 습관이 생기게 된다. 이것이 바로 세상을 이길 수 있는 무기이다.

다니엘과 요셉을 광야에서 훈련시키시는 하나님은
때가 되면 그들을 바벨론의 중심으로 보내신다.

8장

탁월함

8장

탁월함

여덟 번째 도미노는 탁월함이다. 탁월함의 비밀이 어디에 있는지, 또 구체적으로 어떻게 하면 탁월해질 수 있는지 설명하고자 한다. 성경에서는 탁월함에 대해 다음과 같이 말하고 있다.

> 여호와를 경외하는 것이 지혜의 근본이요 거룩하신 자를 아는 것이
> 명철이니라
> 잠언 9장 10절

하나님께서 우리를 부르실 때는, 그냥 우리끼리 교회에 모여서 수다 떨고 커피 마시라고 부르신 것이 아니다. 오히려 당신이 살아가야 하는 가정과 일터, 그곳이 실제 삶의 필드이다. 당신의 부르심의 자리는 교회 밖 세상에 있다. 그리고 탁월함은 바로 세상을 이기는 무기이다.

교회의 청년 대학부에 가보면, 세상에서는 아무 준비도 하지 않으면서 교회에서 열심히 봉사하는 것으로 세상에서 이룰 수 없는 것들을 대체하려는 청년들이 많다. 남들이 볼 때는 굉장히 헌신적이지만

사실은 자신의 인생을 속이고 있는 것이다. 그런 사람들은 10년이 지나고 20년이 지나면 결국 시험이 들어서 교회를 떠나는 경우가 많다. 세상도 이겨내지 못하고 믿음도 뿌리를 내리지 못한 것이다.

젊은 사람이건 나이가 있는 사람이건 교회를 인생 회피의 장소로 사용하면 안 된다. 교회를 내 시간을 낭비하는 것을 정당화시키는 공간으로 사용하면 절대 안 된다. 우리 인간은 기본적으로 죄인이기 때문에 현실을 직면하지 않는다. 어떻게든 자아를 정당화시키고 이유를 만들어서 나를 지키려고 하기 때문에 정신을 바짝 차려야 한다.

주님이 뭐라고 말씀하시는가? '너는 밖에 나가서 개미가 어떻게 사는지 보고 배워라.' 기독교인들은 종종 세상 사람들 만큼 열심히 살지 않으면서 그들보다 더 좋은 결과를 얻기를 바란다. 비유하자면, 공부를 열심히 하지는 않지만 기도를 열심히 해서 좋은 대학에 가기를 바라는 것이다. 그것은 불가능한 일이다. 하나님은 공의로우신 하나님이다. 의인에게나 악인에게나 동일하게 햇빛과 비를 주시는 분이다. 하나님은 심지 않고 거두게 하시는 분이 아니다. 시험문제의 정답을 슬쩍 알려주시는 분이 아니라, 공부할 수 있는 능력을 부어주시는 분이다.

어떤 경우에는 안 믿는 사람들이 믿는 사람들 보다 훨씬 더 열심히 산다. 세상에는 하나님을 모르지만 탁월한 자들이 많이 있다. 여호와를 경외하지 않는 사람이 지혜를 가진 듯이 보일 때도 있다. 그러나 하나님을 만나지 않고 얻게 되는 탁월함은 결국 그 탁월함 뒤에 찾아오는 일들을 감당하지 못해서 망하게 되어 있다. 어떤 사람이 대단한 바이올린 천재이거나 대단한 예술가라 할지라도 그 모든 탁월함의 시작이 하나님을 경외함이 아니라면 결국 모래 위에 지은 집처럼 무너지게 된다. 오해하지 말아야 할 것은, 세상 사람들과 같이 그저 열심히 노력해서 경쟁하라는 것이 아니다. 탁월함에는 분명한 원리와 방법이 있다. 그것을 설명하기 전에, 먼저 이 시대가 어떻게 전환되고 있는지에 대한 더 큰 그림을 볼 필요가 있다.

산업혁명의 시대

역사를 살펴보면 먼저 첫 번째로 농경시대가 있었다. 먼 과거의 일처럼 보일 수 있지만 그렇지 않다. 조선의 주 산업은 농업이었기 때문에 우리로 치면 100년 정도 밖에 되지 않은 이야기인 것이다. 농경시대의 부의 가치는 노동력에 있었다. 그래서 힘이 센 사람이 최고의 인재였다. 만약 농경시대 때 시장에서 가장 우수한 인재를 뽑는다고 하면 IQ 검사가 아니라 쌀 가마니를 들고 뛰어야 했을 것이다. 남들이 이틀 걸릴 일을 하루 만에 할 수 있는 사람이 가장 가치있는 사람인 것이다.

그런데 산업혁명이 일어나기 시작하면서, 인간의 노동력을 증기기관과 모터가 대체하기 시작했다. 그래서 육체적 노동보다는 정신적 노동이 더 높은 가치의 결과들을 만들어내기 시작했다. 가장 먼저 바뀌게 된 것은 교육 제도였다. 과거에는 집단적인 교육이 필요하지 않았다. 단순히 육체적인 노동력을 제공하는 사람들에게 교육은 돈 있는 자들의 사치일 뿐이었다. 소수의 관리자들만이 교육을 필요로 했을 뿐, 대중과 노동자들은 교육이 필요하지 않았다. 그런데 산업화 시대로 넘어가게 되면서 이들에게도 교육이 필요해지게 된 것이다. 산업화 시대는 기본적인 말귀를 알아듣고 사고할 수 있는 노동자들을 필요로 했다. 그래서 지금 우리가 알고 있는 IQ검사라던지 공교육 시스템들이 만들어지게 된 것이다. 우리가 하나 알아야 할 것은 이 공교육이라고 하는 제도가 탁월한 인재를 배출하기 위해 만들어진 시스템이 아니라는 사실이다. 구조적으로 이 공교육은 질 좋은 노동자, 즉 월급쟁이들을 배출하기 위해 만들어진 교육이다.

그런데 이제 4차 산업혁명의 시대로 넘어오기 시작했다. 과거에는 암기와 계산을 잘하고 엉덩이를 오랫동안 붙일 수 있는 성실한 사람들이 통하는 시대였다. 그런데 4차 산업혁명의 시대로 넘어가면서 큰 변화가 일어나기 시작했다. 시대가 바뀌면서 과거의 성공 방정식이 더 이상 적용되지 않는 것이다. 젊은이들의 머리 속에 지진이 일어나기 시작했다. 지금의 20대 30대 청년들이 이 시대의 전환점 사이에 끼여버리고 만 것이다. 내가 학창시절 십 수년간 노력해서 쌓아온 역량이, 앞으로 내가 살아야 하는 시대가 요구하는 역량과 전혀 다른 것이다.
예를 들어 당신이 열심히 공부해서 연세대 경영학과를 갔다고 한번 가정해 보자. 연세대 경영학과가 서울대의 중위권 학과와 커트라인이 비슷하니까, 평범한 고등학교의 경우 전교 1등을 해야 들어갈 수 있는 그런 곳이다. 그런데 열심히 4년을 공부해서 졸업하고 취업을 해서 회사를 갔더니, 나에게 일을 시키고 월급을 주는 사람들이 대부분 나보다 학벌이 낮은 것이다. 미묘한 굴욕감과 함께 머리속에 물음표가 뜨기 시작한다. 서울대를 나오고 연세대를 나왔으면 지금까지의 고등교육 시스템에서는 최상위권에 있는 똑똑한 애들인데, 그들이 막상 취업해서 보니까 세상이 전혀 달라져 있는 것이다. 오늘 이러한 현상을 강남의 테헤란로나 여의도나 판교 같은 곳에 가보면 경험하게 된다. 시스템의 꼭대기 위에는 대학을 안 나온 사람들과 특이한 사람들이 있는 것이다. 세상 말로 하자면 약간 똘끼가 있는 그런 사람들 말이다. 이것이 3차 산업혁명 시대에는 없었던 현상 중 하나이다.

50년대에서 60년대 초반에 태어난 베이비붐Baby boomer 세대가 경험했던 성공 방정식은 이와 달랐다. 바르고 성실하고 꾸준한 사람들이 보상을 받던 것이 80년대였다. 그 시대를 살았던 사람들은 그냥 성실하게 공부해서 고등학교를 졸업하고 은행에 들어갔다. 그곳에서 열심히 일해서 모은 돈으로 주공 아파트 하나를 분양받고 그렇게 살다가 보면 집값이 오르고 이제 중산층이 되는 것이다.

베이비붐 세대가 태어난 시대는 전쟁 직후였다. 2차 세계대전 이후에 백여 개의 신생 국가가 탄생하게 되었는데, 대한민국은 그 국가들 중에서 짧은 기간 내에 민주화와 산업화를 가장 완벽하게 성취해낸 국가였다. 그 국가적인 흐름에 올라탔던 사람들이 바로 베이비붐 세대였다. 그래서 통계청의 자료들을 살펴보면 이 세대가 가진 부의 평균이 가장 높다. 가구당 평균자산이 5억 4천 만원이다. 그런데 이 자

산의 77.9%가 다 어디에 몰려 있느냐? 바로 아파트와 부동산 같은 실물 자산이다.[02]

다가오는 경기침체

그런데 이제 앞으로 어떤 시대가 다가오느냐? 전 세계적인 경기침체가 다가오고 있다. 이미 그 초입에 들어서면서 분위기가 살살 무르익고 있지만, 아직도 부동산 가격이 다 빠진 것이 아니다. 2023년, 이제부터가 시작이다. 코로나로 전 세계가 셧다운 된 것이 약 3년 동안이었다. 마찬가지로 2023년부터 본격적으로 시작되는 이 경기침체도 2025년까지 최소 3년 이상 지속될 것으로 보인다.

경기침체가 무엇인가? 쉽게 생각하면 97년도에 겪은 외환위기, IMF 같은 것이다. 그런데 당시 IMF는 아시아와 러시아 등 일부 신흥국가들에만 온 경제위기였다고 하면, 이번에는 전 지구적인 수준의 경제위기이다. 그러면 앞으로 어떻게 될까? 부동산의 버블이 다 꺼지게 된다. 어느 정도까지 꺼질지는 미국의 기준금리가 어디까지 가는지 보면 알 수 있는데, 미국의 FOMC연방공개시장위원회 회의 결과를 지켜볼 때, 앞으로도 수 차례 올라갈 것으로 보인다. 동맹국을 비롯한 여러 국가들의 호소로 금리인상의 각도만 완만하게 꺾은 것일 뿐, 그 방향에는 변함이 없다.

시장에서는 미국의 기준금리가 5% 초반대에서 멈출 것이라고 기대하고 있지만, 그렇지 않을 수도 있다. 미국은 인플레이션을 잡는 것이 목적이 아니다. CPI소비자물가지수가 약간 잡히니까 바로 두 번째로 FOMC에서 무엇을 갖다 대는가? 실업률을 갖다 대는 것이다. 미국은 지금 완전 고용 상태이다. 이들의 목적은 실업률을 잡거나 인플레이션을 잡는 것이 아니다. 돈을 잠궈서 중국을 잡는 것이다. 그런데 국제관계에서 대놓고 중국을 잡기 위해서 금리를 올린다고 말할 수는 없는 것이다. 그렇기 때문에 대중을 설득하기 위한 명분을 찾는 것이다. 이런 G1, G2 국가 간의 금융 전쟁이 시작되었는데 우리나라도 그 사이에 껴 있기 때문에 함께 돈이 마르기 시작하고 있다. 이미 시장에서 동맥경화가 일어나기 시작했다.

전 세계에서 국가부채가 가장 많은 나라 중 하나가 중국과 일본이다. 그러니 일본과 중국은 미국을 따라서 함께 금리를 올리지 못하는 것이다. 그만큼 재정적인 상태가 좋지 않다. 그런데 우리나라는 국가부채가 상대적으로 적은 편이어서, 미국과 1%p 차이를 내면서 함께 금리를 끌어올리고 있다. 물론 과거 정부에서 하도 많이 퍼줘서 나라 경제가 안 좋아지긴 했지만 그래도 중국과 일본에 비하면 재정 건전성이 높은 것이다.

그런데 우리나라는 GDP 대비 가계부채가 세계 1위이다.[03] 그러면 이게 무슨 얘기냐? 한국인들에게는 2023년부터 금융 핵폭탄이 개인에게 떨어진다는 것이다. 중국과 일본은 국가가 위기를 겪지만, 한국은 개인이 위기를 겪게 된다. 이미 이 폭탄을 맞아서 죽는 사람들이 뉴스에 나오기 시작한다. 빌라 수천 채를 갖고 있는 빌라왕이 심장마비로 죽고, 연루된 범죄들이 드러나고 있는 것이다. 갭 투자를 할 때야 집값이 계속 올라가니까 자기자본 없이 했지만, 이제 빠지고 있으니 감당이 되지 않는 것이다. 이런 게 하나의 대표적인 시그널이다.

2023년부터는 본격적으로 자산 가치가 폭락하게 된다. 이게 앞으로 최소 3년 동안 전 세계가 경험하게 될 일이다. 그런데 한국인들의 경우 유독 자산이 부동산에 많이 집중되어 있고 가계 부채가 세계 1위이기 때문에 개인들이 더 타격을 받게 된다.

3년이 지나고 찾아오는 새로운 시대

이런 한 차례 폭풍이 지나가고 나면 어떤 시대가 도래하느냐? 앞으로 2023년부터 2025년까지 정신없이 자기 집을 지키려고 발버둥 치다 세월이 지나고 나면 새로운 시대가 도래하게 된다.

미국의 유펜University of Pennsylvania 같은 대학교의 MBA과정에 입학하려고 하면 학비가 어마어마하다. 외국인이 들어가서 공부하려고 하면 1년에 7만 달러에서 8만 달러씩 내야 한다. 그러면 졸업까지 2년 과정의 학비만 16만 달러이다. 여기서 렌트비, 식대비 등 체류비를 고려하면 2년간 최소 5만 달러는 더 든다. 환율도 오른 상황에 졸업까지 하려면 최소 약 3억 정도가 깨지는 것이다. 그렇게 해서 갈 수 있는 최고의 회사가 골드만삭스이다. 그만큼 골드만삭스는 연봉을 많이 주는 대단한 회사이다. 한 명당 3-4억씩 연봉을 준다.

그런 회사가 지난 2017년 600명의 트레이더 중 598명을 한 방에 해고시켰다.[04] 당시 켄쇼 테크놀로지라고 하는 회사가 AI 프로그램 하나를 개발해서 골드만삭스에 가져다 주게 되었다. '야 이거 우리가 개발한 건데 한 번 써봐. 니네 트레이더들 보다 더 좋을걸?'

연봉 3억을 받는 사람들은 점심때가 되면 점심을 먹고 저녁이 되면 퇴근을 한다. 휴가비도 줘야 하고 상여금도 줘야 한다. 자리도 만들어 주고 장비도 지급해야 하며 그들을 교육하는데도 많은 돈이 든다. 그런데 켄쇼라고 하는 이 AI 프로그램을 딱 돌려봤더니 600명의 사람이 한 달 동안 해야 할 일을 이 슈퍼컴퓨터 한 대가 3시간 20분 만에 끝낸 것이다.[05] 자 그러면 당신이 골드만삭스의 사장이라면 어떻게 하겠는가? 이 연봉 높은 600명의 트레이더들을 데리고 있겠는가? 아니면 컴퓨터를 관리할 인원 두 명만 놔두고 다 자르겠는가? 이렇게 598명이 해고당하게 되었다.

그런데 이것은 금융계만의 일이 아니다. 의료계와 법조계 등 모든 분야에 적용되기 시작했다. AI가 인간의 사고력을 뛰어넘기 시작한 것이다. 우리나라 인문계에서 제일 공부를 잘하면 가는 게 로펌이다. 서울대 법대를 나오고 로스쿨을 들어가서 변호사가 된다. 그런데 우리나라도 IT가 장악하기 시작하니까 급진적인 변화가 일어나기 시작했다.

판례 검토라는 것이 있다. 우리 개인들이야 변호사를 만날 일이 잘 없지만, 기업들은 이래저래 소송거리도 많고 법리적으로 해석이 골치 아픈 것들이 많기 때문에 관련된 판례들을 검토하게 된다. 광장이나 김앤장 같은 국내 메이저 로펌 회사에 판례 검토를 맡기는 것이다. 보통 판례 검토에는 일주일 정도가 걸린다. 작은 사건 기준으로 변호사가 네 명쯤 투입된다. 부장급 경력을 가진 시니어 변호사 한 명과 그 밑에 보조하는 변호사들과 사무보조원 한 명까지 5명이 한 팀으로 돌아가는 것이다. 그렇게 사건 하나를 맡게 되면 500만원에서 1,000만원의 비용이 들고, 결과가 나오는데 일주일이 걸린다.

그런데 판례를 검토하는 AI 프로그램이 등장하게 된다. 그러자 판례 검토라는 시장 자체가 없어지기 시작했다. 왜 그런가 했더니, 클릭 한 번만 하면 1초 만에 결과가 나오는 것이다. 부장 판사 출신인 변호사도 판사복을 벗고 나서부터는 최신 자료를 잘 업데이트하지 못했는데, 여기에는 모든 최신 자료가 다 포함된다. 그냥 클릭만 하면 어제의 판례까지 다 검토해서 결과가 나오는 것이다. 당신이 기업의 책임자라면 1,000만원을 주고 변호사들에게 판례 검토를 맡기겠는가? 아니면 그냥 사이트에 들어가서 회원 가입을 하고 판례 검토를 신청하겠는가? 물론 정보가 없는 사람은 여전히 변호사를 찾아가겠지만 전체적인 시장은 없어져 버린다는 사실이다.

이게 무슨 이야기인가? 과거 3차 산업혁명 시대에는 사법고시만 통과하면 모든 것이 끝났다. 죽을 때까지 빨대를 꽂고 안정적인 수익으로 살 수 있는 것이다. 그런데 지금은 그 빨대의 구멍이 얇아지고 있다. 이 직업들이 급격하게 없어진다는 의미는 아니다. 그러나 옛날 같지 않다. 의사 약사 판사 검사 변호사 교사 세무사 관세사 등 소위 '사' 자가 들어가는 직업들 대부분이 다가오는 시대에 많은 부분 자동화되게 된다. 그리고 그것보다 더 엄청난 새로운 시장들이 생겨나게 될 것이다. '내가 그럼 교사인데 변호사인데 이제 끝났다는 이야기인가요?' 그런 이야기가 아니다. 탁월함이 있는 사람이 독보적으로 시장을 지배하게 된다는 것이다. 앞으로 이 시대는 직업혁명이 일어나게 된다.

> 잇사갈 자손 중에서 시세를 알고 이스라엘이 마땅히 행할 것을 아는 우두머리가 이백 명이니 그들은 그 모든 형제를 통솔하는 자이며
>
> 역대상 12장 32절

이 이야기를 세상의 인본적인 이야기로 들으면 안 된다. 하나님의 부르심을 향해 나아가기 위해서는 세상이 어떻게 바뀌는지 알아야 한다. 하나님께서는 잇사갈 지파의 우두머리 200명에게 시세와 정세를 아는 기름을 부으셨다. 세상이 어떻게 돌아가는지 그 메커니즘을 볼 수 있는 눈이 있어야 영적으로 바르게 준비할 수 있다.

코로나의 시즌이 끝난 뒤 금융위기의 시즌도 다 지나고 나면, 사람들은 본능적으로 이전에 살았던 방식으로 생존을 도모할 것이다. 그 당시에는 그것이 이기는 전략이었기 때문이다. 그러나 농경시대가 끝나고 산업혁명이 다가왔을 때 여전히 '야 고구마 많이 먹고 알통을 키워라. 그래야 우리가 먹고 산다.'라고 할 때 그 말을 듣고 알통을 키운 사람들은 힘센 노예가 되는 것이다. 그러나 그때 다가오는 시대를 읽는 사람은 새로운 기회를 얻게 된다. 마찬가지로 지금 4차 산업혁명으로 넘어가는 이 전환점에서, 우리의 부르심의 필드가 어떻게 바뀌는지 알아야 마땅히 행할 바를 준비할 수 있다.

앞으로의 세상은 두 가지로 나뉘게 된다. 창조하는 사람과, 창조된 것을 소비하는 사람. 이 양극화는 더욱 심해질 것이다. 창조력이 있는 사람은 더욱 더 탁월함으로 올라가게 되고, 창조된 것들을 소비하는 사람들은 점점 더 어려워지게 된다.

서울대학교 유기윤 교수팀이 발표한 자료에 따르면, 이 상태로 시간이 지나가면 우리나라의 99.9%의 사람들이 신 노예계급인 프레키아트 계급이 될 것으로 전망하고 있다. AI기술과 플랫폼을 갖고 있는 극소수의 사람들을 제외하고는 거의 대다수의 사람들이 주어지는 컨텐츠들을 소비하는 노예가 되는 것이다.[06] 그리고 슬며시 유럽에서 나오고있는 정책이 무엇인가? 바로 기본소득제이다. 나라에서 죽지 않을 만큼만 소득을 주고 최상위층이 지배하는 이런 시스템이 올 수 있다는 경고인 것이다.

그렇기 때문에 2023년에는 더욱 영적으로 집중해서 이 12개의 도미노를 세워나가야 하는 것이다. 그래야만 앞으로 다가올 3년 동안의 경제적인 진동 가운데서 믿음으로 중심을 잡고 흔들리지 않을 수 있다.

어떻게 하면 탁월해지는가 : 1. 집중력

자 이제 앞으로 세상이 어떻게 바뀌어갈지에 대해 대략 분위기를 읽게 되었다. 그렇다면 어떻게 하면 탁월해질 수 있을까? 시대가 바뀌어도 달라지지 않는 탁월함에 대해서 몇 가지를 설명하고자 한다. 어떤 시대가 와도 대체되지 않는 게 무엇일까? 그것은 참 희한하게도 도미노 1번부터 6번까지의 것들이다. 컴퓨터는 하나님을 대면할 수 없다. 그리고 용서하거나 기도할 수 없다. 프로그래밍은 용서라고 하는 방향으로 로직을 짤 수가 없다. 효율성을 추구하기 때문이다.

잘 들어야 한다. 이것은 엄청나게 다양한 의미를 내포하고 있다. 앞으로 시대가 더 고도화 되게 되면, 성경적 가치관이 강한 사람들은 시장에서 대체될 수 없는 유니크한 인물이 될 수밖에 없다. 왜냐하면 세상은 점점 사랑이 식어지는 시대가 되기 때문이다. 내가 사랑하는 법을 배우고 용서하는 법을 배우게 되면, 다가오는 시대에서 세상이 감당할 수 없는 자질들을 갖게 되는 것이다. 이 탁월함은 하나님으로부터 오게 된다. 그 구체적인 과정들에 대해서 설명하고자 한다.

탁월함의 첫번째 요소는 집중력이다. 집중력과 몰입도가 제일 중요하다. 하나님 앞에 몰입할 수 없는 사람은 아무것도 할 수 없다. 첫 번째 도미노는 다른 쓸데없는 것들을 다 갖다 버리고 인생의 한 때를 완전히 몰입해서 하나님께 집중하는 것이다. 그런데 우리가 계속해서 이것만 할 수는 없다. 혼자서 도를 닦듯이 방 안에만 있는 것이 아니다. 다니엘과 요셉을 광야에서 훈련시키시는 하나님은 때가 되면 그들을 바벨론의 중심으로 보내신다. 그때 무기가 있어야 될 게 아닌가. 그 무기가 무엇이냐? 바로 탁월함이다. 누구도 대체할 수 없는 탁월함 말이다. 요셉의 탁월함과 다니엘의 탁월함은 제국 내에서 누구도 대체할 수 없었다. 애굽의 어떤 똑똑한 자도 요셉과 같을 수 없고, 바벨론에서 왕조가 몇 번이나 바뀌어도 다니엘의 탁월함을 대체할 수 있는 사람이 없는 것이다. 이 탁월함이 어디에서 오느냐?

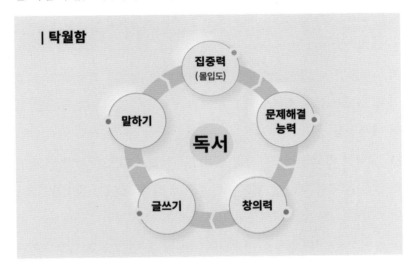

첫 번째로는 집중력과 몰입도가 있는 사람만 탁월해질 수 있다. 정말 탁월한 피아니스트는 모든 것을 다 잘할 수 있을까? 요리도 잘하고 운동도 잘하고 청소도 잘하고 다 잘할까? 아마도 피아노치는 그 모습만 보고 사랑에 빠져서 그 사람과 결혼하면 피곤해질 수 있다. 그 사람은 밥 먹고 피아노만 치는 사람이다. 그래서 탁월해지게 된 것이다.

이해되는가? 만약 이것저것을 다 잘하려고 한다면 그 사람은 아무것도 못하게 된다.

독서의 기적

세상의 모든 탁월한 사람들의 공통점을 찾아보면 하나가 나오는데 그것은 바로 독서이다. 탁월해지는 첫 번째 시작은 독서이다. 나는 어렸을 때 독서를 안 했다. 학교 공부만 하고 문제집만 풀었을 뿐 독서는 하지 않았다. '뭐하러 눈 아프게 독서를 하냐? 그 시간에 뛰어놀지.' 이런 마인드였다. 하지만 어머니는 어릴 때부터 책을 많이 사주셨다. 집에는 온갖 백과사전 같은 책과 전집들이 많이 있었다. 문학전집 역사전집 등 많은 책들을 사주셨지만 나는 단 한 권도 읽지 않았다. 그래서 이사를 할 때 책을 정리하다가 펼쳐보면, 단 한번도 펴보지 않은 책에서 나는 풀 떨어지는 소리가 찍 하고 나는 것이다. 그러면 이제 그날은 엄마에게 끌려가서 등짝을 맞는 것이다. '야 너는 엄마가 이걸 12개월 할부로 사줬는데 어떻게 한 번을 안 보냐?' 그러면 그때부터 내가 어떻게 했겠는가? 모든 책을 풀 떨어지는 소리가 나지 않도록 한 번씩 펼쳤다가 접어 두는 것이다. 그만큼 나는 책을 보지 않았다. 그 후 군대를 가게 되었는데 어떤 외부 강사에게서 전혀 새로운 이야기를 듣게 되었다.

당시 군인이었던 나는 책을 볼 생각이 전혀 없었다. 그냥 기도해서 주님을 만나고 싶을 뿐이었다. 그래서 '난 오로지 성경외에는 아무 것도 필요 없다.' 이런 개똥철학을 갖고서 혼자 정신승리를 하고 있던 때였다. 그런데 어떤 강사분이 오셔서는 책을 읽어야 한다는 것이다. 그리고 어떤 분야이든지 간에 그 분야의 책 50권을 읽으면 그 분야의 학사 학위를 갖고 있는 것과 마찬가지라는 설명을 하였다.

그것은 나에게 꽤나 신선한 관점이었다. 그래서 군대에 있는 동안 이곳저곳 대학에 다닐 돈도 없고 시간도 없는데 학위를 하나씩 딴다고 생각하고 내가 관심 있는 분야를 쭉 읽어봐야겠다는 생각을 하게 되었다.

그리고 이랜드 그룹 박성수 회장의 간증을 군대에서 듣게 되었다. 그는 서울대에 다니고 있다가 근육무력증이라는 병에 걸려서 병상에 누워 학교를 거의 다니지 못하게 되었다. 20대의 소중한 시간 몇 년을 병상에서 보내게 된 것이다. 그러니 인생에서 얼마나 큰 데미지를 입었겠는가? 그런데 그는 치료가 안 된다는 판정 앞에서도 친구에게 부탁해서 도서관에 있는 책들을 빌려서 보게 된다. 그리고는 병상에 누워있는 2년 6개월의 시간동안 몇 권의 책을 봤나 했더니, 3000권의 책을 봤다는 것이다. 그리고 나서 병이 낫게 되는데 그는 이 독서 습관을 가지고 나중에 창업을 하게 된다. 그것이 이랜드라는 회사이다. 그의 인생에서 2년 6개월은 데미지가 아니었다. 오히려 모멘텀 Momentum이 된 것이다.

나는 박성수 회장의 간증을 듣고서 도전을 받게 되었다. 내가 그 당시 가장 관심있던 분야는 신앙이었다. 그래서 교단과 교파를 초월해서 신앙과 관련된 추천 도서 100권을 추려서 그것들을 읽기 시작했다. 군대에서 내 바지 양 옆 건빵 주머니에는 항상 책 두 권이 들어있었다. 남들은 '군인은 각이 생명인데 왜 모양 안 나게 건빵 주머니에 책을 넣고 다니냐?'라고 해도, 나는 각이 생명이건 말건 책을 봐야겠다고 생각했다. 화장실 안에서 읽고, 일하다가 읽고, 교회에 가서도 기도하다가 틈만 나면 계속 책을 읽었다.

처음에는 조직신학 책을 읽는데 무슨 말인지 도무지 알 수가 없었다. 용어도 어렵고, 읽다 보면 도대체 뭘 어떻게 하자는 건지 말장난 같기만 했다. 이렇게 처음 10권까지는 헤매게 된다. 그쪽 분야의 언어가 생소하기 때문이다. 그런데 한 20권, 30권, 40권 쯤 읽어가니 조금씩 이해가 되기 시작했다. '신앙 영역이 이런 뼈대와 구조를 갖고 있구나.' 남들은 신학대학원에서 책 50권을 읽고 M.div목회학 석사를 졸업할 때, 나는 M.div를 들어가기도 전에 이미 신앙서적 120권을 읽은 것이다. 전역하고 나서는 경제 분야를 파기 시작했다. 재무관리, 원가관리, 회계관리, 상법, 세법 등을 공부하고 그 다음으로는 심리학과 역사와 철학 분야들을 파기 시작했다.

아르바이트를 하면서도 끊임없이 책을 읽었다. 내 나름대로 전문성을 키워야 된다는 생각으로 틈만 나면 도서관에 가서 책을 빌려서 읽었다. 그렇게 책을 읽고 또 경제 브리핑을 보고 해외의 유명한 연구소에서 나오는 자료들을 읽어보면서, 남들이 볼 때는 새똥을 치우는 아르바이트생일 뿐이었지만 내 생각은 전혀 다른 것이다. '내가 언제까지 새똥만 치우겠어. 나는 지금부터 준비한다.'

어려서 눈사람을 만들어 보면 초반에 눈을 모으기가 제일 힘들다. 고사리 같은 손으로 둥글게 모아 보려고 해도 잘 안 모인다. 그런데 처음을 잘 만들어 놓으면 그 다음부터 어떻게 되는가? 그냥 굴리면 눈이 알아서 따닥따닥 붙기 시작한다. 그 상태에서 동네의 놀이터에 가지고 가서 한 바퀴 쭉 굴리면 거기있는 눈이 다 붙는다. 이게 눈사람을 만드는 원리이다.

수많은 책을 읽다보니 눈사람을 만드는 원리가 독서에도 적용된다는 것을 발견했다. 책을 읽을 때 문학을 읽고 역사를 읽고 서양사를 읽고 교회사와 신앙서적을 읽게 되면 서로 관련없는 것 같아 보여도, 어느 순간에 시냅스Synapse 같이 따다닥 하고 연결이 된다. 정치와 역사와 신앙과 철학을 각각 100권씩 읽은 상태에서 미술사를 공부하기 시작하면 이해하는 깊이와 속도는 차원이 달라진다. 예를 들어 17세기 영국이 어떤 시대였는지 역사적으로 이해하고 있는 상태에서 고전 음악에 대해서 공부하게 되면 음악이 그냥 음악으로 들리지 않는다. 그 시대의 역사와 문화 전체가 내 안에 업데이트 되는 시너지 효과가 발생하는 것이다.

이게 무슨 말인지 이해되는가? 그러니 '야 지금 나 먹고 살기도 바빠 죽겠는데 무슨 독서냐? 지금 눈도 침침해서 성경도 못 보고 있는데.' 그러면 라섹 수술을 하던지 읽어주는 책이라도 사서 들어야 한다. 공부하지 않으면 성장할 수 없다. 성장하지 않으면 탁월해질 수 없다. 성경은 '게으른 자여, 개미에게 가서 배우라.'고 말한다. 탁월한 자들은 하나님이 더욱 탁월하게 사용하신다. 준비가 된 만큼 쓰임받을 수 있는 것이다. 그 탁월함의 첫 단계가 독서이다.

그리고 독서에 이어서 두 번째로 하면 좋은 것은, 자존심을 내려놓고 육체적인 노동을 하면 참 좋다. '내가 그래도 어느 대학을 나왔는데 어떻게 그런 일을 해?'라고 생각할 수 있다. 그게 바로 내 자아이다. 그것을 부숴야 주님이 나를 쓰실 수 있다. 나의 낮은 한계를 뚫지 못한다면 높은 한계도 뚫지 못한다. 주님이 끌어올리려고 하셔도 '내가 어떻게 감히 저걸 합니까?'라며 불순종하게 되는 것이다. 주님은 아래쪽과 위쪽의 한계 모두를 깨기 원하신다. 첫 번째 훈련은 먼저 아래부터 깨는 것이다. 성령님께서 나에게 제일 먼저 요구하셨던 것은 토요일마다 교회 화장실에 가서 청소하라는 것이었다. 그때 내 나이가 29살이었다. '주님 제가 왜요?' 이 생각이 안 들었겠는가? 그러나 믿음은 순종이기 때문에 군말없이 화장실 청소를 시작했다. 열심히 기쁜 마음으로 그것을 하다보면, 얻어지는 유익이 얼마나 많은지 모른다. 편의점에 가서 일을 해보든지 다른 집을 청소해 주는 아르바이트를 해본다든지 이런 육체적인 노동을 하다 보면 얻어지는 효과가 많다. 그런 일을 하다 보면 그 일을 통해서 주님이 말씀하시기 시작한다. 그리고 성경을 읽기 시작하면 정말 하나님께서 생활 현장에서 많은 것들을 깊이 깨닫게 해주신다. 내 역량이 급격하게 강화되는 것이다. 택배 배달을 해보거나 물류창고에 가서 일을 해보는 것은 단순히 노동으로 끝나지 않는다. 왜냐하면 그것을 통해 탁월함의 두 번째 요소인 문제해결 능력을 키우게 되기 때문이다.

어떻게 하면 탁월해지는가 : 2. 문제해결 능력

앞으로 어떤 시대가 와도 탁월해질 수 있는 두 번째 핵심 역량은, 문제해결 능력이다. 어떤 사람은 문제를 문제라고 말하며 불평한다. 그러나 어떤 사람은 그 문제의 해결책을 찾아낸다.

내가 가사노동과 같은 아르바이트를 한번 해보라고 권면하는 것은 가서 보라는 것이다. 그 일을 '그냥 내가 먹고 살려고 어쩔 수 없이 하는 거지.' 이렇게 생각하는 것이 아니라 적극적으로 '하나님이 나를 여기에 보낸 이유가 뭘까?'라고 생각하면서 기도하고 묵상하다 보면 시장이 보인다. 맞벌이를 하는 젊은 엄마들은 아기를 맡길 데가 없어서 돌볼 사람을 구하고 있다. '요새 젊은 엄마들이 이게 제일 불편하구나.' '요즘 아기들은 이게 힘들구나.' 이런 것들을 메모하기 시작하면 그게 다 뭐냐? 시장인 것이다.

어떤 사람은 불평을 하고, 어떤 사람은 창업을 한다. 내가 청년들을 훈련시키고 가르칠 때마다 늘 이야기하는 것이 창업은 예배라는 것이다. 세상에서 제일 창조적이신 분이 하나님이다. 하나님은 모든 것을 창조하셨다. 그래서 하나님과 친밀한 사람들은 문제해결 능력이 있을 수밖에 없다. 왜냐하면 그들이 혼자서 해결하는 게 아니라 그 문제를 가지고 주님과 대화를 하기 때문이다. '주님 이 아기 엄마들이 저에게 애를 맡겨놓고 일하느라 이렇게 고생하는데, 어떻게 하면 제가 도움이 될 수 있을까요?'하고 기도하면 지혜를 부어주시는 것이다.

어떻게 하면 탁월해지는가 : 3. 창의력 4. 글쓰기

문제해결 능력이 있는 사람들은, 세 번째로 창의력이 올 수밖에 없다. 문제해결 능력이 바로 창의력이기 때문이다. 누구나 쉽게 해결할 수 있다면 그것은 더 이상 문제가 아니다. 문제란 일반적인 생각과 방식으로 쉽게 해결되지 않는 것을 말한다. 그럴때 그 문제를 해결할 수 있는 능력은 바로 창의력이다. 창의력은 엉뚱한 생각을 말하는 것이 아니다. 문제를 해결할 수 있는 능력이 바로 창의력이다.

그리고 나서는 글을 써야 한다. 내가 알고 있다고 생각하는 것들을 글로 한번 적어 보는 것이다. '내가 이걸 이해하고 있다고 생각했는데 이해를 못하고 있구나.' 글을 쓰게 되면 내가 아는 것과 모르는 것이 정확하게 분리된다. 추상적이고 공중에 떠 다니던 생각의 퍼즐들이 구조를 갖게 되면서 마음에 착상된다. 책을 읽고 떠오르는 생각들을 적어보거나 하루를 마감하면서 글을 통해 생각과 마음을 정돈하는 습관은 큰 변화를 가져온다. 성장하는 데는, 많은 시간이 필요한 게 아니라 5-10분 정도 집중되고 몰입된 질 높은 시간이 필요하다.

독서할 시간과 하나님 앞에 집중해서 나를 점검할 시간이 없다? 그것은 핑계이다. 자기 전에 그냥 멍 때리고 유튜브를 보다 보면 한 두 시간이 그냥 사라진다. 그런 낭비시간을 줄여서 하루를 돌아보고 반성해 볼 시간을 만드는 것이다. '내가 오늘 아침에 이런 말씀을 받았는데, 이 말씀으로 하루를 어떻게 지냈지?' 하고 피드백 하는 것이다. 그리고 그것을 생각만 하면 안 되고 글로 적어야 된다.

독서와 글쓰기를 병행하며 6개월에서 1년이 지나면 어휘력이 달라진다. 언어를 사용하는 분위기가 달라지고 문장력이 생긴다. 예를 들어, 요즘 역사 관련 책을 한 100권 정도 몰입해서 읽고 있다면, 사용하는 언어에도 역사 분야의 언어가 계속 나오게 된다. 내가 문학을 읽고 있다면 문학 분야의 언어가 나오게 되고, 경제 관련 책을 보고 있다면 경제 분야의 언어가 나오게 된다. 그와 동시에 성경을 날마다 읽고 있다면 이 성경의 언어가 역사적으로, 문학적으로, 경제적으로 다 연계가 되면서 풀어지기 시작한다. 이런 방식으로 통합적인 사람이 되는 것이다.

어떤 한 분야에서 상위 0.1%가 되는 것은 쉬운 일이 아니다. 그냥 책 100권을 읽는다고 아무나 되는 것이 아니다. 타고난 재능도 있어야 되고, 노력도 있어야 된다. 그런데 각 분야마다 100권씩 총 500권의 책을 읽는 것은 재능이 없어도 할 수 있다. 그런데 그렇게 읽다 보면 아무도 모방할 수 없는 나만의 재능이 생기게 된다.

예를 들어, 서양사 관련 100권, 신앙 관련 100권, 경제 관련 100권, 역사 관련 100권, 미래 관련 100권 이렇게 읽은 사람은 서양사의 상위 0.1%의 전문가보다도 더 탁월함이 있다. 왜냐하면 이 사람에게는 통합적으로 시대를 볼 수 있는 안목이 생기기 때문이다. 상위 0.1%는 아무나 노력한다고 될 수 없지만, 상위 10%의 역량을 다섯 분야에서 갖게 되면 다섯 제곱으로 역량이 상승되어 아무도 모방할 수 없는 탁월함을 갖게 되는 것이다.

나는 지금까지 이런 식으로 수 많은 책을 읽었다. 다 세어보지는 않았지만 현재 집에 있는 책만 해도 1000권이 넘으니까, 이사할 때마다 버린 책들과 사무실에 있는 책들까지 하면 정말 수 천 권의 책을 읽었다. 어딜 가나 책을 가지고 다니는 것이다. 여행을 가도 캐리어 안에다 책을 몇 권씩 가지고 간다. 그 시간이 나에게는 배우고 성장하는 시간이기 때문이다. 이렇게 책을 한 2-3천 권 읽고 나서 세상을 돌아다니면, 보고 듣는 모든 것이 계속 눈덩이처럼 업데이트 된다. '패션의 트렌드가 저렇구나.' '요새 언어와 단어의 키워드가 저렇구나.' 이런 식으로 쭉쭉 읽히는데, 매일마다 무엇으로 그 정보들을 정렬시키는 것인가? 말씀을 통해서 확인하는 것이다.

그런데 내가 보니까 이런 일을 하는 사람이 별로 없는 것이다. 그래서 블루오션이다. 하나님의 나라는 블루오션이다. 침노하는 사람이 별로 없다. 다 그냥 자기 혼자 먹고 살겠다고 내 힘으로 살겠다고 발버둥치는데 여기는 지금 깃발을 꽂는 사람이 없다.

어떻게 하면 탁월해지는가 : 5. 말하기

마지막으로는 말하기 능력이다. 자꾸 말을 해야 된다. 글쓰기와 말하기는 커뮤니케이션 능력이다. 글을 쓰고 말하는 능력이 없으면 내 안에 있는 탁월함과 생명력을 전달할 방법이 없다. 세상에 영향력을 끼치고 생명력을 전달하기 위해서 반드시 갖추어야 하는 역량인 것이다. 글을 쓰는 것과 말하는 것은 뇌의 다른 쪽을 훈련시키는 것이다.

이것이 퇴화가 되지 않도록 자꾸 사용해야 된다.

그래서 나는 뭘 읽으면 혼자 떠들기 시작한다. 내가 오늘 책 두 권을 읽었다면, 혼자 운전을 하면서도 강의하듯이 떠드는 것이다. 만약 누군가 나눌 사람이 있다면, 엄마든, 형제든, 친구든 내가 읽은 책에 대해 나누어 보는 것이다. 내가 배운 것을 누군가에게 가르칠 때 학습의 효과가 극대화 된다는 연구 결과는 즐비하다. 만약 당장 나눌 사람이 없다면 예수님이 들으신다고 생각하고 혼자서 떠들거나 그렇지 않을 때는 조용하게 속으로 기도하면서 그것을 생각한다. 이것은 하루 종일 할 수 있는 일은 아니다. 몰입은 많은 에너지를 소비하기 때문에 계속 이렇게 살면 빨리 늙게 된다.

그러면 하루에 얼마만큼 하느냐? 제일 처음 할 때는 하루에 두 시간만 해보라. 집중해서 성장하는 시간을 만드는 것이다. 하루에 한 시간은 말씀을 읽고 기도하는 시간이고, 또 한 시간은 성장하는 시간으로 확보하는 것이다. 성장하는 시간 중 50분은 독서하고 10분은 잠 자기 전에 하루를 돌아보는 글을 쓰는 시간이다. 아침에 몰입해서 읽던지 출근할 때 지하철에서 읽던지 스마트폰을 보고 드라마 보는 시간을 없애고 책을 읽는 것이다. 이렇게 해서 질 높은 시간을 반드시 확보해야 된다. 이게 처음에는 별거 아닌 것 같아도 이게 누적이 되면 복리와 같은 효과가 나타나게 된다. 이것이 탁월함으로 가는 방법이다.

북한을 알고 싶다면, 북한 관련 책 100권을 사다가 읽어보는 것이다. '통일이 되면 나는 선교해야지.'라고 말하면서, 북한의 지명이 어디가 어딘지도 모르면 어떻게 하겠는가? 그런데 치밀하게 '주님이 북한 선고를 준비하라고 그랬으니까 나는 앞으로 3년 동안 북한 관련 책 100권을 읽어야 겠다.'라고 실천하는 사람은 3년 뒤 그 누구보다 북한을 잘 아는 전문가가 된다. 북한 관련 책 100권을 읽으면 왠만한 북한학 교수보다도 더 박사가 되는 것이다. 지금은 학벌이 필요한 시대가 아니다. 이제는 학벌로 이 세상을 이겨내지 못한다. 진짜 실력으로 이겨내야 하는 것이다. 우리가 유튜브 영상을 볼 때 학벌을 보는가? 식당에 음식을 먹으러 갈 때 학벌을 보는가? 그렇지 않다. 재밌으면 1등이 되고, 맛있으면 1등이 된다. 진짜가 되면 1등이 되는 것이다. 그러니까 다른 것에 인생을 낭비하지 말고 몰입을 해서 실력을 갖추어야 한다.

씨를 뿌리는 자

울며 씨를 뿌리러 나가는 자는 반드시 기쁨으로 그 곡식 단을 가지고 돌아오리로다
시편 126편 6절

농부는 씨를 뿌릴 때 조급해 하지 않는다. 오늘 씨를 뿌리고서 내일 거두려고 하지 않는다. 하지만 농부는 확실하게 알고 있다. 씨를 뿌리면 반드시 거두는 날이 온다는 것이다. 오늘 책을 읽고 기도를 시작하면서, 당장 내일 우리 인생에 변화가 생기기를 바라면 안 된다. 세

상에 그런 일은 없다. 하지만 눈물로 씨를 뿌리면 기쁨으로 단을 거둘 날이 반드시 온다. 우리는 농부의 마음으로 조급해 하지 말고 씨를 뿌려야 한다. 오늘 하나님이 나에게 허락하신 24시간 중에서, 씨 뿌리는 시간을 구별하는 것이다. 그런 사람은 다가오는 시대에서 반드시 탁월함을 얻게 된다.

올해가 흉작이 될 수도 있다. 기대했던 열매가 맺지 않는 순간이 찾아올 수도 있다. 그렇다고 해서 농부가 씨를 안 뿌리는가? 아니다. 농부는 계속해서 씨를 뿌린다. 어느 해는 흉년이 생기기도 하고 어느 해는 풍년이 생기기도 하지만, 그것은 하나님이 하시는 일이다. 우리가 해야 할 일은 무엇일까? 씨를 뿌리는 일이다.

이 다섯 가지의 탁월함의 방법이 옳다고 여겨진다면 그것을 반복하라. 농부는 씨를 뿌릴 때마다 의심하지 않는다. 그게 옳은 방법이기 때문에 무한 반복하는 것이다. 잡초를 뽑고 물을 주는 일을 반복하다 보면, 하나님께서 햇살을 주시고 비를 주셔서 자라게 하신다. 그러다 보면 어느날 거두는 날이 찾아오는 것이다.

이 방법은 반드시 열매를 맺는다. 이 열두 개의 도미노는 검증된 방법이다. 수 많은 믿음의 선배들이 검증했고 성경이 검증했고 나 또한 지난 40년의 인생을 통해서 검증했다. 조급해하지 않고 성실하게 씨를 뿌리면, 당신의 인생 가운데 반드시 열매가 맺히게 될 것이다.

세상의 군왕들이 머리를 맞대고 세상을 경영해도
그 위에는 하나님의 세계경영이 있다.

9장
하나님의 세계경영

9장
하나님의 세계경영

1 어찌하여 이방 나라들이 분노하며 민족들이 헛된 일을 꾸미는가
4 하늘에 계신 이가 웃으심이여 주께서 그들을 비웃으시리로다
시편 2편 1절, 4절

이제 아홉 번째 도미노인 하나님의 세계경영에 대해서 말하고자 한다. 하나님께서 이 땅을 통치하신다는 것을 지식적으로 동의하는 사람도 있고 아직 믿음이 약해서 물음표가 있는 사람도 있을 수 있다. 하나님의 손은 눈에 보이지 않는다. 그러나 역사를 연구해 보면 그 곳곳에 하나님의 지문이 찍혀 있는 것들을 보게 된다. 도저히 인간이 할 수 없는 일들, 하나님이 하셨다고 고백할 수밖에 없는 일들이 역사 가운데 벌어지는 것이다. 이것은 3,500년 전 중동과 메소포타미아 지역에만 있었던 일이 아니고, 중국의 역사에도, 일본의 역사에도, 대한민국의 역사에도, 멕시코와 남미의 역사에도, 미국의 역사에도, 각 나라마다 부인할 수 없는 하나님의 지문들이 찍혀져 있다.

지금 이 시대를 볼 때 미국이나 중국이 세계를 경영하는 것처럼 보

이지만 하나님의 경영이 그 위에 있다. 그리고 하나님께서 결국 이 모든 역사를 통해서 무엇을 이루기 원하시는지, 역사의 끝이 어디를 향해서 가고 있는지 살펴보기 시작하면 그 한 가운데서 대한민국이라고 하는 나라의 부르심이 드러나게 된다. 이 책을 읽고 있는 사람의 대부분은 한국인일 것이다. 당신이 어디에 있든지 간에 하나님이 당신을 코리안으로 만들어 두신 것에는 분명한 이유가 있다. 그렇기 때문에 나의 사명과 부르심이 무엇인지를 두고 집중해서 기도해야 하는 것이다. 한국인과 대한민국을 향한 하나님의 부르심 안에서 나에게 주신 퍼즐 조각을 찾아야 한다. 엉뚱한 데서 퍼즐 조각을 찾다 보면 인생이 낭비되는 것이다.

> 24 만군의 여호와께서 맹세하여 이르시되 내가 생각한 것이 반드시 되며 내가 경영한 것을 반드시 이루리라
> 25 내가 앗수르를 나의 땅에서 파하며 나의 산에서 그것을 짓밟으리니 그 때에 그의 멍에가 이스라엘에게서 떠나고 그의 짐이 그들의 어깨에서 벗어질 것이라
> 26 이것이 온 세계를 향하여 정한 경영이며 이것이 열방을 향하여 편 손이라 하셨나니
> 27 만군의 여호와께서 경영하셨은즉 누가 능히 그것을 폐하며 그의 손을 펴셨은즉 누가 능히 그것을 돌이키랴
> **이사야 14장 24-27절**

고통 가운데 있는 이스라엘에게 하나님이 말씀하신다. '내가 이스라엘을 덮고 있는 멍에를 이제 벗기겠다. 이것이 세계를 향한 내 경영이고 내 뜻이다.' 하지만 눈을 떠서 바라보면 여전히 대제국 앗수르가 보인다. 그러나 하나님은 뭐라고 말씀하시는가? '이것이 내 뜻이고 이것이 나의 세계경영이다.' 그리고 역사를 통해서 살펴보면, 하나님은 정말로 그렇게 행하셨다.

우리는 어깨에 무거운 짐이 있을 때 주변의 상황을 바라본다. 질병을 바라보고 내 통장을 바라보고 둘러싼 환경을 바라본다. 오로지 그 문제에만 초점을 맞춰 기도원으로 가서 기도를 하는 것이다. 그래도 하나님은 우리를 만나주신다. 문제를 해결해 주시고 몸을 치료해 주시고 살 길을 열어 주신다. 하지만 하나님의 원래 목적은 그를 하나님 앞으로 가까이 이끌어 오는 것이다. 사람들은 하나님의 원래 의도를 모르기 때문에 문제가 해결되면 다시 세상으로 돌아간다. 다시 자신의 인생으로 돌아갔다가 또 문제에 부딪히면 되돌아오는 것이다. 그렇게 세 번 정도 돌아오다 보면 인생이 끝나고 만다. 그러나 하나님의 의도는 인생들이 수고하고 고생하는 것이 아니다. 하나님의 소원을 우리가 깨닫기 원하시는 것이다.

하나님께서는 시대마다 사람을 찾으신다. 그리고 하나님의 역사를 감당하는 인물들에게 기름을 부으시는데 지금 이 책을 읽는 사람 중에서 그런 사람이 있을 가능성이 대단히 높다. 당신이 이 책을 선택한 것이 아니라 하나님이 당신을 선택하신 것이다. 구별되어서 이 메세지를 듣게 하시는 것이다. 귀 있는 자들은 잘 듣고 영적으로 준비되기 바란다. 연단 받는 데서 많은 시간을 보내지 않고, 연단을 통해서 정금같이 나오기를 바란다. 애매한 훈련을 받을 필요가 없는 것이다.

대한민국을 흔드시는 하나님

지금 하나님께서는 대한민국을 흔들고 계신다. 바벨론의 노예상태에서 복음으로 탈출한 자들을 만드시려는 것이다. 그리고 그 사람들을 통해 이루고자 하시는 소원이 있다. 그것은 바로 마지막 때의 선교를 완성하는 일이다. 이제 때가 찼고, 주님이 다시 오시겠다는 것이다. 그런데 우리의 현 주소가 어떻게 되는가? 북한 문이 열리면 들어가서 북한 사람들을 모두 복음화시키고자 하는 열정이 있는가? 중앙아시아까지 선교의 물결을 끌고 나갈 생각을 하면서 피가 끓고 있느냐는 말이다. 많은 이들이 '중앙아시아를 뭐 하러 가냐. 왜 지금 통일이 되냐. 우리도 먹고살기 피곤한데.'라고 여긴다. 하나님께서 마지막 때 한국을 사용하시려고 고조선 때부터 5,000년을 참으시고 보호하셨는데, 이들이 부르심을 감당하려고 하지 않고 전부 생존 모드로 살고 있는 것이다. 한국의 크리스천들은 지금 생존에 몰두하며 살고 있다. 어떻게 하면 잘 먹고 잘 살까, 어떻게 하면 이 땅에서 누릴까, 어떻게 하면 좋은 대학에 들어가고 강남으로 이사갈까 이런 생각만 하는 것이다.

그러자 하나님은 더 생존하기 어려운 환경으로 우리를 내몰아 가신다. 우리 가운데 아예 그런 생각을 하지 못하도록 허들을 높여서 좌절

시키시는 것이다. 취업을 하려고 해도 되지 않고, 집을 구하려고 해도 얻을 수 없고, 모든 것이 다 안 되게 하신다. 여기에 더해서 2023년부터는 한 번도 경험해 보지 못한 경제위기가 예고되고 있다. 이것을 허락하시는 하나님의 의도가 무엇인지 알겠는가? 지금 이 순간에 오늘 이 책을 읽는 사람은 5년 후, 10년 후 대한민국에 예비되어 있는 영적으로 대박 나는 일들을 준비할 수 있는 기회가 열리는 것이다.

나는 29살부터 약 4년 동안 전 세계 수십 개 국가를 돌아다녀 보았다. 전 세계를 돌아다니면서 깨닫게 되는 것은, '야 내가 정말 무식하게 살았구나.'하는 것이었다. 세계의 탑 국가들이 어떻게 세계를 경영하느냐? 그것에 대해서 우리나라 사람들은 잘 모른다. 세계경영에 대해 모르는 것이다. 먼저 세상의 군왕들이 펼치는 세계의 경영을 알고, 그리고 그 위에서 일하시는 하나님의 세계경영을 알아야 마지막 때를 정확하게 준비할 수 있다. 하나님의 세계경영과 이 민족을 향한 하나님의 계획을 알아야 한다. 주님의 눈동자 안에 있는 대한민국과 나를 발견하게 되면, 드디어 우리의 피가 끓기 시작하게 된다. 그날을 위해 준비하고 씨뿌리는 믿음의 삶을 살아가기 시작하게 되는 것이다.

G1의 세계경영

먼저 우리는 G1의 세계경영을 알 필요가 있다. G1은 글로벌 1등 패권국가를 말한다. 옛날로 치면 로마와 같이 전 세계를 관리하고 통제하는 제국인 것이다.

이 제국이 만들어지기 위한 요소에는 첫 번째로, 도로가 있어야 된다. 육로와 해상로 등 물자가 오가며 수송될 수 있는 무역로가 필요하다. 그래서 로마 시대에는 '모든 길은 로마로 통한다.'라는 말처럼 이길을 만드는 일에 집중했다. G1은 이 도로를 소유하며, 이 길을 통해서 식량과 에너지와 자원을 통제할 수 있고 군사를 보낼 수 있다.

두 번째로는 돈을 통제할 수 있는 화폐 발행권이 있어야 된다. 세계의 기축통화를 소유해야 하는 것이다. 로마는 당시 황제의 얼굴이 새겨진 금화를 사용했다. G1에게는 모든 사고파는 경제시스템을 통제할 수 있는 힘이 필요하다.

그리고 마지막으로 세 번째는, 자신이 만든 이 룰을 따르지 않거나 말을 듣지 않는 나라를 쳐들어가서 박살낼 수 있는 군사력이 있어야된다. 이 세 가지 요소를 갖추면 G1 국가가 되는 것이다.

역사를 살펴보면, 세계는 패권국가가 되기 위한 각축전을 벌이면서 이 세 가지 요소에 이해관계를 두고 전쟁을 해왔다. 로마가 그 일을 했고 시대가 바뀌면서 유럽이 패권경쟁을 하기 시작했다. 과거 로마 시대에는 육로길이 중요했지만 이때부터는 바닷길이 핵심이 된다. 그래서 우리가 들어본 스페인의 무적함대와 같은 것들이 나오게 되는 것이다. 당시 스페인, 포르투갈, 네덜란드, 영국이 취미 삼아서 배를 띄우거나 모험심이 많아서 탐험했던 것이 아니다. 이들은 왜 항로 개척에 목숨을 걸었을까? 바로 그것이 G1이 되는 길이었기 때문이다.

지금까지 인도와 아시아에 있는 귀한 물건들과 향신료들을 가져오기 위해서는 실크로드를 통해 중동의 많은 국가들을 거쳐서 유럽까지 가져와야 했는데, 만약 해상으로 새로운 길을 개척하여 아시아까지 바로 갈 수 있다면 그 길을 개척하고 통제하는 국가가 막대한 부를 얻게 되는 것이다. 그리고 거기에서 저렴한 노동력을 착취할 수도 있었다. 그렇기 때문에 이 바닷길을 뚫는 것은 당시 G1이 되고자 하는 국가들에게 핵심 경쟁이었다.

그렇게 세계가 바다에서 경쟁하다가 역사는 이제 20세기가 되었다. 과거에는 농경사회였기 때문에 노동력이 가장 중요한 자원이었다. 노동력을 차지하는 나라가 세계의 패권을 잡는 것이다. 그래서 영국이고 스페인이고 할 거 없이 모든 유럽 국가가 아프리카와 아시아로 가서 노예들을 잡아와 거래를 했다. 지금 우리가 주식을 거래하듯이 장이 열리고 거래가 이루어지는 것이다. 오늘날 우리가 집을 사면 취득세를 내고 양도하면 양도세, 보유하면 보유세를 내는 것처럼, 그때 당시에는 노예를 대상으로 취득세, 거래세, 양도세와 같은 세금을 냈다. 당시 G1 국가였던 영국은 유럽 전체에 노예들을 공급해 주는 노예 무역이 세계 1위였고, 노예 무역을 통한 세금으로 영국이 벌어들이던 수입이 국가 총 수입의 3분의 1을 차지했다. 그것이 바로 패권국가 영국이었다.

그런데 하나님께서는 윌리엄 윌버포스William Wilberforce와 같은 사람을 일으키셔서 노예제도를 폐지하게 하셨다. 세계의 1등 국가인 영국이 제일 먼저 노예제를 포기하게 만든 것이다. 그러니 하나님의 세계경영은 정말 놀랍다. 그리고 하나님께서는 영국에서 제일 먼저 산업혁명이 일어나게 하시면서 세계 선교를 감당할 수 있도록 더 큰 국력을 허락하셨다. 이제 노동력을 노예가 아닌 증기기관이 대체하게 된 것이다.

산업혁명 시대로 넘어와서는 이제 공장의 엔진과 모터를 움직이려면 기름을 넣어주어야 했다. 그래서 산업혁명 시대에 제일 중요한 자원은 석유였다. 그런데 이 석유가 다 어디에서 나느냐? 중동에서 나는 것이다. 이란, 이라크, 사우디아라비아 이런 나라에 다 몰려 있으니 이제 에너지에 대한 패권 전쟁이 시작되게 된다. 석유를 차지하는 나라가 G1이 되는 것이다.

세계가 이렇게 움직이고 있을때 우리는 조선 말기였다. 지금도 전 세계를 다녀본 사람이 많지가 않은데 조선 말기 때 영국과 미국을 가본 사람이 몇명이나 있었겠는가. 기껏해야 조선의 통신사들이 일본과 청나라 정도나 다녀오던 시기였다. 그때 조선의 세계관은 세계의 중심에 청나라가 있고 저 일본은 오랑캐이고 우리는 착한 사람들이라는 마인드였다. 그게 우리가 갖고 있는 세계관의 전부였는데 영국은 이미 세계의 패권을 잡고 있는 중이었다. 그런데 영국과 미국의 상선이 조선에 와서 문을 두드리는 것이다. '똑똑똑, 야 우리하고 교역 좀 하자.' 그런데 우리는 '이 서양 오랑캐놈들' 하면서 돌을 던지고 배에 불을 질렀다. 그러면서 '우와 우리가 이겼다.'라며 정신 승리를 하는 것이다. 전국에 척화비를 세우던 게 우리 조선이었다. 그리고 내부적으로는 무엇을 가지고 싸우느냐? 상투를 자르면 되느냐 안되느냐, 20세기 산업화가 진행되는 이 시기에 모발 길이를 가지고 싸우고 있는 것이다. 하나님이 얼마나 오래 참으시는지, 이 답답한 민족을 5,000년 동안이나 참아주셨다. 그래서 우리는 정치인들에게 기대하고 실망할 필요가 없다. 하나님이 세계를 경영하시는 것이다.

그런데 영국은 왜 이 때에 머나먼 조선까지 왔을까? 아무것도 가진 것이 없고 시장성도 없는 이 조선 반도까지 왜 왔느냐는 말이다. 그 이유는 이 나라가 삼 면이 바다인 반도이기 때문이다. 영국 입장에서는 삼 면이 바다인 우리나라가 지정학적으로 너무 중요했던 것이다. 그 이유는 한반도 바로 위에 있는 러시아 때문이었다. 당시 G2인 러시아는 밖으로 팽창하고 있었다. 러시아가 G1이 되기 위해서는 길이 필요했다. 유럽으로 가서 영향력을 지배하려고 하면 폴란드와 독일을 지나야 하는 것이다.

폴란드와 카자흐스탄 그리고 우크라이나와 같은 곳은 러시아와 유럽을 이어주는 육로 사이에 껴있는 국가들이다. 그래서 이런 나라는 전쟁을 하고 싶지 않아도 계속 전쟁이 날 수밖에 없다. 당시 세계의 G2인 러시아는 이곳만 뚫어내면 G1이 될 수 있었기 때문에 틈만 나면 이쪽으로 진출하고자 했다. 그래서 영국은 거대한 러시아를 막아내기 위해 온 힘을 다해 육로를 차단하고 있었다.

그런데 영국이 세계 지도를 펼쳐 놓고 보니, 이제 유럽은 어느정도 다 막았는데, 이 조선이라고 하는 나라의 위치가 너무 중요한 것이다. 러시아는 겨울에도 얼지 않는 부동항을 얻는 것이 핵심 과제였기 때문에 어떻게든 항구를 얻고자 했다. 그런데 만약 러시아가 조선을 차지해서 삼 면이 바다인 조선을 군사기지로 만들어버리면 영국 입장에서는 완전 골치 아픈 일이 일어나는 것이다. 러시아가 군함을 동아시아에 띄워놓고 태평양으로 뻗어 나오기 시작하면 영국은 지리적으로 너무 멀리 떨어져 있기 때문에 패권을 지키기가 어려워지는 것이다. 동아시아에서 패권이 흔들리면 G1 국가의 중심축이 흔들리게 된다. 이 상황이 이해가 되는가? 그러니 영국 입장에서는 러시아가 조선을 장악하지 못하게 하는 것이 중요했다. 그런데 조선 사람들은 말이 통하지 않았다. 대화를 하고자 영국에서부터 배를 타고 한 달이 걸려서 조선까지 오면 돌을 던지고 척화비를 세우는 마당이었다.

이렇게 영국이 고민을 하고 있을 때 옆에 있는 일본은 이미 메이지 유신으로 개방이 되어있었다. 일찌감치 영국에게 두드려 맞고 영국식으로 개화를 하게 된 것이다. 그런데 일본인들이 이 상황을 딱 관찰하는 것이다. '조선놈들, G1이 지금 영국인데 굴러들어온 복을 차는구나.' 그리고 영국에게 말하는 것이다. '우린 알고있어. 러시아를 막는 게 너희가 필요한 거지? 우리를 근대화시켜줘. 그러면 우리가 너희와 동맹 국가로 그 역할을 해볼게.'

만약에 흥선대원군이 이것을 이야기했다면 역사가 달라졌을 것이다. 우리는 일제강점기를 겪지 않았을지도 모른다. 그러나 일본은 이 기회를 놓치지 않고 미국과 영국에 특사를 보내게 된다. '야 조선인들은 말이 잘 안 통하지? 우리한테 기회를 줘. 너네 니즈가 뭐냐? 러시아를 막는 거 아니야? 러시아가 한반도를 차지해서 부동항을 차지하는 게 너네 영국의 가장 큰 고민거리 아니야? 우리가 그거 해결해 줄게.' 영국 입장에서는 일본을 뭘 믿고 그런 조약을 하겠는가? 그래서 초기에는 영국이 결재를 해주지 않는다.

그러나 곧이어 한반도에서 어떤 일이 일어나는가? 청일전쟁과 러일전쟁이 벌어지게 된다. 본격적으로 일본이 청나라와 러시아에 대한 견제의 역할을 수행하기 시작한 것이다. 일본 입장에서는 어떻게든 저 조선의 왕이 러시아하고 붙어 먹는 정황만 드러나면 영국의 마음을 조급해지게 만들 수 있었다. 그리고 명성황후를 죽이게 되는데 생명의 위협을 느낀 고종이 신변보호를 받기 위해서 러시아 공사관으로 피신을 간 것이다. 그곳은 치외법권* 지역이니 일본이 함부로 들어오지 못할 것이라고 생각했다. 왕의 입장에서는 그곳에서 자신의 생명을 지키면서 나라가 안정화될 때까지 버텨야겠다고 생각한 것이다. 이것이 아관파천俄館播遷이라는 사건이었다.

그러고 나니 영국은 바로 일본의 제안을 받아들였다. '야 우리가 너 한번 밀어줄 테니까 니가 러시아를 막아.' 그렇게 일본은 먼저 미국과 가쓰라-태프트 밀약으로 미국이 필리핀을 통치하는 것과 일본이 조선을 통치하는 것을 서로 눈감아 주는 협약을 하게 된다. 이어 일본은 제2차 영일 동맹을 맺으며, 영국에게 한반도에 대한 지배권을 인정받게 된다. 그렇게 조선이 식민지화 되었다.

내 손을 대지 않고 코를 푸는 것, 그게 G1이 잘 사용하는 방식이다. 영국은 자기 손에 피를 묻히지 않고 일본을 통해서 러시아를 견제하

* 치외법권 : 다른 나라의 영토 안에 있으면서도 그 나라 국내법의 적용을 받지 아니하는 국제법에서의 권리

는 것이다. '한반도는 일본 니가 먹든지 말든지 관심 없어. 우리는 러시아만 안 내려오면 돼.' 이게 영국의 니즈인 것이다. 그런데 일본의 욕심이 점점 커지게 되었다. '우리가 언제까지 영국과 미국에게 이렇게 꼬봉 노릇을 해야 돼? 우리가 동아시아 패권을 잡을 수 있어.' 그러고는 만주로 치고 나가고 아시아로 팽창하며 일본 제국주의 시대로 넘어가게 된 것이다. 그리고 2차 세계대전이 터지게 되면서 일본은 영국과 미국의 등에 칼을 꽂았고 그 결과로 히로시마와 나가사키에 원자폭탄을 맞고 패망하게 된다.

세계경영 패러다임의 변화

2차 세계대전이 터지고 나서, 세계의 질서가 달라지게 된다. 모든 제국주의 국가들이 세계경영의 방식을 바꾸기 시작했다. 예전처럼 식민지를 유지할 필요가 없어지는 시대로 산업화가 급격하게 진행되었던 것이다. 과거에는 G1부터 G10까지 모든 국가들이 주변 약소국을 식민지로 삼아서 노동을 착취하고 자원을 탈취해왔다. 그런데 이 방식은 돈도 너무 많이 들고, 각 나라가 독립운동을 하기 시작해서 피곤한 것이다.

당시 글로벌 정상에 있는 국가들의 생각은 이랬다. '이제 우리가 이렇게 할 필요가 없어. 이제 우리도 좀 품위있게 세계경영을 한 번 해보자.' 그러면서 2차 세계대전 이후 모든 식민지 국가들을 다 독립국가로 인정해주게 되었다. '각국 나라들은 이제 자기 힘으로 각자 사는 거야.' 우드로 윌슨Woodrow Wilson이 민족자결주의 원칙을 밝힌 것이다. 그 덕분에 우리 조선도 일본으로부터 해방이 되었다. 우리만 해방된 것이 아니라 전 세계 백여 개의 신생국가들이 이때 탄생하게 되었다. 세계가 돌아가는 시스템과 패러다임이 달라진 것이다. 그때부터 패권 경쟁의 양상이 달라지게 된다. G1이 영국에서 미국으로 바뀌게 되고, G2는 소련이 되면서 미소 갈등이 시작된 것이다. 이념과 체제의 경쟁도 동시에 일어나기 시작했다. 제국이 되기 위해서는 세 가지가 필요하다고 말했다. 무역로와 화폐발행권과 국방력이다. 이 경쟁이 미국과 소련 사이에서 벌어지는 것이다.

1970년대에 들어오면서 미국과 소련 사이의 군비 경쟁이 극으로 치달았고 달로 사람을 보내는 우주 경쟁까지 펼치게 되었다. 그러니 이제 미국 입장에서는 빨리 냉전을 종식시키고 소련을 무너뜨리기 원했다. 미국은 중국을 이용해서 소련을 무너뜨리고자 했다. 그래서 헨리 키신저Henry Alfred Kissinger를 통해 핑퐁 외교를 하며 스포츠 친선을 핑계로 중국을 만났다. '야 탁구나 치면서 우리 대화 좀 해볼까?'

그때 미국의 외교 전략은 중국을 산업화시켜서 러시아를 견제하는 방식이었다. 동일하게 공산주의 노선을 취하고 있는 중국과 러시아의 사이를 떨어뜨리려는 것이다. 당시 미국에 있는 생산공장 굴뚝들을 몇 개 중국으로 이전해주고 산업화시켜줄 테니 소련하고 당분간 손절하라는 것이 미국의 조건이었다. 그 이야기를 들은 중국은 귀가 솔깃해졌다. 소련하고는 친하게 지내봐야 별 이익도 없는데 미국이 자신의 공장을 내주겠다는 것이다. 제너럴 일렉트릭GE과 제너럴 모터스GM

등 산업화시대 최고의 회사의 생산시설 이전을 약속했다. 그리고 유럽에게도 이야기해서 굴뚝 몇개를 중국에 갖다주도록 하는 것이다. 그때 중국 안에서 나왔던 말이 도광양회韜光養晦이다. 빛을 감추고 어둠 속에서 성장한다는 뜻인데, '우리가 속마음을 내비치지 말고 저 굴뚝을 끝까지 다 뽑아먹자. 우리가 미국을 제낄 때까지 절대 우리의 속내를 드러내지 말자.'라는 의미인 것이다. 그리고 중국의 공산주의자들은 100년짜리 계획을 짜기 시작한다. '우리는 2050년까지 미국을 따라잡는다.'[07] 1970년대에 핑퐁 외교를 통해 미국의 기술과 설비들을 지원받는 굴욕적인 상황에서도 중국인들은 스스로 지구의 중심이라는 중화사상이 확고했다.

미국은 이런 중국의 속내를 알고 있었다. 하지만 먼저 소련을 죽여야 했기 때문에 통제가 가능한 선에서 중국의 힘을 키워준 것이다. 그리고 자국민들을 설득한 명분은 이랬다. 우리가 G1인데 매연을 마시면서까지 물건 만들어서 전 세계에다 팔 필요가 없으니 그런 것들은 후진국에 떼주고 우리는 우아하게 월가Wall Street 중심으로 금융 비즈니스를 하겠다는 것이다. 중국이 열심히 매연을 마시면서 이익을 창출시키면 그 이익금만 배당금으로 빼가겠다는 것이다.

이것은 고도화된 새로운 노동착취 방식이었다. 이 설득이 자국민들에게 먹히게 된다. 그러면서 굴뚝을 중국에 하나씩 떼주게 된다. 미국인들 입장에서는 월마트에 가면 메이드 인 차이나 물건들이 아주 싼 가격에 들어오니 좋은 것이다. 미국은 매연도 마시지 않고 물건만 싸게 배에 실어오니 좋고, 또 중국 회사가 열심히 돈 벌면 월가에서 배당금을 가져오니 이 또한 얼마나 좋은가? 힘을 키운 중국이 덤벼들지만 않으면 그때까지는 마냥 좋은 것이다. 그런데 중국은 도광양회라고 했다. 속마음을 숨기고 계속 비굴함을 참으면서 힘을 키우기 시작했다. G1 패권국가가 되기 위한 요건들을 하나씩 탐내기 시작하는 것이다. '우리도 무역로를 가진다. 그리고 군대를 키운다. 그리고 언젠가는 기축통화로써의 화폐 발행권을 가져온다.' 이런 꿈을 키우는 것이다.

에너지 수송라인

G1의 권력은 길을 통제하는 것이다. 식량과 에너지와 자원의 이동을 통제하는 것이다. 산업혁명 시대의 핵심 자원은 석유이다. 그러니 미국은 사우디와 이란, 이라크와 같은 산유국들을 컨트롤해서 자기 말을 잘 듣는 나라는 기름을 갖다주고, 그렇지 않는 나라는 기름을 갖다주다가도 갑자기 배를 멈춰세우는 것이다. '야 너희 이 배에다가 무슨 무기 같은 것 실은 거 아니냐?' 이런 이유로 배를 6개월씩 묶어두게 되면 그 나라는 에너지 위기를 겪게 된다.

세계지도를 보면 석유가 많이 나오는 중동이 보인다. 이란과 이라크, 사우디아라비아에서부터 한중일이 있는 동아시아까지 가장 빠른 최단거리로 가려고 하면 바닷길로 복잡한 해협과 지형들을 통과하게 된다. 인도양을 지나 인도네시아의 말라카 해협을 지나 대만을 지나 대한민국까지 오는 것이다. 한국은 세계 최고 수준의 석유 정제기술을 갖고 있다. 원유를 가지고 와서 울산에 배를 갖다 대면 석유 화학공업으로 그것을 재가공 하여 중국에 되팔게 된다.

바닷길을 통한 무역로는 유럽으로도 연결되어 있다. 중동에서 유럽까지 가기 위해 아프리카 희망봉까지 배가 돌아서 가는 길은 너무 멀다. 그래서 아프리카와 아시아 사이에 있는 이집트가 수에즈 운하를 뚫은 것이다. 그리고 배가 하나 지나갈 때마다 통행료를 받는데 그 수익이 어마어마하다. 하지만 그 돈을 내고 지나가는게 멀리 대륙을 돌아서 가는 것 보다 싸기 때문에 많은 배들이 수에즈 운하를 이용한다. 그런데 그 물자들이 이동하는 모든 길목을 누가 지키고 있느냐? 바로 G1 미국이 항공모함을 띄워놓고 지키고 있다. 이란이나 이라크는 불만이 있어도 아무 말을 하지 못한다. 바로 앞에 핵 항공모함이 수문장처럼 지키고 있기 때문이다. 세계의 자유무역은 미국이 만들어둔 룰 안에서만 가능하다.

G1의 패권에 도전한 나라들

G1의 세계경영 방식에 불만을 가진 나라들이 있다. 그래서 가끔씩 G1에게 덤비는 국가들이 나오기 시작한다. 우리는 휘발유를 에스오일에 가서 원화로 사지만 국제적인 석유거래에서는 달러 외에 다른 화폐로는 거래 자체가 안된다. 석유 대금 결제는 무조건 달러로만 해야 한다는 것이 미국이 정해놓은 룰이었다.

이라크의 후세인Saddam Hussein은 이 룰이 마음에 들지 않았다. '기름은 우리민족이 고생해서 파는데 수익은 미국이 다 가져가네. 왜 우리가 이렇게 억울하게 살아야 되냐?' 후세인은 독재로 왕 노릇을 너무 오래 하다 보니 국제적인 상황 판단을 잘못하게 되었다. 당시 시대적인 분위기를 살펴보니 유로존*이 생기고 있었다. 유럽 국가들이 힘을 합쳐서 단일화폐를 만들고 있는 것이다. 그리고 러시아가 떠오르고 있었다. 후세인이 이런 생각을 하는 것이다. '유럽과 러시아가 다시 미국하고 경쟁을 하려는거 같은데, 우리가 저쪽에다 양다리를 걸치면 유럽과 러시아가 우리 뒤를 좀 봐줘서 괜찮지 않을까?'

유로화가 빨리 시장에 안착되기 위해서는 무엇이 필요했을까? 안정성이 필요했다. 그런데 전 세계 석유 거래 대금의 30%를 유로화로 결제할 수 있도록 결정만 해주면, 유로화가 기축통화와 비슷한 안정성을 갖게 되는 것이다. 그래서 이라크는 '우리 내년부터는 석유거래를 유로화랑 러시아 루블화로 할 거야.'라는 발표를 하게 된다.

그러자 미국이 어떻게 했을까? 바로 전쟁을 일으켰다. 이라크전이 터지게 된 것이다. 전쟁의 명분은 석유 거래를 유로화와 루블화로 했기 때문이 아니다. '너 생화학 무기를 만든 거 아니냐? 대량살상무기를 만들고 있는거 아니냐?'라는 의심을 명분으로 세운다. 일반 대중들에게는 미국이 그런 문제 때문에 군대를 움직이는 모습을 보이고 싶지 않은 것이다.

그런데도 정신을 차리지 못한 사람이 있었다. 리비아의 카다피 Muammar Gaddafi는 이라크가 죽는 걸 보면서도 '야 우리가 왜 맨날 저렇게 미국한테 얻어터지고 살아야 되냐. 우리도 한번 독립운동 해 보자.'

* 유로존 : 유럽연합의 단일화폐인 유로를 국가통화로 도입하여 사용하는 국가나 지역을 통칭하는 말

그래서 분위기를 살피는 것이다. '전세계 무슬림이 얼마나 많아? 다 우리 이슬람 지역에서 석유가 나는데, 한번 힘을 모아서 우리끼리 이슬람 동맹을 만들어 보자. 그리고 우리가 금이 많으니까 우리 돈을 못 믿겠으면 금하고 일대일로 교환을 해줄게.' 그래서 카다피가 자기네들이 만든 화폐를 가지고 석유를 거래하겠다고 발표를 했다.

어떻게 되었을까? 카다피는 생중계 되면서 죽임을 당하게 된다. 이번에는 미국이 직접 가지도 않는다. '야 유럽 니네가 가서 좀 정리해라. 나는 이제 코풀기도 싫다.' 그러니까 유럽의 나토군이 가서 카다피를 죽이는 장면을 CNN에서 동시 중계를 하는 것이다. 자기 패권에 도전하면 이렇게 된다는 것을 보여주는 것이다. 이것이 세계의 역사이다. 어쩔 수 없이 우리가 알아야 하는 세계의 경영인 것이다.

일본에 떨어진 금융 핵폭탄

일본은 1980년대에 소니전자와 미쓰비시철강 같은 회사들이 생겨나면서 대단한 전성기를 누렸다. 과연 그레이트 재팬이었다. 미국이 허락해준 성장이었지만 일본이 70년대와 80년대에 폭발적으로 성장을 하게 되면서 경제규모가 G2가 되며 미국을 추격하기 시작했다. 미국의 예상보다 훨씬 더 빨리 성장하게 된 것이다. 그러다가 80년대 중반이 되면서 도쿄의 땅값이 엄청나게 오르게 된다. 그래서 어떤 이야기가 나오는가? '도쿄 땅만 팔아도 우리는 미국을 살 수 있다.' 이런 간이 부은 소리를 하는 것이다.

미국이 어떻게 반응했을까? '그래 많이 컸네.'하고 G5의 재무부 장관들을 뉴욕의 플라자 호텔로 집합시켰다. 미국, 일본, 독일, 영국, 프랑스의 재무부 장관들이 한 자리에 모였다. 그리고 미국이 하는 말은, 독일과 일본이 그동안 너무 많이 컸다는 것이다. 그러니 환율을 50퍼센트 내놓으라는 것이다. 무슨 얘기인가? 당시 일본 환율이 250엔 이었는데 120엔까지 내리라는 것이다. 그러면 어떻게 되는가? 미국과 일본의 수입 수출의 격차가 바뀌게 된다. 일본 입장에서 수출할 때는 소니와 같은 수출기업들의 가격 경쟁력이 떨어지고, 수입할 때는 더 싸게 수입해야 하니 일본내의 내수 경제가 모두 무너지는 것이다. 일본은 이런 결정을 당연히 하고 싶지 않았을 것이다. 그러나 미국의 국방력과 정치적, 경제적 위상으로 인해 반강제적인 합의를 하게 된다. 그 후 실제로 1년 만에 엔화는 235엔에서 120엔으로 떨어지게 된다.

그래서 경제학에서는 이 플라자합의Plaza Accord를 일본에 경제 원자폭탄이 떨어졌다고 표현한다. 과거 히로시마와 나가사키에는 진짜 원자폭탄이 떨어졌지만 1985년도에는 일본에 경제적인 원자폭탄이 떨어진 것이다. 이것이 일본의 잃어버린 30년이다.

새로운 세계질서 리쇼어링

그런데 이제 미국이 세계의 질서를 다시 한 번 바꾸고 있다. 룰을 바꾸는 것이다. 그동안 GATT체제에서 WTO체제까지 세계 무역의 룰을 정하고 바꾸어왔던 미국이었다. 그런데 G1이 다시 룰을 바꾸겠다는 것이다. 이것을 잘 들어야 한다. 앞으로 우리가 살아가야 할 세상과 직결되기 때문이다. G1이 어떻게 룰을 바꿨느냐? 리쇼어링 Reshoring이라는 것이다. 해외로 옮겼던 생산시설들을 다시 미국으로 가지고 오겠다는 것이다. 중국에 있는 공장들을 다 꺼내오겠다는 말이다.

그동안 중국이 많이 커서 그 돈으로 항공모함을 만들고 스텔스기를 만들었다. 중국은 2030년까지 미국을 따라잡고 2050년에는 미국의 패권이 종말을 고할 것이라고 공공연하게 말하고 있다.[08] 그런데 우리나라 대통령이 또 멍청하게 중국 편에 서서 말하는 것이다. '중국의 꿈과 대한민국이 함께 하겠습니다.'

일본 입장에서는 다시 한 번 절호의 기회가 찾아왔다. 또 조선의 왕이 아관파천을 하는 것이다. 미국 입장에서는 기가 막힌다. '한국은 아직도 정신을 못 차렸네. 니네들이 왜 거기 가서 그 꿈에 참여하냐고. 누가 지금 돈 대주고 기술 대주고 있는데? 누가 지금 수출할 때 그 길을 지켜주고 감시해 주고 있는데?' 미국은 소프트파워이다. 열 받아도 바로 때리지 않는다. 그냥 조용히 불러다가 죽이는 것이다. 하지만 미국은 한 번 화나면 뒤끝이 강하다. 일본을 한번 보라. 아직도 고생하고 있다. 그러니까 일본 총리가 골프장에 가서 미국 대통령 앞에서 꼬리를 흔들면서 제발 우리 좀 풀어달라고 한 번만 더 기회를 달라고 사정을 해도 미국은 꿈쩍도 하지 않는 것이다.

미국이 왜 리쇼어링을 하느냐? 전 세계 국방비 중 미국이 38%를 쓰고 중국이 14%를 쓰고 있다.[09] 그런데 중국 공산당은 투명하지가 않아서 발표자료가 14%인 것이지 실제로는 얼마나 사용하는지 정확하게 알 수가 없다. 그렇게 중국이 무서운 속도로 뒤쫓아오고 있는 것이다. 그러니까 이제 미국 입장에서는 마음이 급하다. '지금쯤 한 번 밟아놓지 않으면 나중에 큰일나겠다.' 그래서 펜타곤의 미국 대외 전략과 공개된 자료들을 살펴보면 현재 미국의 국방전략이 무엇인가? 바로 중국의 해체이다. 이것이 미국 워싱턴의 생각이다.

지금 G1 국가 미국은 중국을 쪼개고자 하고 있다. 그런데 한 방에 쪼개지는 않는다. 한 10년에서 20년 정도의 기간 동안 느긋하게 쪼개는 것이다. '우리가 갖고 있는 카드가 뭐가 있지?' 살펴보고 하나씩 던지는 것이다. 그러면서도 계속 군사적으로는 압도적인 격차를 벌려가고 있다. 그렇게 미국이 선택한 카드는 자원이었다. 에너지, 식량 등 자원을 통해 중국을 압박하는 것이다.

그렇다면 중국은 그동안 뭘 했느냐? 아프리카에 가서 추장들 밥 사먹이면서 자원들을 헐값에 사들였다. G1이 되고자 하면 자원이 있어야 하기 때문이다. 그렇게 자원은 구했는데 막상 아프리카에서부터 가지고 오려니까 바닷길은 미국이 다 지키고 있는 것이다. 그래서 중국은 육로 밖에 없다고 판단했다. 시진핑이 육로를 어떻게 뚫는가? '야 우리가 아프리카까지 왜 못 뚫어? 우리는 만리장성도 쌓은 사람들이야. 그냥 뚫어.' 이것이 중국의 일대일로一帶一路정책이다. 아프리카와 유럽까지 도로를 한 번 뚫어보겠다는 것이다.

그렇게 20년 동안 공사를 해서 닦고 있는데 중간중간마다 알박기를 하는 나라들이 있다. '왜 우리 땅에다 도로를 닦냐?' 하는 것이다. 중국은 반드시 그곳을 지나가야 하니 그 나라와 협상을 한다. 중국이 처음에는 돈도 대주고 아파트도 지어주고 이것저것 다 해주면서 진행했는데 나중에는 생각을 바꾸게 되었다. '우리가 너희 나라에 도로도 만들어주고 산업화를 시켜주는 건데 왜 우리 돈으로 하냐?' 저금리나 무이자로 차관을 해주는 방식으로 하겠다는 것이다. '안 갚아도 되지만 장부상으로는 빌려주는 것으로 하자. 대신 그렇게 해주면 니네 나라한테 비자금으로 5000억을 줄게.' 그러면 그 나라의 대통령이나 왕의 입장에서는 이자도 없고 장부상으로만 빚이라고 하니 손해 볼 것이 없는 것이다. 그래서 많은 나라들이 사인을 하고 땅을 내주게 된다.

그런데 어느 날 갑자기 중국이 '야 그 돈 갚아야 될 거 같다. 우리도 지금 상황이 안 좋아. 이자도 좀 줘'라는 것이다. '이자는 없는 거 아니었어?' '아니야. 이 단서 조항을 한번 봐봐. 돈이 없으면 항만이나 도로라도 내놔.' 이렇게 빼앗는 것이다. 그렇게 속은 나라들이 들고 일어나서 미국에게 일러바치는 것이다. '형님. 이것 좀 보십시오. 중국이 이렇게 야비한 짓을 합니다.' 그러나 미국은 다 도와주는 것이 아니다. 자신에게 필요한 나라들만 선별적으로 개입하는 것이다.

전교 30등에서 50등까지 자기들끼리 치고받고 싸우는 걸 전교 1등은 신경쓰지 않는다. 하지만 자신에게 꼭 필요한 나라들은 도와준다. 그게 어디인가? 바로 아프가니스탄이다. 아프가니스탄에서의 미국의 전쟁 명분은 1차적으로는 테러와의 전쟁이었지만 그곳은 아프리카에 있는 자원들을 중국으로 끌고 나오는 관문이다. 중국의 일대일로 정책을 방해할 수 있는 핵심 길목인 것이다. 미군이 아프가니스탄에 주둔하게 되면 중국이 한 모든 노력이 물거품이 되고 만다.

그런데 미국은 최근 갑자기 아프가니스탄에서 군대를 철수시키는 결정을 하였다. 왜 그랬을까? 어떤 사람들은 '이게 뭐하는 짓이냐. 자해 행위다. 미쳤다.' 이렇게 말하지만, 미국 펜타곤에서는 '야 아프카니스탄은 마음만 먹으면 언제든지 또 가서 끊어 먹으면 돼. 지금 우리는 다른 곳에 집중해야 돼. 중국의 바닷길을 막아야 돼.' 바로 대만을 막아야 한다는 것이다. 미국은 군사적인 집중을 위해서 아프가니스탄을 전략적으로 포기하는 것이다.

대만의 군사적 긴장

우리는 대만의 중요성을 알 필요가 있다. 3차 산업혁명의 쌀이 석유 에너지라고 한다면 4차 산업혁명의 쌀은 반도체이다. AI기술이 핵심이기 때문에 반도체가 가장 중요한 자원이 되는 것이다. 그런데 이 반도체를 세계에서 제일 잘 만드는 나라가 대한민국과 대만이다. 이 두 나라는 모두 중국이라고 하는 적진 바로 앞에 있다.

미국이 정해놓은 룰은 다음과 같다. 다가올 시대의 전략자산인 반도체의 기술특허 대다수는 미국이 갖고 있다. 대신 그것을 가공하는 기술은 동맹국가들이 소유할 수 있게 해주는 것이다. 그래서 대만에게는 TSMC라고 하는 회사에 비메모리 반도체 기술을 주고 애플, 인텔, 마이크로소프트 같은 회사로 납품하게 하였다. 그리고 한국은 삼성전자가 하든 SK하이닉스가 하든 경쟁을 해서 메모리 반도체를 싸게 공급하라는 것이다. 메모리 반도체는 저장 장치를 말하고, 비메모리 반도체는 CPU 같은 것들을 말한다. 그렇게 한국은 메모리 반도체 분야에서 세계 1위가 되었고, 대만은 비메모리 반도체 분야에서 세계 1위가 되었다.

그런데 이제 미국이 동맹국들에게 말하는 것이다. '이제 중국을 쪼개는 게 우리 목표다.' 그래서 시작된 것이 칩포동맹Chip Four이다. 대만과 한국이 이제 중국에 반도체를 납품하지 말라는 것이다. 대만은 말이 떨어지자 마자 바로 중국에서 철수해 버렸다. 대만은 자신의 생명줄이 누구에게 있는지 정확하게 아는 것이다. 그런데 우리나라는 아직 눈치를 보면서 양다리를 걸치고 있다. 반도체시장에서 중국의 점유율이 60%여서 당장 중국에게 팔지 않으면 매출의 60%를 포기해야 하는 것이다. 그러니 얼마나 고민스럽겠는가? 정치인이나 기업인들 입장에서는 양다리를 걸치고 전략적인 모호성을 유지하려고 하지만, 그러다가 가랑이 찢어지는 것이다. 전략적 모호성이 무엇인가? 미국이 '너 죽을래?' 할 때까지는 중국에게 팔아먹다가 G1이 머리끝까지 열받으면 그때는 '형님 용서해 주십시오.' 하고 미국 편으로 가겠다는 것이다. 이런 전략을 짜면서 최대한 중국에서 늦게 발을 빼고자 하는 것이다.

이게 지금 우리나라가 처한 상황이다. 따라서 한동안은 삼성전자가 어려워질 수밖에 없다. 그러나 그 반도체 수요가 어디로 가겠는가? 미국이 중국에서 꺼낸 굴뚝을 인도에 갖다주고 있다. 인도에 산업시설을 이전하면서 중국과는 친하게 지내지 말라는 것이다. 결국 우리가 잠시 어려운 것이지 인도가 새로운 시장이 된다. 인도의 압도적인 인구와 생산시설들이 새로운 반도체 수요를 만들어내는 것이다.

희토류

반도체는 4차 산업혁명의 쌀이다. 그런데 그 반도체와 배터리를 만드는데 핵심으로 필요한 자원이 바로 희토류이다. 그렇다보니 희토류는 앞으로 석유보다 더 국가 안보에 중요한 영향을 끼치는 전략자산이 되게 된다. 그런데 현재 희토류의 최대 생산국가는 중국이다. 전세계의 희토류를 거의 독점하다시피 하고 있다. 중국은 희토류를 무기로 삼아 미국을 견제하고 있으며, 일본과의 영토분쟁이 발생했을 때는 일본에 희토류 공급을 중단하며 자원을 무기화하였다.

최근에는 한국의 국회의장이 베트남에 방문하여 국가주석을 만나고 경제와 안보협력을 논의했다. 우리나라가 왜 베트남과 친하게 지내고자 할까? 왜냐하면 베트남에 희토류가 많기 때문이다. 그리고 베트남 외에도 카자흐스탄이 중국의 희토류 독점을 막을 새로운 나라로 부각되고 있다. 희토류를 안정적으로 공급받는 것이 향후 국가안보의 핵심과제가 되는 것이다.

그런데 놀라운 사실이 있다. 이 희토류가 중국에 이어 세계에서 제일 많이 매장된 것으로 분석되는 나라가 바로 북한이라는 사실이다.[10] 그런데 현재 북한에서는 가져올 수가 없다. 그렇다면 한번 살펴보자. 삼성전자의 최대주주는 미국이다. 그러면 미국이 돈을 많이 벌고 싶으면 어떻게 하면 될까? 북한에서 남한의 반도체 공장으로 희토류를 가져오면 되는 것이다. 원자재비와 물류비가 줄고 이익이 극대화 되는 것이다. 그리고 중국이 희토류를 독점해서 무기화하는 문제도 해소할 수 있다. 따라서 미국 입장에서는 지금 어떤 게 구미가 맞아떨어지는가 하면, 중국을 무력화시키고 협상 테이블에서 북한을 가져오려는 것이다. 북한을 가져오고 나면 대륙 저 멀리 무엇이 보이느냐? 카자흐스탄이 보이는 것이다. 그래서 러시아와 중국을 약화시켜 놓고 북한을 뚫어서 4차 산업혁명의 쌀을 만들어 내겠다는 것이다.

그런데 이 계획이 우리나라 입장에서는 너무 해피하다. 일자리가 차고 넘치게 된다. 북한과 통일되는 것만 해도 감지 덕지인데, 우리가 광개토대왕도 아니고 만주부터 카자흐스탄까지 영향력이 확대되는 것이다. 물론 우리의 국토가 되는 것은 아니지만, 우리의 비즈니스 영역 안에 다 들어오는 것이다.

미국의 중국해체 전략

트럼프 때부터 미국은 대놓고 관세를 통해 중국을 압박하고 있다. 바이든으로 넘어와서는 전선을 전방위적으로 더욱 확대하며 중국을 압박하고 있다. 중국은 자신에게 허락된 시간이 많지 않다는 것을 알고 있다. 미국은 중국이 스스로 망하게끔 계속 힘을 빼고 있다.

‘글래디에이터’라는 영화를 보면, 좀 비겁하긴 하지만 미리 옆구리를 칼로 찔러놓고 싸움을 시작한다. 그러면 그곳으로 피가 계속 흘러나와 시간이 지날수록 힘이 빠져서 제대로 싸우지 못하게 되는 것이다. 미국은 이미 중국의 옆구리를 칼로 찔렀다. 중국이 피를 계속 흘리게 하는 것이 바로 금리를 올리는 것이다. 국가경제의 혈액과도 같은 달러가 계속 외부로 흘러나가는 것이다.

　그런데 금리인상은 중국 뿐 아니라 다른 모든 나라의 옆구리도 찔렀다. 원래 미국의 의도는 중국을 죽이는 것이지만, 한국도 지금 피를 흘리고 있는 것이다. 일본도 마찬가지이다. 일본은 지난 30년 동안 경제적으로 성장을 하지 못하고 정체되어 있어서 조금만 피를 흘렸는데도 죽기 직전의 상황에 내몰렸다. 그러니 미국의 재무부 장관이 금리인상의 속도를 조금 줄여줘서 인상 폭을 0.75에서 0.5로 낮춰준 것이다. 또한 영국도 파운드화 부도의 위기를 겪고 있다. 다급해진 영국 국민들은 말귀를 못 알아듣는 총리를 44일 만에 끌어내리고 재무부 장관 출신을 총리로 임명했다. 그만큼 세계가 급박하게 돌아가고 있는 것이다.

　그러나 미국의 목표는 일본과 유럽이 아니다. 바로 중국이다. 그렇다고 FOMC 회의에서 ‘우리의 목표는 중국의 해체입니다. 그래서 금리를 올리겠습니다.’라고 하면 어떻게 되겠는가? 중국 공산당이 미국 내의 여론을 분열시키기 위해서 여러 가지 영향력을 행사하고 있기 때문에 대놓고 지르면 미국이 분열되게 된다. 국민을 설득할 여론을 만들어야 하는 것이다. 그것이 바로 CPI 소비자 물가지수이다. 인플레이션이 너무 심해서 우리 국민들이 고통받고 있으니, 금리를 올리지 않을 수 없다는 것이다. 하지만 G1, G2 끼리는 지금 어디로 공격이 들어오고 숨통을 조이고 있는지 서로 알고 있다.

또한 미국은 중국을 해체하기 위해 에너지 패러다임을 전환시키고 있다. 석유에너지에서 전기에너지로 전환하는 것이다. 중국은 세계의 공장이다. 가장 많은 석유에너지를 사용하여 산업화를 일구고 있는 것이 중국이다. 그러니 세계적으로 분위기를 조성하는 것이다. 굴뚝이 많으면 이산화탄소가 높아지고 지구 온난화 현상이 심해지니까 중국의 굴뚝을 닫으라는 것이다. 그래서 ESG경영*이라던지 환경과 에너지 문제를 중심으로 저탄소 녹색 성장이라는 아젠다를 만들어내는 것이다. 그냥 강제로 중국의 굴뚝을 닫게 할 수는 없으니 명분을 만드는 것이다. 그것이 이산화탄소 총량제이다. '중국아, 너네 굴뚝 30퍼센트 닫아라. 지구가 너무 뜨거워진다.' 미국이 생산량을 결정하겠다는 것이다. 이제는 축산 동물들이 방귀 뀌고 트림하는 것도 메탄가스가 나와서 세금을 매기겠다고 한다. 정신 나간 짓이다. 그런데 왜 이렇게 하느냐? 이것이 G1의 패권유지 전략이다. 에너지를 통제하는 것이다.

국가에서 에너지가 얼마나 중요한가? 북한은 1인당 에너지소비량이 1년에 0.559 TOE인 반면에 한국은 5.595 TOE를 사용하고 있다. 남한이 인구 수가 두 배 많으니까 총 사용량은 20배가 더 많은 것이다. 산업화가 되기 위한 기초 조건은 에너지이다. 김일성이 미국과 대

* ESG : 기업의 사회 · 환경적 활동까지 고려하여 기업의 성과를 측정하는 기업성과지표

화했을때 무엇을 요구했느냐? 에너지를 달라는 것이다. 우리가 알아서 잘 살테니 방해만 하지 마라. 그런데 계속 핵 개발을 하니까 미국이 에너지를 동결시킨 것이다. 지금 북한은 중국이 석유 가스 밸브만 잠궈버리면 전투기를 띄울 기름도 없다. 땅을 파도 기름이 나오지 않고 전량을 다 수입해야 하는데 바닷길이 다 막혀있는 것이다. 중국이 몰래 넣어줘서 평양에만 전기가 꺼지지 않게끔 해준다. 중국 입장에서 북한은 집 지키는 개이기 때문에 완전히 붕괴되는 것은 원치 않는 것이다.

그런데 전기에너지 가격이 세계에서 가장 저렴한 국가 중 하나가 대한민국이다. 왜냐하면 원자력 발전소가 있기 때문이다. 전기에너지를 가장 저렴하게 만드는 게 소형 원자력 발전이고 대한민국의 기술은 세계 최고 수준이다. 물론 미국이 원천 기술과 재정적 원조를 해주었지만, 우리 1세대 박사님들이 열심히 노력해서 소형 원자로 기술을 세계 최고 수준으로 만든 것이다. 그런데 간첩 같은 자들은 뭘 하느냐? 국가의 에너지 기반이 원자로라는 것을 아니까 그걸 없애는 것이다. 이것은 중국이 원하는 것이다. 그리고 뭐라는 것인가? G3 러시아에 파이프관을 연결해서 석유와 가스를 갖다 쓰자는 정신 나간 소리를 하는 것이다. 만약 그렇게 되면 우리도 유럽 꼴이 날 수 있다. 유럽은 러시아가 가스관을 잠궈버렸다. 근래 유럽에 있는 호텔들을 가보면 난방을 안 해준다. 프론트에 전화해서 '아니 호텔인데 왜 불을 안 떼주냐?' 그러면, 중앙난방이기 때문에 불 떼주려면 가격을 인상해야 한다는 것이다. 그러니 우리가 그 길을 가면 될까? 그 길은 죽음의 길이다.

　중국이 육로로 포위망을 뚫고 나오려던 일대일로 정책은 완전히 막혔다. 미국이 중요한 구간마다 다 끊어먹은 것이다. 그래서 중국이 마지막으로 승부처를 띄우는 곳은 바닷길이다. 그런데 해상 무역로를 뚫으려고 하면 반드시 대만이 필요하다. 중국은 대만만 차지하면 동아시아의 패권을 완전히 잡을 수 있다. 태평양은 너무나 크기 때문에 잠수함이 태평양으로 빠져나가고 나면 찾을 길이 없다. 대만을 차지하고 그곳에서 항공모함과 함대를 태평양으로 띄우면 미국을 직접 타격권으로 위협할 수 있는 것이다. 그래서 미국은 지금 중국 함대가 태평양으로 빠져나오지 못하도록 전방위적으로 포위하고 있다.

　대만을 둘러싼 미중 전쟁위기가 크게 높아지고 있다. 중국에게 대만은 마지막 남은 탈출로이고, 미국은 절대로 포기할 수 없는 곳이기 때문이다. 미국은 중국이 대만을 침공할 경우, 중국을 완전히 초토화시킬 준비를 하고 있다. 그런데 예측하기로는 중국이 대만을 공격하는 시점이, 향후 2-3년 안이 될 가능성이 높다. 지금 금융으로 중국의 옆구리를 찔러 놓았기 때문에, 가만히 있다가는 싸워보지도 못하고 피가 다 빠져서 죽게 되는 것이다. 종신집권의 길을 열어둔 시진핑은 재선을 앞두고 실적을 내놓아야 한다. 경제는 이미 무너졌고 하나의 중국으로 내부의 정신을 통일시킬 사건이 필요한 것이다. 시진핑은 광장에 끌려나와서 죽던지 전쟁을 일으키고 죽던지 둘 중에서 선택해야 되는데, 전쟁을 선택할 가능성이 높다. 그때 대한민국은 어느 편에서 있어야 되겠는가? 그래서 미국이 우리에게 칩포 동맹에 들어오라는 것이다. 또한 군사 동맹에 들어오라는 것이다.

하나님의 세계경영

이 모든 열강들의 세계경영 위에는 하나님의 세계경영이 있다. 4차 산업혁명으로 넘어가는데 핵심이 되는 국가가 한국과 대만인데, 대만에 지금 부흥이 일어나고 있다. 커져가는 안보적 위기에도 불구하고 대만 교회에 영적인 불이 붙고 있다. 왜 그럴까? 하나님이 마지막 때 쓰시고자 하는 것이다. 대만 교회가 영적으로 불이 붙어서 필리핀으로 그 불길이 번져나간다고 해보자. 필리핀에서 보면 아시아 전체가 다 보인다. 마치 공항 관제탑에서 활주로를 내려다 보듯이 아시아 전체가 들여다 보이게 되는 것이다. 아시아 선교에서 대만과 필리핀은 굉장히 중요한 교두보가 된다.

그리고 세계선교의 주력 부대는 통일 대한민국이다. 한국이 마지막 남은 중국 내륙과 중앙아시아와 이슬람권까지 세계선교를 완성시킬 하나님나라의 주력 부대이다. 그래서 하나님이 한국인을 쓰기 위해서 전 세계에 K-컬쳐를 뿌려 놓은 것이다. 영화, 음악, 스포츠, 드라마 등 모든 영역에서 대한민국의 영향력이 전 세계에 뻗치고 있다.

한국의 여권 파워는 세계 최고 수준이어서 한국인이 들어가지 못하는 나라가 없다. 그리고 전 세계의 한국인에 대한 호감과 관심이 높아져서 일단 한국인들이 오면 무슨 말을 하는지 다들 관심을 갖고 들어

보려고 하는 것이다. 이제 우리에게 더욱 폭발적으로 복음을 전할 수 있는 기회가 주어지고 있다. 대륙을 향한 육로 선교의 길이 열리는 것이다. 이 일을 위해 세계의 군왕들이 복잡하게 체스판 위에서 말을 옮기고 있는 것이다.

하나님이 이렇게 말씀하시는 것 같다. '이제 나의 때가 무르익고 있구나. 북한과 압제받고 있는 자들의 어깨에 있는 멍에를 풀어라. 이게 내 뜻이고 세계를 향한 나의 경영이다.' 이것이 앞으로 다가오는 몇 년 안에 일어날 일이다. 한반도는 반드시 통일이 된다. 믿거나 말거나 나중에 통일이 되면 다시 이 책을 꺼내서 읽어보라. 많은 이들이 통일이 되고 나면, 대한민국의 국력과 경제규모가 G2로 올라가게 된다고 예측한다. 그것이 G1 미국의 뜻이고 워싱턴의 뜻이다.

예수를 믿는 사람들만 통일을 원하는 것이 아니다. 월가와 워싱턴이 통일을 원하는 것이다. 왜냐하면 4차 산업시대의 쌀이 반도체인데, 반도체의 주 원료가 하필이면 북한에 있는 것이다. 이게 하나님의 세계경영인 것이다. 5,000년 동안 필요없던 희토류였다. 그런데 북한에는 땅을 파기만 하면 희토류가 나오는 것이다. 이것이 이제 필요하게 되었다. 중동에 석유를 묻으신 분도 하나님이시고 북한에 희토류를 묻어두신 분도 하나님이시다. 세종대왕이 묻어놓은 것도 아니고 단군 할아버지가 묻어놓은 것도 아니다. 하나님이 이때를 위해 묻어놓으신 것이다. 그런데 하필 반도체를 누가 제일 잘 만드는 것인가? 바로 대한민국이다. 북한에서부터 평택 삼성 반도체공장까지 희토류를 가지고 오면 직선거리로 250km 밖에 되지 않는다. 한국이 4차 산업혁명의 쌀을 생산하는 핵심 국가로써 G2까지 올라가게 되는 것이다.

그리고 선교할 수 있는 길도 미리 다 닦여있다. 그게 무엇인가? 바로 아시안 하이웨이AH이다. 21세기의 실크로드라고 불리는 아시안 하이웨이는 아시아 32개국을 연결하며 그 길이가 14만km에 이른다. 그런데 1번AH1과 6번AH6 고속도로가 한국에서부터 출발하는 것이다.[11] 2006년도부터 UN에서 국가간 교통협력 계획이 수립되었고, 북한 구간만 제외하고는 이미 다 건설되어 있다. 그런데 놀라운 점은 그 도로의 안전기준을 대한민국 기준으로 표준화하기로 결정되었다는 사실이다. 이 정도면 하나님이 힌트를 다 준 것이 아닌가. 아시아 하이웨이의 도로 표준이 G1 미국이 아니라 한국 기준이라는 것이다. 바로 한국인이 달릴 도로이기 때문이다.

세상의 군왕들이 머리를 맞대고 세상을 경영해도 그 위에는 하나님의 경영이 있다. 결국 하나님의 역사의 방향은 북한 문을 열고 한국 교회가 제사장 나라가 되게 하시겠다는 것이다. '너희들 다시 나하고 맺었던 계약서 가지고 와서 준비해.'라고 하시는 것이다. 하나님은 1970년대에 한국 교회가 10만 명의 선교사를 보내겠다고 한 그 약속을 기억하고 계신다. 서원한 그것을 너희 자녀들한테 가르쳐서 다시 지키도록 하라는 것이다.

11년 전 내가 이스라엘에 처음 갔을 때 예루살렘의 골든 게이트를 지나가는데 성령님이 내 마음에 강력하게 말씀하셨다. 당시에는 북한에 대해 전혀 관심도 없을 때인데 그런 나에게 '아들아 곧 통일이 된다. 너는 통일이 되게 해달라고 기도하지 말고, 통일 이후를 준비해라'고 말씀하셨다. 그래서 나는 11년 동안 준비한 것이다. 10년 동안 기도하고, 책을 파고, 공부하다 보니까 이제 보이기 시작하는 것이다. 하나님의 계획을 알게 되면 가슴이 뛰어서 밤에 잠이 오질 않는다. 지금 잠깐 경제가 어려워지고 흔들린다고는 하지만, 미래를 보는 사람은 심장이 떨린다. 기회가 보이기 때문이다. 그러니까 지금부터 뭘 준비해야 되느냐? 남들이 뭐라고 하든 세상 뉴스에서 뭐라고 하든 흔들리지 말고, 아침에 일어나면 버리고 선택하고 집중하는 것이다. 도미노 12개를 기도로 집중해서 세우는 것은 미래를 준비하는 일이다. 준비된 자들만이 탁월함으로 그 미래를 감당할 수 있다.

우리 민족이 언제 G2 국가를 살아보았는가? 교만하면 넘어지게 된다. 우리가 이 길을 끝까지 승리하기 위해서는 나는 죽고 예수로 사는 자들이 필요한 것이다. 이들이 사회와 각 분야 곳곳마다 세워질 때 도미노 이펙트가 발생한다. 어떤 정치인과 전문가도 그 일을 감당할 수 없다. 오늘 이 책을 읽고 도미노를 세우는 자들이 이 땅을 다스리고 정복하는 자들로 각 분야마다 들어가야 하는 것이다. 열심히 기도와 말씀을 파든지, 세상으로 나갈 무기를 파든지, 뭘 하나 파야 하는 것이다. 그렇게 탁월함으로 준비되어 있으면 주님이 잡아다가 쓰시는 것이다.

이제 우리가 북한을 갈 수 있는 길이 열리는 날이 정말 얼마 남지 않았다. 그러니 눈을 감고 기도를 하면 가슴이 설레는데, 눈을 뜨고 뉴스를 보면 이게 말이 안 되는 것이다. 이게 무엇인가? 믿음은 바라는 것의 실상이고 보이지 않는 것들의 증거니, 선진들이 이로써 믿음의 길을 걸어갔다는 것이다. 이 책을 읽는 사람들은, 통일이 되면 어떤 콘텐츠로 북한에 가서 선교하고 중앙아시아까지 치고 나갈지 지금부터 고민해야 한다. 기도하고 하나씩 받으면 된다. '하나님 나는 어떤 걸로 준비해야 할까요? 어느 나라입니까? 어떻게 준비해야 됩니까?'

그래서 우리가 해야 될 것이 무엇인가? 집중해서 성장하고 준비해야 된다. 이 책의 제목은 DO IT이다. 정신 차려서 말씀 읽고 독서하고 기도해야 한다. 실천하지 않는 사람은 제자리에 있는 것이다. 지금 이 때에 준비되는 자들이 슬기로운 신부들이다. 다가오는 부흥의 시대에 하나님 앞에 준비될 수 있기를 축복한다.

시세를 보는 눈만 있는 것이 아니라

그 뒤에 있는 하나님의 목적을 볼 수 있는
여호수아의 눈과 갈렙의 눈도 있어야 하는 것이다.

10장

시세

10장

시세

잇사갈 자손 중에서 시세를 알고 이스라엘이 마땅히 행할 것을 아는

우두머리가 이백 명이니 그들은 그 모든 형제를 통솔하는 자이며

역대상 12장 32절

이스라엘 중에서도 잇사갈 자손의 우두머리 이백 명은 시세를 보는 자들이었다. 그들은 이 세상이 어떻게 움직여 가는지, 당시의 G1이 어떻게 움직이는지, 이스라엘이 어떻게 행해야 하는지 알고 있었던 것이다. 그런데 단순히 정보만 가지고서는 안 된다. 여리고 땅을 정탐하는 정탐꾼과 같이 시세를 보는 눈만 있는 것이 아니라 그 뒤에 있는 하나님의 목적을 볼 수 있는 여호수아의 눈과 갈렙의 눈도 있어야 하는 것이다.

금리인상과 경제붕괴, G1의 대추수

이제 코로나의 전반전을 마치고 2023년부터 후반전이 시작된다. 본

격적인 시대 전환의 초입인 것이다. 항상 새로운 시대가 오기 전에 어떤 일이 일어나는가 하면, 경제 붕괴가 시작된다. G1이 의도적으로 경제를 붕괴시키는 것이다. 미국은 2차 세계대전 이후 지금까지 총 10여 차례 금리인상을 통해 경제위기 가운데 지배력을 확대해 나갔다.[12] 금리를 올린다라는 게 어떤 의미일까?

우리는 열심히 일을 해서 뭔가를 만들고 그것을 팔아서 먹고산다. 서비스를 제공하든지 용역을 제공하든지 상품을 제공하든지 뭘 만들어 내야 하는 것이다. 그런데 G1은 뭘 하느냐? 그냥 돈을 찍어낸다. 필요한 게 있으면 그냥 돈을 찍어내면 그것이 국제통화가 되는 것이다. 미국의 기본적인 비즈니스는 금융 비즈니스이다.

금융 비즈니스라는 것은 이런 것이다. G2부터 G100까지는 공장을 짓고 굴뚝을 세워서 열심히 일을 한다. 돈이 필요하면 G1이 찍어서 각 국가마다 공급해준다. 돈을 주어서 대한민국도 키우고, 일본도 키우고, 독일도 키우고, 대만도 키우는 것이다. 돈을 받은 나라들은 투자를 받았으니까 열심히 일해서 기업을 키운다. 그렇게 잘 키워서 기업들이 포동포동 살이 찌면 이제 G1이 어떤 생각을 하느냐?

'저거 이제 잡아먹을 때가 다 됐는데. 지금 안 먹으면 맛이 없어지는데.'

그러면 먹고 싶을 때 마다 뭘 하면 되느냐? 금리를 올리면 된다. 금리를 올리고 나면 숙성 기간이라는 것이 필요하다. 고기를 불에 올렸다고 바로 먹을 수 있는가? 사람마다 취향은 다르겠지만 미디엄 레어로 먹든지 웰던으로 먹든지 구워야 먹을 것 아닌가. 그렇게 금리를 올려두고 숙성 기간이 지나면 어떻게 될까? 이제 G1이 먹는 시간인 것이다.

이것이 미국이 2차 세계대전 이후에 만들어 놓은 달러 패권주의이다. 수도꼭지처럼 돈을 풀었다가 잠궜다가 하는 것이다. 돈이라는 것이 산업에 들어가면 그 산업이 살아나게 된다. 그리고 돈을 빼면 그 산업은 죽게 된다. 달러의 가치가 두 배로 오르고, 각 나라의 회사 가치가 절반으로 줄어들게 되면 미국 입장에서는 전 세계가 75% 바겐세일 중인 것이다. 그러면 그때 미국에게 필요한 기업들을 골라서 먹는 것이다. 이게 미국이 지배력을 넓혀가는 방식이다. 이것이 민족자결주의로 백 여개의 신생국가들을 허락해 준 뒤 만들어낸 새로운 식민지 시스템이다. 우리 입장에서는 불만스러울 수 있다. 그래도 옛날 식민지 때보다는 나은 것이다. 그런데 G2 입장에서는 열이 받는다. '왜 우리가 이렇게 해야 돼? 고생은 우리가 하고 왜 쟤네들이 달러 가지고 쪼았다가 풀었다가 하면서 다 가져가지?' 그래서 G2는 항상 이것을 넘볼 궁리를 하는 것이다.

앞으로 향후 2년 동안은 경기침체가 지속될 것이다. 그게 미국의 의도이기 때문이다. 미국은 헐값에 사들이기 위해서 숙성을 하고 있다. 그래서 금리를 계속 올리는 것이다. 금리를 올리면 가장 먼저 주가가 빠진다. 주가가 선행해서 제일 먼저 움직이고, 두 번째로 오는 후행

시장이 부동산이다. 부동산은 앞으로도 계속 더 빠질 것이다. 미국이 금리를 올려서 상단을 유지시켜 놓고 숙성을 시키고 있기 때문이다. 맛있게 익을 때까지 훈연을 시키고 있다. 그런데 지금 세상에 있는 경제 전문가라고 하는 사람들은 '23년도 상반기가 되면 미국이 무조건 금리 내린다.' 이런 헛소리를 하면서 사람들의 주머니를 털어간다. 절대 그렇지 않다. 지난 100년의 금리 인상의 역사를 보란 말이다. 미국이 지금 숙성을 시키고 있는데, 덜 익은 걸 왜 먹겠는가? 4차 산업혁명 시대로 넘어가기 전에, 관련 핵심 기업들을 헐값에 사들이고자 하는 것이다.

미국이 금리를 올려놓고 그대로 계속 갈지 한번 더 올릴지 결정하는 것이 2023년 5월이다. 5월에 열리는 FOMC연방공개시장위원회에서 그 방향성을 알 수 있다. 5월까지 시장은 설마 이제 내리겠지 하고 기대하면서 계속 바람을 넣는다. 그래야 사람들이 불나방처럼 주식시장과 부동산 시장으로 들어오기 때문이다. 그런데 월가의 입장은 22년 11월 기준 7.1% 라고 하는 CPI 지수가 2%가 될 때까지 계속 금리를 올리거나 유지시키겠다라는 것이다.

세계의 공장이 중국이다. 그동안 노동력이 저렴한 중국에서 물건을 사 왔기 때문에 미국에서는 인플레이션이 발생하지 않았다. 그런데 지금 미국이 중국의 공장을 닫고 있기 때문에 그 과정에서 비용이 증가된다. 그러면 물가가 내려갈까 올라갈까? 기초 물가소비자 근원 물가는 당연히 올라가게 된다. 거기다가 우크라이나에서 전쟁까지 발생했다. 러시아의 하늘이 막히면서 물류도 지금 움직이지 않는다. 이런 상황인데 CPI 지수가 2%까지 갈 수 있을까? 불가능하다. 그러면 미국이 FOMC 회의에서 이렇게 이야기 하는 것이다. 'CPI 지수가 안 잡혀서 또는 노동시장이 너무 좋아서 금리를 한 번 더 올려야 되겠다.' 만약 그렇게 해서 미국의 기준금리가 6%까지 올라가게 되면 97년도 외환위기 IMF 때와 동일한 경제적 후폭풍이 오게 된다.

97년 당시 미국이 금리를 6%까지 올렸을 때 한국의 시장금리는 18%~19%까지 올라갔다. IMF가 와서 금리부터 올리라고 한 것이다. IMF는 왜 금리를 올리라고 할까? 국내 시장을 다 먹겠다는 것이다. 지금까지 한국은 이제 막 산업화에 성공하고 고도 성장을 하고 있었을 당시였기에 당연히 자기자본 없이 빚을 내서 비즈니스를 하고 있었다. '세계는 넓고 할 일은 많다.'라는 말이 나왔을 정도로 세계에 돈 벌 곳이 천지니 얼마나 빚낼 일이 많았겠는가. 그러니 기업들은 자기자본의 100% 200% 500%를 빌려서 비즈니스를 하고 있었다. 그런데 금리를 18%까지 올리면 어떻게 되겠는가? 결국 버티지 못하고 재계 서열 3위였던 대우그룹까지 부도를 맞게 된 것이다. 금리를 딱 올려 놓고는 2년 정도 숙성시킨 다음에 미국이 와서 뷔페를 먹는 것이다.

'그동안 다들 열심히 키웠다. 삼성은 요만큼 지분 내놓고, 여기는 이만큼 내놓고, 우리가 가져갈 거니까 다 내놔.'

억울해도 어쩔 수가 없다. 그게 G1이다. 이게 G1의 세계경영인 것이다. 그때 미국이 먹은 나라들이 멕시코, 동남아시아, 한국, 러시아였다. 금리를 6% 대로 걸어놓고 외환위기를 터뜨려서 미국의 지배력을 확장하는 것이다.

2008년도 리먼 브라더스 사태 때는 미국의 기준 금리를 5.25%로 걸어놓고 사냥에 나섰다. 그때처럼 지금 미국이 5.25%에서 멈출지 4.5%에서 멈출지 시장에 알쏭달쏭하게 말해놨는데, 5.25%까지 갈 가능성이 높다. 그러면 2008년도급 위기가 오는 것이다. 만약 6%까지 가면 IMF급 위기가 오게 된다.

이번에 찾아오는 금융 위기는 전 지구적인 금융위기이다. 왜냐하면 이번에는 미국이 4차 산업혁명 시대로 넘어가기 전에, 전 지구를 먹기로 작정을 하고 금리를 올리는 것이기 때문이다. 그래서 금리를 2차 세계대전 이후 가장 가파른 속도로 올리는 것이다. 금리를 이렇게 올려놓고 얼마 동안 지속하느냐 하면, 최소 9개월에서 길게는 1년 6개월까지 간다. 그때까지가 숙성 기간인 것이다. 그러면 기업들은 끝까지 죽기 살기로 버틴다. 회사채를 발행하고 사채를 써서 끝까지 버티는데, 결국 못 버티게 되는 기간이 보통 9개월에서 1년 6개월이면 다 토해내고 백기를 든다.

그래서 미국이 금리를 올리면 2년 정도가 지난 뒤 전 세계가 초토화가 된다. 우리나라가 IMF 외환위기를 겪었을 때 미국이 언제부터 금리를 올렸는가? 94년도에 올려놓고 숙성시켜서 97년도부터 먹는 것이다. 리먼 브라더스 사태가 2008년도 였는데 금리를 언제부터 올렸을까? 2006년도부터 금리를 올려놓고 숙성시켰다. 이렇게 하면서 미국은 금융으로 비즈니스를 하는 것이다. 이것이 G1의 세계 경영이다.

미국은 돈을 풀었다 조였다 반복하면서 미국의 주식 비율을 높여가는 방식으로 세계를 경영한다. 2등부터 꼴등까지는 뭔가를 열심히 만들며 일하지만 1등은 군사력이 1위기 때문에 일하지 않는다. 돈을 가지고 일을 하는 게 금융 비즈니스이다.

그런데 우리나라도 그걸 하고 싶은 것이다. 그래서 기업들은 산업에서 돈을 왕창 모아서 금융산업을 하고 싶어 한다. 그런데 금융산업은 G1의 게임이기 때문에 함부로 하면 안 된다. 그래서 우리나라는 금산분리법*이라고 아예 산업자본이 금융자본으로 들어오지 못하게 법으로 막아놓은 것이다. '겁대가리 없이 니네들이 돈 좀 모았다고 어디를 들어오냐? 일본 되고 싶냐?'

일본이 겁 없이 금융 비즈니스에 들어갔다가 어떻게 되었는가? 미국이 1985년도에 플라자합의를 통해서 죽여 놓은 것이다. 그래서 잃어버린 30년으로 일본을 성장하지 말라고 묶어 놓은 것이다. '열심히 노력해봐. 환율을 더 가져올테니까.' 이게 미국이 갖고 있는 G1 파워이다. 그런데 그게 불합리하게 느껴진다? 그러면 전쟁이 나서 죽는 것이다. 이게 세계가 움직여지는 국제정치, 힘의 논리이다.

우리는 불평할 수가 없는 게, 그래도 우리는 키워주는 거라도 감사해야 된다. 북한은 아예 키워 주지 않고 신경도 쓰지 않는다. 북한이 맨날 미사일 쏘는 이유가 무엇인가? 날 좀 봐달라는 얘기다. '나 너하고 얘기하고 싶어.' 가면 무슨 얘기를 하는 것인가? '나도 좀 키워줘.' 이 얘기가 하고 싶은 것이다. '나도 좀 먹고 살게 해줘. 전기 좀 공급해줘. 수출할 수 있게 길도 좀 열어줘.' 그런데 미국이 '싫어.' 그러니까

* 금산분리법 : 금융자본과 산업자본이 상대 업종을 소유·지배하는 것을 금지하는 원칙

70년째 저렇게 가난할 수밖에 것이다.

세계화에서 재세계화로

과거 1970년대부터 2000년대까지 미국이 정한 룰은 '세계화' 였다. 세계화는 무엇이었나? 미국이 G1이니까 자신들이 매연 마시면서 물건을 생산할 필요가 없다는 것이다. 굴뚝이 필요한 나라들을 한 줄로 세우고 친한 순서대로 나눠주는 것이다. 이것이 세계화이다. 그런데 새롭게 맞이하는 시대의 룰은 더 이상 세계화가 아니다. 재세계화의 시대가 열린다. 재세계화는 또 무엇일까? 재세계화는 다른 말로 탈세계화인데 중국에 있는 굴뚝들을 다 철수하겠다는 것이다. 그리고 굴뚝이 필요한 나라들은 다시 한 줄로 서라는 것이다. 4차 산업혁명 시대에 G1과 친하게 지낼 나라들은 다시 줄을 서라는 것이다.

앞으로 이 숙성의 기간을 버티지 못하고 죽는 나라들이 나오게 된다. 2022년까지 죽은 나라들만 나열하자면, 아르헨티나, 방글라데시, 파키스탄, 라오스 이런 나라들이 죽었다. IMF에 구제금융을 신청해서 심폐소생술을 받고 있는 것이다. 우리는 국가가 부도나면 어떻게 되는지 이미 경험해 봤다. 미국이 룰을 정해 놓으면, IMF가 들어가서 대신 먹기 좋게 작업을 해주는 것이다. 그러니까 중국 입장에서는 '야 우리가 왜 맨날 이렇게 IMF에게 당해야 되냐? 우리가 한번 만들어 보자.' 그렇게 해서 만들어진 것이 브릭스BRICS이다. 브라질, 러시아, 인도, 중국, 남아공이 모여서 만든 그들 버전의 IMF인 것이다. '혹시 외환 위기가 오거나 하면 IMF 쟤네들은 완전히 사채업자니까 우리한테 와. 우리가 좀 더 싸게 해 줄게.' 이렇게 만들어진 것이 중국 중심의 브릭스이다. 그런데 미국이 중국에 있는 굴뚝을 인도와 브라질에 준다고 하는 판인데 인도와 브라질이 브릭스에 계속 남아있을 수 있을까? 그들 입장에서는 '야 우리 손절할래. 브릭스 이제 필요없어. 우린 이제 IMF 갈 일도 없거든.'하는 것이다. 남아공도 계속 버틸 수 있을까? 그러니 결국 중국은 고립될 수밖에 없다. 미국은 제대로 공부를 해볼수록 무서운 나라이다. 그냥 친절한 KFC 할아버지 같은 인상을 떠올리지만, G1이 아무나 되느냐 말이다.

자산가치의 폭락

미국의 기준금리는 당분간 내려가지 않을 것이다. 숙성기간인 약 1년에서 2년 동안은 상단이 유지될 것으로 본다. 지금 우리의 상태가 얼마나 어려운가 하면, 우리나라에 2,000만 가구가 있는데 그 중 1,000만 가구가 대출을 가지고 있다. 한국의 가계부채 규모는 세계 1위이다. 이 1,000만 가구가 갖고 있는 가계 부채의 규모는 1,800조이다. 그런데 거기에서 작은 가게를 운영하는 사람들의 개인사업자 대출까지 합치면 2,200조가 된다. 그런데 2,200조 가운데서 부동산 담보 대출이 75%이다. 우리나라 사람들은 오직 하나에만 몰입하고 있는 것이다. 오직 내 집 마련이다. 내 인생의 목표가 주공아파트 재건축인 것이다. 이렇듯 75%의 대출이 다 부동산에 묶여 있다.

그런데 앞으로 3년 동안 이 부동산의 자산가치가 몇 퍼센트 빠지느냐? 과거 통계를 보면 알 수 있다. 2차 세계대전 이후에 있었던 10여 차례의 금리인상의 결과를 통계처리 해보면, 미국이 4.5%에서 금리를 멈추고 1년 반동안 숙성을 시키면 자산가치는 30%가 빠진다. 만약 5.25%에서 숙성시키면 40%가 빠진다. 그런데 만약 6%에서 숙성을 시키게 되면 자산가치가 50%가 빠지게 된다.[13] 이때가 97년도 외환위기이다.

1,000만 가구가 대출을 받았고 그중 절반 이상이 집을 샀는데, 집 가격이 3-50%가 빠진다는 말이다. 그러니 답이 없는 것이다. 지금 3,40대 중에서 집을 산 사람들은 내가 잘못한 게 뭐냐고 항변할 것이다. 그냥 열심히 공부해서 대기업에 들어갔고, 집을 안 살려고 하다가 다 오르니까 어쩔 수 없이 하나 샀는데, 이제 내 아이 하나 키우면서 행복하게 살려고 하는 소박한 꿈을 갖고 있는데 이런 일이 펼쳐지는 것이다. 이게 앞으로 있을 시대인데 아직 경기 침체는 시작도 하지 않았다. 이제 경기 둔화가 시작된 것이다. 앞으로 자산 가격이 다 빠질 때까지 2년 동안 숙성시킨다. 그러고 나면 G1이 사냥하러 오는 것이다.

그 사이에 전 세계 중산층의 40% 가까이가 없어지게 된다. 이들은 왜 중산층을 날릴까? 기업을 컨설팅하는 회사는 기업의 직급별 임금 수준을 컨설팅 해준다. 월급을 많이 주려는 게 아니다. 심리학자들이 모여서 사람을 고용하는 최저 수준의 임금을 계산하는 것이다. 그리고 절대로 넘지 말아야 될 선을 만들어 놓는다. '연봉이 이 금액을 넘으면 이 직원은 사장의 말을 듣지 않는다.'라는 기준이 직급별 연차별로 다 나와있다. 그러니까 리더쉽들과 국가의 지도자들은 당신이 부자가 되기를 원치 않는다. 부자가 되고 나면 말을 듣지 않는 것이다. 먹고살 만하면 자기 목소리가 커지는 것이다. 그러니 국가 경영 입장에서나 G1 입장에서는 중산층이 많아지는 것을 원치 않는다. 그냥 적당하게 쪼들리면서 사는 사람들이 많아지길 원하는 것이다. 그래서 이렇게 수확을 하면 중산층의 비율이 뚝 떨어지게 되는 것이다.

금리를 올렸다고 곧바로 외환위기가 오는 것이 아니다. 역사를 보면 94년부터 올리니까 97년도에 외환위기가 오고, 또 2006년부터 올리니까 2008년도에 외환위기가 왔다. 2022년 3월부터 연준이 금리를 올렸으니까 2023년 가을이나 2024년 초쯤 되면 대한민국에도 환율 위기가 올 가능성이 높다.

환율 위기도 통계적으로 예측해볼 수 있다. 금리를 4.5%에서 숙성시키면 환율은 1550원, 5.25%에서 숙성시키면 환율은 1680원, 6.0%에서 숙성시키면 환율이 1980원이 되는 것이다. 거기에서 오차 범위 플러스 마이너스 50원 안에서 결정되는 것이다.[14] 이게 이제 앞으로 다가올 시대이다. 그런데 더 안타까운 것은 이 위기에 가속도가 더 붙을 수 있는 이벤트가 중간에 터질 수 있다는 것이다. 그게 무엇이냐면 회사채 위기와 저축은행 사태이다.

고조되는 시스템 위기 1 : 회사채

2023년, 회사채가 시장에서 소화가 안 되고 있다. 은행에 가보면 우리는 잘 사용하지 않는 프라이빗 창구가 있다. 거기에서 뭘 파는가 하면 예적금을 비롯한 회사채 같은 것들을 소개해준다.

'고객님 이번에 삼성물산에서 3개월짜리 CP 나왔는데, 지금 기준금리가 2%인데 이거는 지금 3.9%짜리예요. 이건 안전한거예요. 삼성이 망하겠어요 고객님?'

그러면 그것을 사는 것이다. 이것이 회사채이다. 그래서 목돈이 있는 사람은 평소에 회사채를 굴리는 것이다. 2021년 3월에 회사채가 시장에서 나왔을때는 안 팔린 비율이 1%였다. 99%가 다 팔렸던 것이다. 그러니까 시장에 돈이 잘 돌고 혈액이 공급되고 있다는 말이다. 그런데 2022년 8월에는 14%가 안 팔렸다. 9월에는 20%가 안 팔렸고 10월에는 33.4%가 안 팔렸다.[15] 그래서 11월부터는 상당수 기업들이 회사채 판매를 보류하기도 했다. 어차피 안 팔리기 때문이다. 그러니까 지금 대기업부터 중소기업까지 돈이 말라가는 것이다. 만약 롯데물산이 회사채를 냈다가 안 팔리면 회사 주가가 빠지고 난리가 나게 된다. 부도설이 도는 것이다. '야 롯데가 회사채가 안 팔렸대. 그럼 이제 자금 경색이 올 텐데.' 그래서 지금 진짜로 돈이 급한 회사들은 회사채를 못 내면서 꼴딱꼴딱 숨이 넘어가고 있다. 이게 어떤 분위기인지 알겠는가?

이 상태를 넘어가면 이제 시스템 위기로 전환된다. 2023년 6월까지 우리나라 내 갚아야 될 회사채가 53조이다.[16] 그런데 소화가 안 되는 것이다. 그러면 어떻게 될까? 기업들이 바로 부도가 나지는 않는다. 이런 이야기를 해도 '뭐 맨날 경기 침체라고 그러더니만 아직 내 일자리도 멀쩡하고 강남에 돌아다니는 사람들만 많더만.' 하는 사람이 있다. 이제 부도가 나려고 신호가 오고 있는 것이다. 2023년 하반기가 되면 기업들이 부도가 나기 시작한다. 2023년 5월을 기점으로 부도가 나는 시점이 딱 몰려 있는데, 미국은 이 타이밍을 알고 있다. 드디어 이제 고기가 익기 시작해서 핏기가 올라오는데 과연 그대로 불을 끌까? 더 바짝 익히는 것이다. 그러면 그때 이렇게 말하는 것이다. '5.25% 가지고는 안 되겠고, 인플레이션 지수를 2%대까지 낮춰야 하는데 우리 내수시장에 고용지수가 너무 높아서 큰일이다.' 그러고는 만약 6%까지 올린다? 그러면 우리나라 재벌 그룹들까지 연쇄적인 부도의 위기로 내몰릴 수 있다. 이게 2023년 가을에 올 수 있는 시나리오 중 하나이다.

고조되는 시스템 위기 2 : 저축은행

두 번째로는 저축은행이 중간에서 터질 수 있다. 부동산이 시장에서 소화가 안되기 때문에 저축은행과 소형증권사들이 터지는 것이다. 2011년에 부산 저축은행 사태가 어떻게 일어났는가? 아파트를 지을 때 건설회사는 돈이 없기 때문에 이게 분양될 게 확실하다고 생각되면 제1금융권으로 가서 돈을 빌려 온다. 그런데 지방으로 가면 제1금융권이 잘 안 빌려주려고 하거나 금리를 높이니 제2금융권으로 가는 것이다. 지역의 농협이나 축협, 신용금고 같은 곳에 가서 돈을 빌리거나 소형 증권사를 가서 PF* 대출을 받는다.

그런데 이게 아파트 경기가 좋을 때는 다 분양이 되니까 괜찮다. 서로 집 사겠다고 청약을 넣으니까 돈을 다 빌려주는 것이다. 그런데 이 부동산이라고 하는 것은 수요가 오늘 많이 있다고 내일 두 개 찍어내고, 오늘 수요가 줄었다고 내일 한 개 찍고 이럴 수가 없는 비즈니스이다. 왜냐하면 아파트가 하루 만에 만들어지는 게 아니기 때문이다. 지으려고 하면 땅도 매입해야 되지, 허가도 받아야 되지, 착공해서 지어야 되지, 분양해야 되지, 이 과정에서 사이클이 3년에서 5년 정도가 걸린다. 그런데 들어갈 때는 경기가 호황이었는데 중간에 어떻게 될지는 아무도 알 수가 없고 예측이 어렵다. 그렇다 보니 은행들이 돈을 빌려주다가 끝판에 물리는 것이다.

제1금융권은 물려도 분양이 될 만한 안전한 데만 빌려준다. 그러나 저축 은행이나 소형 증권사, 지방에 있는 수협이나 축협, 농협 이런 조그마한 동네 은행들은 그것보다 시장성이 없고 리스크가 높은 데다가 빌려주는 구조이다. 대신에 이자는 많이 먹는 하이 리스크 하이 리턴인 것이다. 그런데 문제가 딱 터지면 어디부터 터질까? 그 동네부터 터지는 것이다.

---

* PF : 특정사업의 사업성과 장래의 현금흐름을 보고 자금을 지원하는 금융기법

그래서 항상 미국이 금리를 올리면 필연적으로 따라오는 것이 시장에 돈이 안 돌게 된다. 우리나라만 그런 게 아니고 전 세계가 그렇다. 지금 기업들은 초비상이다. 그런데 누구부터 죽느냐면 몸집이 약한 애부터 죽는다. 그리고 이게 완전히 시스템 리스크가 와서 아예 국가에 돈이 안 돌아가게 되면 IMF가 와서 심폐소생술을 하는 것이다. 그걸 하라고 IMF를 만들어 놓은 것이다.

2011년도의 부산 저축은행 사태가 무엇이었을까? 그때 리먼 브라더스 사태가 딱 터지니까, 버티고 버티다가 결국 막판이 되면 어떤 짓을 하느냐? 이 기업인들이 부도나기 싫으니까 시장에서 당장 돈을 당기기 위해서 고금리로 CP 기업사채를 발행한다. 그리고 그 지역의 신문사 같은 곳에 광고비를 얼마 주고 지역 신문사 사장들 밥을 사주면서 '야 우리가 이번에 지역의 서민들을 위해서 8프로 짜리 고금리 상품을 하나 만든다. 그러니까 니들이 밥 잘 먹고 광고 좀 실어 줘.' 그러면 일반 서민들은 그걸 보고 '야 부산 저축은행에서 8프로짜리 저축이 나왔대. 하나은행 가면 4프로 밖에 안 주는데.' 계산기만 두들겨 봐도 매달 떨어지는 돈이 두 배인 것이다. 그러면 가진 돈을 깨서 어디로 가겠는가? 아침에 가봤더니 또 줄이 500명 넘게 서 있다. 그래서 다음날 새벽같이 가서 번호표를 뽑고 줄을 선다. 그리고 좋다고 아들에게 전화하는 것이다. '야 엄마가 드디어 오늘 8프로짜리 넣었다. 너 앞으로 용돈 안 보내도 되겠다.' 이런 꿈 같은 소리를 하는 것이다.

자 결국 어떻게 되었을까? 그때 줄 서서 돈 넣은 사람이 10만 8,999

명[17], 자 이분들은 어느 날 뉴스에서 '부산 저축은행 부도' 그러면 다 끝나는 것이다. 이게 곧 벌어질 수 있는 일이다. 지금 상황이 그만큼 안 좋다. 기업에서 재무 담당하는 사람들은 지금 돈이 너무 급해서 2주 안에 부도나기 직전인데도 내색을 못한다. 내색하면 돈을 더 안 빌려주기 때문이다. 그러니까 지금 엄청 괜찮은 척 하면서 돈을 꾸러 다니고 있다. 회사채로는 아예 해결이 안 되는 것이다. 외국의 큰 은행 같은 데 전화해가지고 '야 우리 대기업이야. 우리 믿지? 신용등급 AAA다. 돈 좀 빌려줘.' 그런데 전 세계에서 아무도 안 빌려주는 것이다. 내년 돼서 그 회사가 죽으면 아예 주인을 바꿀 수 있는 때가 오는데, 지금 왜 빌려주겠는가? 지금 이런 때이다.

정보통제사회의 도래

또 하나의 시세가 있다. 세계는 정보통제사회로 흘러가고 있다. 1969년 10월 29일, 미국은 UCLA캘리포니아대학교에서 직선거리로 563km가 떨어진 스탠포드까지 네트워크를 연결시킨다.[18] 그때 최초로 보낸 메세지가 무엇이었냐면 login이었다. 당시의 정보 전송 속도가 초당 50킬로바이트였는데, 이는 당시의 신곡이었던 비틀즈의 'Come Together'라는 노래를 전송하는데 22분이 걸리는 속도였다. 2021년 기준 지금의 기술은 초당 200테라바이트 이다. 이게 얼마만큼 빠른 속도냐 하면, 잠깐 동안에 2억 8000만 개의 곡을 전송할 수 있는 속도이다. 이게 지금 현재 공개된 기술이다.[19] 그런데 이제 4차 산업혁명 시대가 오고 있다. 어떤 시대가 오는가 하면 6G 시대가 오고 7G 시대가 오는 것이다. 어떻게 될까? 지구 전체가 실시간으로 동기화가 된다. 그렇게 되면 지구 전체를 완전히 제패할 수 있는 무기를 얻게 되는 것이다. 지금까지 인류 역사 가운데 지구 전체를 먹으려고 하는 시도들은 여러 번 있었다. 징기스칸도 있었고, 로마도 있었고, 영국도 있었지만 모두 실패했다. 그런데 정보의 속도가 급격하게 올라가게 되면 정보의 통제권을 갖게 된다.

단적인 예로, 중국은 정보통제권을 중국 정부가 가지고 있다. 그런데 텐센트라든지 알리바바와 같은 회사가 중국 인민들의 물품 거래 내역을 소유하고 있는 것이다. 중국 공산당은 이것을 원치 않았다. 이것이 바로 정보 권력이기 때문이다. 내가 어떤 사람을 알고 싶으면 얼굴을 쳐다볼 것도 없다. 그 사람의 지난 10년치 소비 내역을 떼 보면 끝난다. 그것을 민간회사인 알리바바가 갖고 있는 것이다. 그러니까 당이 마윈을 불러서 정보통제권을 빼앗는 것이다.

미국에게 금융 제재를 당해서 망한 화웨이나 샤오미, OPPO, VIVO, HONOR와 같은 중국 회사들이 전 세계에 스마트폰 단말기를 저가에 뿌리고 있다. 이들의 세계 점유율을 합치면 37%나 된다.[20] 애플이나 삼성 이런 회사는 다 미국의 영향권이기 때문에 미국의 기술 통제를 받는데, 중국 공산당 중심의 기업들이 단말기를 뿌리는 것이다. 가격이 3분의 1이고 뒤에서 또 뒷돈도 챙겨주면서 전 세계의 점유율을 높여가는 것이다. 미국은 심기가 불편하다. 저게 깔리면 정보통제권이 중국에게 가는 것이다. 그러니 트럼프는 마음이 급해서 아주 대놓고 노골적으로 화웨이를 죽이라고 했던 것이다.

지금 당신의 핸드폰도 위치 정보가 다 수집되고 있다. 그러나 평소에 우리가 느끼지 못하는 이유는 국가에서 대놓고 그 정보를 사용하지 않기 때문이다. 그런데 예전 코로나가 터졌었던 초기에 이태원의 한 클럽에서 확진자가 발생하니까 정부에서 기지국의 개인정보를 열어서 근방 1km에 와서 기지국에 연결되었던 핸드폰 가입자들에게 문자를 보냈다. 이것은 자유민주주의 국가에서 절대로 일어나서는 안되는 일이다. 코로나 방역보다 더 중요한 것이 개인의 정보 자유권이다. 우리나라 헌법이 보장하고 있는 것인데 우리는 그런 것에 대한 개념이 없으니까 '코로나상황에 이태원 클럽에 간 놈이 나쁜 놈이지.' 하고서는 개인 정보를 열어보는 것을 대수롭지 않게 생각하는 것이다. 그냥 '너도 문자 받았냐? 어떻게 알았지 신기하네.' 이러고 있는 것이다.

중국 정부는 지금 중국의 15억 인구에 대해 사회 신용 등급을 매겼다. 개인 정보를 가공해서 반정부적인 활동이 검열되면 제재를 가하는 것이다. 예를 들어 어떤 사람이 중국 정부의 코로나 방역조치에 분노하여 당에 불만을 표시하는 게시물에 좋아요를 누른다. 그러면 그 사람은 어느 날 베이징으로 가는 기차를 타려고 하는데 티켓 발권이 되지 않는다. 왜 발권이 안 될까? 반정부적인 게시물에 좋아요를 눌렀다는 것을 AI가 자동으로 검열해서 이 사람의 신용을 불량등급으로 내린 것이다. 이미 중국은 이 사회신용제도를 시행하고 있다. 중국 정부는 이러한 계획에 대해 '신용이 있는 사람은 천하를 맘껏 돌아다닐 수 있고, 신용불량자는 한 발짝도 나다니지 못하게 할 것'이라고 표현했다. 중국 정부가 인간을 완전히 통제 관리하는 것이다. 게다가 중국은 안면 인식 기술 세계 1위이다. 눈썹을 붙여도 소용없다. 이미 AI가 딥러닝을 한 것이다. 이것이 정보 통제권이다.

미국은 인권이라는 게 있기 때문에 그렇게 대놓고 등급을 매기지는 않는다. 그래서 뭘 하느냐? 페이스북과 구글과 트위터 이 세 가지를 미국인의 99%가 사용하기 때문에, 이 세 가지 서비스를 통해서 개개인의 성향을 파악한다. 대신 그 정보를 어떻게 사용하느냐? 민간에게 이름만 빼고 정보를 넘기는 것이다. 누군지는 모르지만 생년월일과 지역을 알려주는 것이다. 그렇게 데이터를 가공해서 비즈니스에 활용하게 된다. 지역의 상권을 분석하거나 소비자의 소비 패턴을 분석하는데 사용하는 것이다. 우리는 지금 이런 시대를 살고 있다. 그래도 중국보다는 미국이 낫다. 당장 우리가 부산을 가야 되는데 대통령 게시글에 싫어요 눌렀다고 SRT 발권이 안 된다면 좀 당황스럽지 않겠는가. 정보의 양과 전달속도는 이렇게 계속 올라간다. 놀라운 것은 다니엘이 그 시대에 이것을 어떻게 알았냐는 것이다.

다니엘아 마지막 때까지 이 말을 간수하고 이 글을 봉함하라 많은 사람이 빨리 왕래하며 지식이 더하리라

다니엘 12장 4절

하나님의 생각

하나님은 이 모든 것을 다 알고 계신다. 그것을 보시면서 무슨 생각을 하실까? 하나님은 비웃고 계신다. 하고 싶은대로 다 해보라는 것이다.

> 1 어찌하여 이방 나라들이 분노하며 민족들이 헛된 일을 꾸미는가
>
> 2 세상의 군왕들이 나서며 관원들이 서로 꾀하여 여호와와 그의 기름 부음 받은 자를 대적하며
>
> 3 우리가 그들의 맨 것을 끊고 그의 결박을 벗어 버리자 하는도다
>
> 4 하늘에 계신 이가 웃으심이여 주께서 그들을 비웃으시리로다
>
> 5 그 때에 분을 발하며 진노하사 그들을 놀라게 하여 이르시기를
>
> 6 내가 나의 왕을 내 거룩한 산 시온에 세웠다 하시리로다
>
> 시편 2장 1-6절

주님은 말도 많이 하지 않으신다. '다 해봐라 내 신부는 내가 관리한다.'는 것이다. 이때에 이런 메시지를 듣고 시대가 가는 방향을 알았다면 어떻게 해야 되는 것인가? 정신을 똑바로 차리고 원띵One Thing 해야 한다. 정신을 놓고 살면 죽는지도 모르고 죽게 되는 것이다.

자, 이제부터 잘 들어야 한다. 지금까지 우울한 얘기를 해서 얼굴이 캄캄해졌을 수 있지만, 워싱턴의 생각과 월가의 생각보다 높은 생각이 바로 하나님의 생각이다. 앞으로 이런 어려운 일들이 오겠지만,

더 중요한 것은 그 일을 허락하시는 하나님의 뜻이 무엇인지 알아야 한다. 우리가 시세를 알았다면 이제는 나에게 주어진 시간을 아껴서 DO IT 하며 준비해야 한다. 주님은 환경을 뒤집으신다. 그러니까 물렸어도 괜찮다. 경매당해도 괜찮다. 경매당하는 동력으로 기도하면 주님을 금방 만나게 된다. 내가 바로 그렇게 주님을 만난 케이스이지 않은가? 사람은 살만하면 기도를 하지 않는다. 그냥 대충 며칠 기도해보고 '주님이 나는 안 만나주나 보다.' 하고 포기하는 것이다. 그런데 이제 인생의 마지노선이 딱 오면 '주님 못 만나면 나는 죽는다.' 이런 마음으로 기도하게 되는 것이다.

그래서 만약 경매가 주님의 뜻이라면 순수하게 그 길로 가서 빨리 제단 위로 올라가는 것이 낫다. '날 죽이십시오.' 하고 빨리 주님 앞에 올인하는 것이다. 취업이 안 되는가? 앞으로 더 안될 것이다. 있는 사람도 자르는 판인데 뭘 어떻게 하겠는가? 그러나 괜찮다. 기도하고, 책 읽고, 부르심을 준비하면 하나님 때가 되면 요셉처럼 당신을 감옥에서 끌어올리실 것이다. 하나님이 세우시는 것이다.

하나님의 세계 경영의 방향성은, 복음의 서진성西進性이다. 그러니까 복음이 어디로 가야 되느냐? 이제 중국을 뚫고 터키와 이스라엘까지 가야 된다. 그것이 지구의 끝이다. 지금은 북한 때문에 갈 수가 없다. 그러니 주님이 여시겠다는 것이다. 그것이 주님의 뜻이고 주님의 세계 경영이다. 주님은 마귀와 싸우시는 분이 아니다. 피조물인 마귀는 하나님을 대적할 수 있는 존재가 아니다. 그저 주님의 백성들을 만들어 가는데 조연으로 쓰여지고 있는 것이다. 악인도 쓰시고 의인도 쓰시지만 오직 주님의 관심사는 마지막 때 이 메시지를 듣고 정신을 바짝 차려서 살아가고자 하는 그리스도의 신부들이다.

그러니 우리는 무엇을 하면 되는가? 도미노를 1번부터 12번까지 세워가는 것이다. JUST DO IT 하면 되는 것이다. 엄청나게 어려운 시기가 다가오겠지만 어렵다고 다 죽는 것이 아니다. 코로나가 왔다고 신앙이 다 없어지는가? 아니다. 준비된 사람은 코로나 때 오히려 더 치고 올라가는 것이다. 이제 하프타임이 끝나고 금융위기가 찾아오게 되면 다 망할까? 아니다. 이때 훈련받고 연단받고 준비된 사람은 하나님이 정금같이 만드셔서 사용하신다. 이때 준비된 자들을 하나님께서 끌어올리는 시대가 앞으로 올 텐데, 우리가 요셉과 같이 준비되어야 하는 것이다.

열방을 제자 삼으라는 것과
똑같은 비중으로 우리에게 주신 명령이
자녀를 제자 삼으라는 명령이다.

11장
하나님의 비밀병기

11장
하나님의 비밀병기

　11번째 도미노는 하나님의 비밀병기이다. 지난 3년의 코로나 팬데믹 기간을 돌아보면서, 우리는 이 기간을 그저 중국 우한에서 시작된 전염병이 우발적으로 전 세계에 유행하게 된 것으로 생각할 수 있다. 그러나 그렇지 않다. 이 코로나라고 하는 것은 자연적으로 발생한 바이러스가 아닌 연구실에서 만들어진 바이러스이다. 이 바이러스를 통해서 어디가 가장 많은 피해를 받았는가 살펴보면 결국 자유민주주의 진영이 가장 큰 피해를 받았다. 미국과 중국이 물리적인 군사 충돌이 일어나기 전에 꺼낼 수 있는 모든 카드를 꺼내기 시작하는데 그 가운데 하나가 생물학적 전쟁이다. 이 공격으로 제일 큰 데미지를 입은 곳이 자유민주주의 진영이며, 그 중에서도 교회이다. 신앙의 자유가 공격받은 것이다.

　자유민주주의라고 하는 체제는 단순히 무엇이든지 마음대로 하는 자유를 의미하는 것이 아니다. 초기 미국의 건국의 아버지들이 세운 자유는 신앙의 자유였다. 왜냐하면 이들이 영국에서 건너온 청교도들이기 때문이다. 영국은 국가에서 관리하는 성공회가 중심이다. 개인의 신앙을 국가가 개입하는 것이다. 그래서 이들은 신앙의 자유를 얻기 위해서 신대륙으로 넘어왔다. 내가 성경을 읽고 싶을 때 읽고, 내가 기도하고 싶을 때 기도하고, 내가 선교나가고 싶을 때 선교하는 이 신앙의 자유를 찾아서 대서양을 건넌 것이다. 내 신앙의 문제에 대해서 국가는 절대로 터치할 수 없다. 이것이 신앙의 자유였던 것이다.

그런데 프랑스가 이 신앙의 자유를 위해 세워진 나라 미국에게 자유의 여신상을 선물한다. 뉴욕 맨하탄에 있는 자유의 여신상은 신앙의 자유를 의미하는 것이 아니다. 이 여신상이 말하는 자유는 신앙으로부터의 자유이다. 이 두 가지 세계관의 충돌이 지금도 미국 안에서 일어나고 있다.

미국의 미국됨의 기초는, 진리 안에서의 자유, 죄를 이기는 자유, 신앙의 자유이다. 그런데 이와 정 반대편에 있는 것이 중국 공산당이다. 공산주의의 기원이 무엇인가? 마르크스주의Marxism가 어떤 사상인가? 영국에 있던 한 학자가 영국 기독교 문명과 자유민주주의 문명을 어떻게 하면 파괴할 수 있을까 고민해서 만들어진 사상이 마르크스주의이다. 뿌리부터가 기독교 해체 전략인 것이다. 그래서 중국은 기초 자체가 교회의 해체를 목표로 하고 있다. 그렇게 이 체제의 전쟁이 100년 동안 진행되어져 왔다.

중국은 도대체 미국의 약점이 무엇인가 연구하기 시작했다. 중국이 발견한 미국의 첫 번째 약점은, 여론이 하나로 통합되지 않는다는 점이었다. 그래서 중국은 할 수만 있으면 미국의 투표에 개입하거나 여론을 바꾸기 위해서 애를 쓰고 있는 것이다.

　그리고 두 번째로 중국은 미국의 이 엄청난 힘의 근원이 바로 기독교에 있다는 것을 알게 되었다. 그래서 교회를 파괴하고자 시도하는데, 교회를 가장 효과적으로 파괴할 수 있는 방법을 찾은 것이 바로 내부로부터의 분열이었다. 동성애와 동성결혼 합법화 등을 통해서 미국 교회를 분열시키는 것이다. 이를 통해 미국의 미국됨을 죽이려는 것이다. 그렇다면 교회의 근원은 어디일까? 교회의 근원은 가정에 있다. 그래서 중국은 미국을 무너뜨리기 위해서는 교회를 부숴야 하고, 교회를 무너뜨리기 위해서는 최종적으로 가정을 해체시켜야 하는 것이다.

하나님의 화살들

　1 섬들아 내게 들으라 먼 곳 백성들아 귀를 기울이라 여호와께서 태에서부터 나를 부르셨고 내 어머니의 복중에서부터 내 이름을 기억하셨으며
　2 내 입을 날카로운 칼 같이 만드시고 나를 그의 손 그늘에 숨기시며 나를 갈고 닦은 화살로 만드사 그의 화살통에 감추시고
　3 내게 이르시되 너는 나의 종이요 내 영광을 네 속에 나타낼 이스라엘이라 하셨느니라
　이사야 49장 1-3절

하나님께서는 하나님의 사람들을 뽑아서 마치 화살촉을 갈듯이 연단하신다. 갈릴 때 고통스러울 수 있지만, 이 연단은 장차 있을 영광에 비하면 아무것도 아니다. 그래서 하나님이 나를 연단하실 때 '왜 나만 가지고 연단하시냐'고 따지면 안 된다. 그것은 대장장이의 마음이다. 주님이 나를 불에 넣으시고 찬물에 담그시고 두드려서 펴실 때는 눈치를 빨리 채야 한다. 하나님의 목적은 두드려 패는 것이 아니다. 화살촉이 완성되면 주님이 자신의 화살통에 집어넣으시는 것이다. 지금 우리는 어떤 준비가 되어져 있어야 되느냐? 먼저 정신을 똑바로 차리고 내가 하나님의 화살이라는 것을 알아야 된다. 그리고 이미 화살로 완성되어 있다면 내가 어디로 날아가야 하는지 좌표를 알고 준비해야 된다.

화살은 앞에 화살촉도 있지만 뒤에 깃털이 있다. 이 깃털은 자아상을 의미한다. 내적 치유와 용서가 왜 중요하냐면, 이 깃털이 찌그러져 있으면 주님이 활시위를 당겨도 휘어져 엉뚱한 곳으로 날아가 박히게 되는 것이다. 내면의 자아상이 주님 앞에서 처리가 안 된 것이다.

예를 들어 통일이 되어서 몽골에 선교를 하러 갔다고 해 보자. 그런데 어떤 사람이 떡볶이를 만들다가 과거에 받았던 은혜는 다 잊어버리고 쓴 뿌리가 올라오는 것이다. '나도 저렇게 앞에 나가서 마이크를 잡고 멋지게 영어로 샬라샬라 하고 싶은데, 저기 이쁜 것들만 앞에 나가고 나는 지금 추운데서 떡볶이나 만들고 있네. 내가 왜 이렇게 살아야 돼?' 내면의 자아상이 건강하게 해결되지 못한 것이다. 그러면 주님이 다시 그 사람을 한국으로 소환하셔서 재교육 하시게 된다. 다시 한국으로 데려오셔서 담궜다 뺐다 하시는 것이다. 주님의 목적은 쏘기만 하면 적의 미간에 정확히 꽂히는 화살을 만드는 것이다. 주님의 화살통에 화살을 가득 채우고 원수를 향해서 화살을 당기고자 하시는 것이다.

인간은 선한가 악한가

어떤 한 분야를 깊이 있게 끝까지 파다 보면 대부분 그 기원이 성경으로부터 나왔다는 것을 알 수 있다. 세상에 있는 사회주의나 공산주의, 자유민주주의, 자본주의, 이런 개념들을 듣다 보면 복잡하다. 그런데 이것의 기원을 끝까지 가보면, 이 질문에서부터 시작된다. '인간은 선한가? 악한가?' 하는 질문이다. 당신은 어떻게 생각하는가? 인간은 선한가? 아니면 악한가? 선한 것 같기도 한데 알쏭달쏭하다.

성경은 뭐라고 말하고 있느냐? 세상에는 의인이 없되, 단 한 명도 없다롬3:10고 말한다. 인간이 악하다는 것이 성경의 인간을 향한 정의이다. 그래서 십자가가 필요하다는 것이다. 그래서 십자가 외에는 자랑할 것이 없다는 것이다. 왜냐하면 내 근본 자체가 악하기 때문이다.

그런데 성경을 믿지 않는 사람들은 그렇게 생각하지 않는다. 인간은 원래 선한데 사회 구조나 시스템이 인간을 악하게 만든다는 것이다. 그래서 인간은 진보하고 진화하는 것이고, 사회개혁을 통해서 선한 사회를 만들 수 있다는 것이다. 이것이 바로 유물론이고 공산주의의 뿌리이다. 공산주의는 뭐라고 이야기하느냐? '인간은 원래 선한데 교육을 못 받아서 악해. 그래서 교육을 받으면 선해질 수 있어.' 이렇게 해서 생후 6개월이 된 아기부터 국가에서 의무교육을 실시한다. 그런데 인간이 교육을 받으면 선해지는가? 여전히 악하다. 그러면 공산주의는 더 교육을 시켜보다가 안되는 거 같으면 그냥 죽여버린다.

북한에 있는 한 중학생이 한국의 드라마를 보고 싶어서 장마당에서 사와서 몰래 봤다. 그런데 이 아이는 총살을 당하게 된다. 이유인즉, 이 아이는 교육을 시켜도 안된다는 것이다. 드라마를 보지 말라는 수령님의 뜻을 교육시켰고, 한 번 어겼을 때 3년 교화소에 보내서 교육을 시켰는데 또 어겼으니 즉결 심판으로 사형이라는 것이다. 이게 바로 북한이다. 공산당은 뭐라고 말하느냐? 아무리 교육해도 안 바뀌는 인간이 있는데, 그런 사람들은 애초에 씨가 다르다는 것이다. 반대로 아버지가 김일성 태양신의 특별한 씨이면 그 사람은 완벽하다는 것이다. 이것이 김일성, 김정일, 김정은으로 내려오는 3대 세습의 논리 구조이다.

성경은 이렇게 말한다. 인간은 고쳐서 쓸 수 있는 것이 아니라는 것이다. 인간은 다시 태어나야만 한다. 다시 태어난다는 것이 무엇일까? 나는 죽고 예수로 다시 태어나야 한다는 것이다. 인간은 원래 악하기 때문에, 자신을 의지하지 말고 말씀을 의지하라는 것이다. 하나님의 눈동자를 보라는 것이다. 이것이 기독교의 가르침이다. 이 두 가지의 다른 생각이 이념으로 만들어지면서 자유민주주의와 공산주의의 체제갈등으로 발전되기 시작한다.

자유민주주의가 말하는 인권은 천부인권사상이다. 인간은 하나님의 형상을 담은 존재이기 때문에 빈부귀천에 상관없이 모두 존귀하다는 것이다. 이 인권은 인간이 선택한 것이 아니다. 하나님이 주신 인권이기 때문에 인간이 개입할 수 없다는 것이다. 그래서 미국 독립선언문의 헌장에는 천부인권을 말하고 있다. 인간은 철저한 죄인이지만 동시에 존귀한 존재라는 것이다.

그런데 공산주의는 인간이 아메바부터 진화된 물질이라고 믿기 때문에 인권의 출처와 기원이 없다. 유물론이기 때문에 교육으로 고칠 수 없다고 판단되면 그냥 죽이는 것이다. 그래서 북한이나 중국은, 수많은 사람들을 그냥 탱크로 깔아서 죽이는 일을 서슴없이 자행한다. 교화가 불가능하다고 판단하게 되면 천안문 앞에 수 많은 사람들이 모여있어도 그냥 깔고 지나가는 것이다. 인간을 영혼이 없는 물질이라고 믿으며, 하나님의 존재를 인정하지 않는다. 그래서 이 두 가지의 체제는 결코 연합될 수 없다. 대한민국과 북한이 연합될 수 없고, 미국과 중국공산당이 연합될 수 없는 것이다. 그런데 이 두 개의 문명이 딱 충돌하는 지점이 바로 한반도이다. 하나는 세계에서 제일 지독한 공산주의 국가이고, 하나는 세계에서 가장 번영하는 자유민주주의 국가 중 하나이다. 이것이 지금의 한반도이다. 전 세계의 사상이 한반도에 집결해서 세력 대결을 하고 있다. 그래서 한반도가 복잡한 것이다. 그러나 우리는 이 역사의 끝을 알고 있다. 결국 북한의 공산주의 정권은 무너지고 대륙을 향한 선교의 문을 열어줄 수밖에 없다.

생명력의 근원

그렇다면 이 자유민주주의 진영의 생명력은 어디에 있을까? 자유민주주의의 생명력은 교회에 있다. 하나님은 교회를 이 땅의 소망으로 두셨다. 그래서 예수님이 부활하셔서 교회를 우리에게 주신 것이다. 교회는 단순히 기독교인들이 모여서 정신승리를 하는 곳이 아니다. 이곳에 와서 진리를 탑재했으면, 교회 밖에 나가서 세상을 정복하고 다스리라는 것이다. 하나님의 원래 의도는 이 교회에 있는 엄청난 자원들이 모였다가 흩어지고 모였다가 흩어지면서 만물을 충만하게 하는 것이다.

'나는 평신도니까 그냥 십일조랑 선교헌금이나 내고, 나머지는 내 거니까 건드리지 마세요.' 그저 이런 마인드로 살면서 '주님 나의 꿈이 뭔지 아시죠? 소박합니다. 아파트 하나에 아이들하고 행복하게 사는 것 밖에 없습니다.' 이 생각만 계속 하고 있으니까 주님이 대한민국을 흔드시는 것이다. 가진 아파트도 다 흔드시는 것이다. 이런 하나님의 의도를 모르고, '나는 이번 경제위기에 절대 집을 빼앗기지 않을 거야.' 하고서 성경에도 없는 1,000일 작정기도를 하면서 '주님 내 집을 구해 주십시오.' 기도하면 세월만 3년이 날아가는 것이다. 하나님은 그런 것에 관심이 없으시다.

그렇다면 교회의 핵심은 무엇일까? 교회의 본질을 끝까지 들어가 보면 결국 가정이다. 지금 대한민국의 다음 세대들 중에서 신앙이 있는 아이들은, 대부분이 엄마 아빠가 교회에 다니기 때문에 따라서 다

닌다. 요새는 떡볶이를 준다고 교회에 오는 시대가 아니다. 결국 교회에 남아있는 다음 세대들은 가정이라고 하는 울타리 안에서 남아있는 것이다. 이 땅에 있는 여러 제도들 가운데, 하나님이 직접 만드신 제도는 가정과 교회 밖에 없다. 하나님은 아담과 하와를 만들어서 가정을 만드셨고, 예수그리스도의 부활과 함께 교회를 만드셨다.

세상은 어디어디에 가면 행복이 있다고 우리를 속이지만, 하나님이 만들어두신 오리지널 기쁨은 가정 안에 있다. 그래서 공산주의와 하나님을 대적하여 높아진 모든 생각들의 초점은 바로 가정의 해체이다. 왜냐하면 가정이 하나님의 비밀병기이기 때문이다.

그래서 우리에게 가장 소중한 것은 가정이다. 당신을 괴롭게 하는 남편과 당신을 괴롭게 하는 부모님이 가장 소중하다는 것이다. '내가 이 인간은 절대로 용서를 못 하겠습니다.' '내가 다른 도미노는 다 쌓겠는데 지금 5번 도미노용서의 능력에 걸려서 진도를 못나가겠습니다.' 하는 사람이 있을 수 있다. 그러나 환경과 상황을 바라보지 말고 말씀에 순종해야 하는 것이다. 환경을 바라보면 절대 바뀌지 않는다. 하나님이 정한 원칙은 가정이기 때문에, 가정은 회피하거나 포기할 수 있는 것이 아니다. 이 땅과 교회의 생명력은 가정에 있다.

신약은 땅끝 선교, 구약은 자녀 선교

성경의 구약말씀을 요약하면 딱 한 가지이다. 예수님이 오실 거라는 이야기이다. 그리고 신약을 요약하면 무엇인가? 그 예수님이 이 땅에 오셨고, 그리고 다시 오신다는 것이다. 그리고 우리에게 미션을 주셨다. 주님이 승천하시면서 남기신 신약의 미션은 땅 끝까지 복음을 전하고 열방을 제자삼으라는 것이었다. 제자들이 그 말씀에 순종해서 땅 끝까지 선교를 했던 것이다. 주님의 명령은 아주 클리어 했다. '땅 끝까지 선교해. 그러면 내가 다시 올 거야.' 그래서 우리는 개신교 500년의 기간동안 계속해서 선교에 힘써왔다. 교회를 개척해서 상가에서 자리만 잡으면 곧바로 선교사를 파송해왔다. 이것이 하나님의 명령에 순종한 열매이다. 그렇게 우리가 복음을 받게 되었다. 100년 전에 순종한 사람이 있었기 때문에 지금 우리가 복음을 얻게 된 것이다.

그런데 이것만 하면 안 된다. 잘 생각해 보라. 지난 500년 동안 전 세계 국가의 교회들이 선교에 힘써왔다. 유럽의 교회들과 영국의 교회들이 선교에 힘써왔다. 그런데 내가 두 달 전에 영국을 가보니, 영국 교회가 완전히 망해 있었다. 미국은 동성결혼이 합법화되고 자유주의 신학으로 타락해버렸다. 왜 그럴까? 선교를 안 하는 것이 아니다. 옆 나라에는 불을 전달했는데, 정작 자기 나라의 불은 꺼져버린 것이다.

신약의 지상명령은 열방을 제자 삼는 것이다. 그런데 구약의 지상명령은 무엇이었을까? 자녀를 제자 삼으라는 것이다. 이것이 구약의 지상명령이다. 신약 구약이 합쳐져서 하나의 성경이 되는 것이다. 열방을 제자 삼으라는 것과 똑같은 비중으로 우리에게 주신 명령이 자녀를 제자 삼으라는 명령이다. 그런데 우리는 전통적으로 어떻게 해

왔느냐? '나는 열방을 제자 삼을 테니까, 내 자녀는 주님이 책임져 주십시오.' 이렇게 해왔던 것이다. 이것은 큰 착각이다. 전혀 성경적이지 않다. 네가 열방을 제자 삼으면 네 자녀는 내가 제자 삼겠다. 성경 어디에 그런 구절이 있는가? 자신의 신념일 뿐이다. 성경은 아주 명확하게 말하고 있다. '네 자녀를 제자 삼아라.' 또한 '열방을 제자 삼아라.' 이 두 가지 모두를 해야 하는 것이다.

그런데 우리는 교회에서 이것을 잘 배우지 못했다. 신학교에 가도 이런 것은 알려주지 않는다. 우리는 교회를 세우면 땅 끝까지 선교하는 일에만 몰두해 왔다. 교회 안에 만국기를 걸어놓고 틈만 나면 나갈 생각만 하는 것이다. 자기 자녀는 게임하다가 죽든지 말든지, '주님 내가 이번에 터키 갔다 오면, 우리 자녀는 주님이 해결해 주십시오.' 하고는 떠나버리는 것이다. 성경에는 그런 말이 없다. 내 자녀는 내가 해결하는 것이다. 이게 주님이 우리에게 주신 명령이다. 영국은 이것을 몰랐다. 독일과 미국 교회도 이것을 몰랐다. 틈만 나면 외국으로 선교를 나갔지만, 자기 자녀는 묻지마 신앙이 되었던 것이다. 그런데 마지막 때의 하나님의 비밀병기는, 바로 당신의 자녀이다. 하나님의 화살통 안에 있는 화살이 바로 당신과 당신의 자녀라는 사실이다.

우리는 가정을 지키면서 자녀를 신앙으로 제자 삼아야 된다. 이 일은 남에게 맡겨서는 안 된다. 내가 직접 해야 된다. 그것이 하나님의 명령이다. 내가 이것을 하지 않으면 어떤 결과가 생기느냐? 옆 나라에다 복음을 전해주고 자기 나라는 구멍이 나는 영국 같은 꼴을 당하게 되는 것이다. 지금 우리는 마지막 때를 살아가고 있기 때문에, 자녀의 신앙을 망가뜨리면서 옆 나라에다 불을 전달하고 있을 여유가 없다. 가정 전체가 복음화 되어서 자녀와 함께 선교를 나가 땅 끝에서 주님을 만나야 하는 것이다.

> 4 젊은 자의 자식은 장사의 수중의 화살 같으니
> 5 이것이 그의 화살통에 가득한 자는 복되도다 그들이 성문에서 그들의 원수와 담판할 때에 수치를 당하지 아니하리로다
> 시편 127편 4-5절

유대인의 쉐마 교육

> 4 이스라엘아 들으라 우리 하나님 여호와는 오직 유일한 여호와이시니
> 5 너는 마음을 다하고 뜻을 다하고 힘을 다하여 네 하나님 여호와를 사랑하라
> 6 오늘 내가 네게 명하는 이 말씀을 너는 마음에 새기고
> 7 네 자녀에게 부지런히 가르치며 집에 앉았을 때에든지 길을 갈 때에든지 누워 있을 때에든지 일어날 때에든지 이 말씀을 강론할 것이며
> 8 너는 또 그것을 네 손목에 매어 기호를 삼으며 네 미간에 붙여 표로 삼고
> 9 또 네 집 문설주와 바깥 문에 기록할지니라
> 신명기 6장 4-9절

우리는 유대인 교육이라고 하면 천재 교육이라고 알고 있다. 오직 우리의 관심은 우리 애가 서울대에 가는 것 뿐인 것이다. 그러나 유대인 교육은 아이를 천재로 만들거나 서울대에 보내는 교육이 아니다. 유대인들이 하버드를 많이 가고 명문대를 많이 가는 이유는, 그들이 하나님을 경외하기 때문에 하나님이 지혜를 주시기 때문이다. 그것이 하나님이 성경에서 정해놓은 룰이기 때문이다.

유대인 교육의 핵심은 이 신명기 말씀이다. '네 자녀를 부지런히 가르쳐라.' 그런데 우리는 이 말씀에 아무도 순종을 안 한다. 우리는 뭐라고 하느냐? 내 자녀는 공교육이 가르친다. 내 자녀는 구몬수학 선생님이 가르친다. 그리고 엄마는 돈을 번다는 것이다. 그렇지 않은가? 그러나 성경은 네 자녀를 네가 가르치라고 명령하고 있다. 그런데 문제는, 세상의 학문은 학교에 가서 배운다고 쳐도 신앙교육마저 교회 교육전도사가 가르치는 것이라고 생각하고 있다는 것이다. 그러니 다음 세대가 죽어 나가는 것이다.

지금도 나에게는 학생 수련회를 언제 하냐는 문의가 많이 들어온다. 물론 우리가 학생 수련회를 하기는 한다. 그러나 하나님은 그 아이를 부모에게 맡기셨는데, 왜 나에게 그 일을 위탁하냐는 것이다. 아이가 아무리 은혜를 받고 돌아와도, 여전히 엄마의 정신이 썩어있고 아빠가 안 바뀌는데 뭐가 달라질 수 있겠는가. 3박 4일 동안 은혜를 받고 돌아와도, 부모의 생각과 가치관이 내가 은혜를 받았던 말씀과 충돌한다. 그러니 아이들은 혼란스러운 것이다.

하나님의 비밀병기는 가정이다. 가정이 바뀌기 위해서는 먼저 내가 바뀌어야 하는 것이다. 나는 바뀌기 싫은데 내 자녀는 바뀌었으면 좋겠다? 잠깐은 바뀔 수 있다. 하지만 집에 돌아오면 엄마는 그대로이다. 이걸 몇 번 반복하다 보면 어떻게 될까? 그 아이는 '우리 엄마는 가짜야. 나한테만 말씀 읽으라 그러지 자기는 맨날 드라마만 봐.'라고 생각하게 된다. 초등학생 때는 그걸 그냥 가만히 지켜본다. 그리고 중학생이 되면 입을 닫고 말을 안 한다. 고등학생이 되면 그 방은 못 들어가게 되고, 대학교에 가서 부모의 영향력을 벗어나면 신앙을 버리게 되는 것이다. 우리는 이것을 반성해야 한다. 집 밖에서 엄한 방법들을 찾아다닐 것이 아니라, 가정에서 자녀 교육을 똑바로 시켜야 하는 것이다.

부모와 자녀 사이에는 왜 세대 차이가 날까? 세대 차이의 원인은 데이터 값의 차이이다. 엄마 아빠가 어려서부터 보고 들은 데이터와 자녀들이 어려서부터 보고 들은 데이터가 다르기 때문이다. 시대가 달랐기 때문에 경험한 인포메이션이 다른 것이다. 그런데 요즘은 쌍둥이도 세대 차이가 난다고 말한다. 왜 그럴까? 각각 보는 스마트폰의 데이터가 다른 것이다. 세대 차이는 엄밀하게는 문화의 흡수력 차이이다. 그런데 이스라엘에 가보면, 정통 유대인들은 세대 차이가 별로 없다. 그들은 왜 세대 차이가 나지 않느냐? 이 신명기의 말씀을 가정에서 지키는 집들은, 할아버지가 보는 성경, 아빠가 보는 성경, 아들이 보고 있는 성경이 다 똑같은 '토라'이다. 입력 데이터가 동일하다. 내가 네 살 때 '이스라엘아 들으라 우리 하나님 여호와는 오직 유일한 여호와이시니…' 이 말씀을 암송했는데, 우리 아빠도 네 살 때 암송했고 할아버지도 외우고 있는 것이다. 이것이 쉐마교육이다. 쉐마는 자녀를 서울대에 보내는 교육이 아니다. 자녀를 제자화하는 교육인 것이다.

햇빛과 물의 원리

자 그러면 구체적으로 어떻게 자녀를 가르치고 제자화할 것인가에 대해 몇 가지를 설명하고자 한다. 우리가 한번 생각해 보면, 옛날에는 큰 인물들이 나왔다. 옛날에는 정치인도 좀 정치인 같은 인물들이 있었다. 그래도 이 사람은 그릇이 크다고 여겨지는 인물들이 있었는데 지금은 세월이 갈수록 좀팽이들 밖에 보이지 않는 것 같다. 다들 그릇이 작은 것이다. 왜 그럴까?

사람의 내면의 그릇은 어린 시절에 커지게 된다. 마음이라고 하는 그릇이 커지기 위해서는 두 가지의 요소가 필요하다. 나무가 자라려고 하면 햇빛과 물이 필요하다. 물을 전혀 안 주면 말라죽고, 햇빛을 너무 쬐이면 타들어 죽게 된다. 적당한 물과 적당한 햇빛이 있어야 하는 것이다. 사람의 마음이 커지는 데에도 햇빛과 물이 필요한데, 이것이 무엇이냐면 햇빛은 사랑이고 물은 물질이다. 그런데 물질적으로 풍족하게 크면 나무가 잘 자랄까? 그렇지 않다. 뿌리가 자라지 않는다. 맨날 물을 주기 때문에 뿌리를 열심히 내릴 필요가 없는 것이다. 그래서 어렸을 때 물질적으로 풍족하게 키우면, 그 아이는 뿌리를 깊이 내리지 못하고 당기면 그냥 뽑히는 사람이 된다. 겉으로는 물을 많이 먹었으니까 잘 큰 것처럼 보이지만 고난이 찾아오면 뿌리가 없기 때문에 그냥 쓰러지고 마는 것이다. 그래서 옛말에 어른들이 젊었을 때는 사서도 고생을 하라는 것이다. 이게 무슨 말이냐면, 인생의 뿌리를 내리라는 이야기다.

옛날 사람들은 물질적으로 풍요롭지가 않았다. 시대 자체가 그렇다 보니까 척박한 환경에서 뿌리를 내린 것이다. 그래서 마음의 그릇이 단단해졌고, 힘들어도 쉽게 죽지 않았다. 고난이 오면 더 뿌리를 깊게 내리는 것이다. 그런데 요즘 엄마들은 어떻게 하느냐? 열심히 일해서 성공한 커리어우먼이 되어서, 육아는 베이비시터에게 맡기고, 신앙은 교육 전도사에게 맡기는 것이다. 그리고 뭐라고 하는 것인가? '우리 애는 명품 패딩을 입혀서 영어유치원 가서도 절대로 무시 안 당하게 키울 거야.' 이것은 완전히 미친 짓이다. 물질을 풍요롭게 키우면 아이들은 단단해지지 않는다. 그래서 부잣집 애들 대부분이 마음이 여물지가 않다. 겉 허우대는 멀쩡한데 뿌리가 약해서 하나부터 열까지 다 해줘야 하는 것이다. 아이가 뿌리를 내리려고만 하면 엄마가 와서 물을 준다. '아들아 너는 이거 하지마. 엄마가 다 해줄게.' 그것이 자녀를 죽이는 길이다. 절대 물을 많이 주면 안 된다. 돈이 많아도 풍요롭게 키우면 안된다는 것이다.

반대로 만약 우리 집이 가난하다면 그 또한 감사하면 된다. 아이가 강제적으로 뿌리를 깊게 내리게 된다. 그래서 힘들게 큰 아이들은, 악바리 근성이 있다. 힘든 상황을 이겨낼 힘이 있다. 그러나 이게 또 너무 힘들어지면 뿌리가 나면서 동시에 쓴 뿌리가 함께 자라게 된다. 그래서 적절한 양의 물이 필요한 것이다.

만약 경제적인 환경이 어렵다면 쓴 뿌리가 나지 않게 무엇으로 해결할 수 있느냐? 사랑으로 해결할 수 있다. 사랑을 많이 받으면, 사람이 달콤해진다. 그래서 사랑을 많이 받은 여자가 또 사랑받는 것이다. 사랑을 받아서 달콤해지면 결혼을 해도 달콤하게 사는 것이다. 그런데 사랑을 많이 못 받고 크면 달지가 않다. 그래서 결혼을 해도 싸우면서 사는 것이다. 이 원리가 이해되는가? 그래서 풍부한 사랑과 함께 물은 적당히 조금만 줘야 한다는 것이다. 이것이 사람의 마음을 키우는 방법이다.

나는 우리 아이들에게 이렇게 이야기해 주곤 한다. 사명이 있다 보니까 아빠로써 종일 같이 있어주지는 못하지만, 대신 만나면 뽀뽀를 해주며 한 명씩 꼬옥 안아준다. 그러면서 '사랑이 뭐라고?'라고 물어보면 애들이 '달달.'이라고 답하는 것이다. 그래서 '빨리 먹어.'라고 말하면 아이들이 안겨서 '달달해.'라고 말하는 것이다. 내가 '야 사랑을 하면 어떻게 되지?'라고 물어보면 우리 집 네 살 짜리도 다 안다. '달달해지지.'하고 답하는 것이다. 그러면 '그래서 너희들이 지금 달달한 거야. 달달해야 다른 사람도 사랑할 수 있어.'라고 얘기해 주는 것이다.

아이가 어디 가서 뭘 사달라고 떼를 쓰면 그냥 혼내는 것이 아니라 얘기해 주는 것이다. '아빠가 사줄 수 있지. 그런데 이걸 사주면 니가 건강한 사람이 안 되기 때문에 아빠는 참는 거야.' '사줄 수 있지만 너 이거 없어도 괜찮아. 30분만 지나 봐 갖고 싶은 마음이 생각도 안 날 거야.' 그리고 절제를 시키는 것이다.

진짜 경쟁력은 예절교육이다

그리고 예절과 정체성 교육이 굉장히 중요하다. 이것을 다른 말로 밥상머리 교육이라고 한다. 옛날 우리 부모님들은 가난했어도 무엇을 했느냐? 예절교육을 했다. 그런지 아닌지 확인할 길은 없지만, 우리가 다 뼈대있는 양반 가문이라는 것이다. 절대 부모가 자식에게 '야 우리 집은 천민 출신이야.' 이렇게 말하는 사람이 없다. 우린 다 100% 양반 이었다는 것이다. 그래서 아빠가 뭐라고 가르치는 것인가? '우리가 이 래 봬도 무슨 가문의 무슨파 몇대 손 양반 가문이다. 그러니까 너 밥 먹을 때 허리를 똑바로 하고 앉아라.' 이렇게 교육하는 것이다. 가난 해서 먹을 게 없어도, 아버지가 먼저 수저를 잡기 전에는 먹지 말라 고 교육하는 것이다. 이것이 무슨 교육이냐? 꼰대 교육이 아니고 예절 교육이다. 그런데 요즘에는 아빠가 오기도 전에 먼저 밥을 먹고 있다. 그런데 '아이고 하나밖에 없는 우리 새끼, 많이 먹어라.'하는 것이다. 이것은 자녀를 죽이는 길이다. 예전에는 먹을 게 없어도 이런 예절교 육을 시켰기 때문에 사람들이 기본 예의가 있었다. 인격이 있고 품위 가 있는 것이다.

어릴 때 이런 기본기가 갖추어진 아이들은 나중에 커서 세상으로 나가면 경쟁력을 얻게 된다. 세상의 최고 하이클래스로 가보면 실력은 다들 비슷비슷하다. 거기서부터는 무엇으로 판결이 나느냐? 정직한지, 예의가 바른지, 성품이 올바른지, 여기에서 픽업이 되는 것이다. 삼성전자의 상무를 뽑을 때 학벌, 스펙은 다 비슷한 것이다. 그러면 무엇으로 뽑을까? 평판으로 뽑는 것이다. 리더십과 인간성으로 뽑는 것이다.

이런 좋은 마음밭을 갖고 있는 사람이 예수님도 잘 믿는다. 엄마가 신앙을 못 줬어도 예의를 준 아이들은, 나중에 예수님을 믿게 되면 잘 믿는다. 그런데 엄마가 신앙만 줬을 뿐 개판으로 교회를 다니면서 제멋대로 키우면, 그 아이는 교회만 왔다갔다 할 뿐 커서는 신앙을 버릴 가능성이 높다. 그러니 당신의 자녀들을 하나님의 화살통의 비밀병기로 만들고 싶다면, 햇빛과 물을 적절하게 줌과 동시에 예절교육을 해야 하는 것이다.

수평문화의 위험성[21]

어렸을 때 수평 문화Horizontal Culture와 유행 문화에 많이 노출된 아이들은 뿌리가 썩어버린다. 그래서 우리 집에서는 티비를 보지 않는다. 유대인의 가정에는 거실에 티비가 없다. 주로 수평 문화에 노출되는 곳이 티비와 스마트폰이기 때문이다. 유행 문화와 대중 문화에 아이들이 노출되면 뿌리가 썩어버린다. 그래서 나이가 들어도 평생 유행만 쫓다가 인생이 끝나버리는 것이다. 그 유행의 길은 넓은 길이자 죽음의 길이다.

그런데 수직 문화Vertical Culture, 하나님의 문화에서 자란 아이들은 유행을 따르지 않는다. 오히려 그들이 유행을 주도한다. 수직 문화가 뿌리를 내리기 위해서는 먼저 수직적인 관계가 중요하다. 십계명을 보면 1계명부터 4계명까지는 하나님과의 관계이고, 6계명부터 10계명까지는 이웃과의 관계이다. 그리고 5계명은 네 부모를 공경하라는 부모와의 관계이다.

하나님의 의도를 한 번 생각해 보라. 왜 네 부모를 공경하라고 했을까? 이것은 도미노와 똑같다. 먼저 네 부모를 공경하지 않으면 6계명부터 10계명까지를 지킬 수가 없다는 것이다. 그래서 유대인들은 5계명을 실천하지 않는 사람은, 인간 취급을 하지 않는다. '저 놈은 간음한 놈과 똑같아. 지 부모도 공경하지 않으니까.' 부모를 공경하라는 것은 부모 말씀에 순종하라는 것이다. 하나님의 인물은 하나님을 경외하고 부모에게 순종할 때 만들어진다. 이것이 어린 시절에 배워야할 가르침이다.

인간은 죄인이다. 세 살만 돼도 부모에게 저항하고, 네 살이 되면 미운 네 살이 되고, 다섯 살부터는 유행을 따라가다가 중학교에 들어가면 립스틱을 바르고 치마를 자르는 것이다. 이 길로 가면 자녀를 완전히 망치게 된다. 하나님은 우리에게 세 살 때는 순종하는 법을, 다섯 살 때는 하나님을 경외하는 법을 가르치라는 것이다. 이것이 유대인 교육이다. 그래서 유대인들은 만 13세가 되기 전에 하나님과의 관계와 부모와의 관계를 똑바로 정렬시킨다. 그리고 나서 14세부터 세상 것을 배우기 시작하는 것이다. 그러나 세상 것을 배울 때에도, 13

세 때까지 배웠던 토라Torah와 하나님의 세계관을 가지고 배우도록 가르친다.

유대인의 하브루타는 그냥 말 싸움을 하는 것이 아니다. 우리나라에는 후츠파Chutzpah라고 하는 것이 잘못 알려져서 '이스라엘 군대에서는 이등병이 장군에게 큰 소리로 따지고 대드는구나. 이렇게 권위를 없애는 것이 이스라엘 군대의 비밀이구나.' 이런 헛소리를 한다. 겉으로 볼 때는 이등병이 장군한테 따지는 것처럼 보인다. 그러나 진짜 이스라엘의 후츠파 개념은, 하나님의 진리가 있으면 장군이 와서 얘기해도 하나님의 진리가 맞으면 말하라는 것이다. 이것이 후츠파의 원리이다. 자기 안에 하나님의 토라와 말씀의 기준이 정리되어 있어야지만 따질 수 있는 것이다.

지금 내가 무슨 이야기를 하는 것인가? 11번째 도미노는 하나님의 비밀병기인데, 하나님의 비밀병기인 당신의 자녀를 제자 삼으라는 것이다. 그렇게 하기 위한 원리를 설명하고 있다. 첫 번째로 먼저 수직문화가 자녀에게 들어가야 된다. 그리고 두 번째로 수평 문화는 나중에 그것을 말씀으로 평가할 수 있을 때 줘야 한다는 것이다.

스티브 잡스Steve Jobs는 자기 자녀에게 아이폰을 주지 않았다. 그는 아이폰을 만들어서 전 세계에 준 사람이었지만 정작 자기 자녀에게는 아이폰을 주지 않았다는 것이다. 이것은 10년 전의 나에게 충격이었다. '아니 왜 자기 자식에게 아이폰을 주지 않았을까? 나 같으면 아이패드도 줄 거 같은데.' 왜냐하면, 스티브 잡스는 아이들이 어렸을 때 수평 문화에 노출되면 안 된다는 것을 알았기 때문이다.

스티브 잡스와 빌 게이츠 같이 실리콘밸리의 상징과도 같은 사람들은, 스마트폰을 자녀가 컨텐츠를 흡수하는 도구가 아닌 자기 안에 있는 것들을 표현하는 도구로 사용할 줄 알 때 주었다. 이것이 그들이 갖고 있던 자녀 교육에 대한 생각이다.[22]

아이폰 아이패드 이런 것들은 13세 이후에 수직 문화가 자리잡은 후에 봐야 한다. 그런데 식당을 가보면 모든 엄마들이 밥을 먹으면서 아이들 손에 아이패드를 쥐어 준다. 그걸 보여주면 자녀의 심령이 죽는다고 해도 '아유 이 컨텐츠는 영어 컨텐츠 좋은 거라서 괜찮아요.'라는 것이다. 그렇지 않다. 아이들의 전두엽이 다 망가진다. 그래서 그렇게 초등학교 2학년 3학년이 되면 과잉행동장애, 주의력결핍장애, 그러다가 게임중독, 그러다가 음란물 중독, 그러다가 정신병에 걸리게 되는 것이다. 이것이 디지털 마약이다.

가정의 회복이 다음세대의 회복이다

다음 세대 회복의 핵심은 가정의 회복이다. 이런 내용의 설교와 강의를 아무리 들어도 부모가 바뀌지 않으면 아이가 바뀌지 않고 또 망가진다. 결국은 먼저 가정이 회복되어야 하는 것이다. 하나님의 비밀병기가 가정이기 때문에 마귀도 가정을 파괴하기 위해 총력전을 펼치고 있다. 가정에서 하나님의 화살들이 만들어지기 때문이다.

가정이 신앙전수의 핵심이다. 신앙전수는 엄마 아빠하고 집에서 예배를 드리면서 삶으로 신앙이 전수되는 것이다. 자녀 교육은 연습이 없다. 이번에 실패했다고 다시 새로 시작할 수 없는 것이다. 그래서 우리는 공부해야 한다. 책을 읽어보고, 실패사례와 성공사례를 살펴보고, 성경이 말하는 대로 아이를 키워야 된다. 성경의 신구약을 요약하면, 자녀를 제자로 삼고 열방을 제자로 삼으라는 것이다. 이것이 우리에게 주신 명령이다. 이게 명쾌하게 보이는가?

이제 우리는 자녀를 제자 삼아서, 평양과 카자흐스탄으로 갈 때 자녀와 함께 가야 한다. 앞으로 또 어떤 전염병이 터질지 모른다. 코로나 보다 더 치사율이 높은 전염병이 돌아서 다시 한 번 세계가 셧다운 될 수도 있다. 교회 안까지 공무원들이 들어와서 예배드리지 말라고 통제하는 때가 다시 올 수 있는 것이다. 그런데 경찰도 어디에서 예배하는 것은 막지 못할까? 바로 가정이다. 그래서 하나님이 마지막 때의 비밀병기가 가정이라고 말씀하시는 것이다.

코로나 때 우리가 당했으면 교훈이 있어야 하는 것이다. 그래서 앞으로는, 교회가 다 하려고 하면 안 된다. 교회가 다 못한다. 교회는 어떻게 해줘야 하느냐? 가정이 교회가 되게 해줘야 한다. 아빠가 가정의 제사장이 될 수 있도록 도와주어야 한다. 그것이 교회의 역할이다.

그러면 건물로서의 교회는 무엇일까? 잘 들어야 한다. 예수님께서 말씀하신다. 안식일을 거룩하게 지키라고 하신 명령은 너희들을 위함이다. 이게 무슨 얘기냐? 우리는 착각한다. 주일 성수를 하는 것이 하나님을 위한 것이라고 생각하는 것이다. 아니다. 주일 성수를 하라고 하신 것은 우리를 위한 것이다. 우리가 주일 예배를 지키기 때문에 가정 예배가 지켜지는 것이다. 안식일을 거룩하게 지키지 않는데 어떻게 가정이 지켜지겠는가. 하나님의 계명에는 순서가 있다. 하나님이 이 땅에 교회를 주신 이유가 무엇인가? 모이기를 힘쓰고 안식일을 지키라는 것이다. 주의 날에 예배하라는 것이다. 그곳에서 하나님을 경외하는 것을 배우라는 것이다. 우리가 항상 믿음이 좋을 수 있는가? 항상 정신을 똑바로 차리고 있는가? 힘들 때도 있고, 시험들 때도 있고, 어려울 때도 있지만 주일에 가서 앉아서 예배하다 보면 회복이 되는 것이다. '내가 이렇게 살면 안 되겠구나. 다시 가정에서 똑바로 살아야겠다.' 그래서 교회가 소중한 것이다.

그래서 교회에서는 모이고, 평일에는 가정에서 자녀들을 양육시키고, 이것을 하나님이 우리에게 요구하고 있다. 이것이 세상 이기는 힘이다. 가정과 당신의 자녀가 하나님의 비밀병기이다.

도미노들이 모두 정렬되면 주님이 넘어뜨리신다.
엄청난 폭발력으로 중국 내륙과 이슬람, 힌두 국가들을 지나서
예루살렘까지 선교가 완성되고,
마침내 주님이 다시 오시는 것이다.

12장
HOLY ARRAY

12장
HOLY ARRAY
거룩한 정렬

이제 드디어 열두 번째 도미노이다. 열두 번째 도미노의 이름은 Holy Array이다. 자동차를 오래 타다 보면 정비소에서 얼라인먼트를 점검받게 된다. 타이어의 방향이 정확하게 일치되도록 미세 조정을 하는 것이다. 어레이Array라고 하는 것은 이렇듯 방향이 정렬되는 것을 말한다. 이 열두 개의 메세지는 그냥 은혜받는 좋은 메세지로 준비한 것이 아니다. 정확한 방향성과 의도가 있다.

내가 40년 동안 신앙생활을 하고 또 사역자로 부름받은지 12년 차가 되면서, 지금까지 하나님께서 나에게 보게 하시고 듣게 하시고 훈련받게 하신 모든 것들을 돌아보게 되었다. 하나님께서는 십여 년 전 나에게, 30만의 하나님의 군사를 세우라는 분명한 부르심을 주셨다. 그래서 KINGDOM ARMY MINISTRY라는 이름의 선교단체를 세우고 그 일을 준비해왔다. 그러나 과연 어떻게 하면 30만 명의 군사가 세워지겠는가 하는 영적인 고민이 날마다 내 안에 있었다. 그런 고민을 품고 지금까지 달려오면서 참 많은 세계를 다녀보았다. 나는 어느 나라를 가던지 어떤 사람을 만나던지 항상 그것이 하나님의 군사를 만들어 나가는 일에 어떤 퍼즐 조각일까 생각해왔다. 그러면서 이 열두 개의 도미노를 정리하게 되었는데, 이제 마지막으로 거룩한 정렬이라는 도미노를 세우는 단계이다.

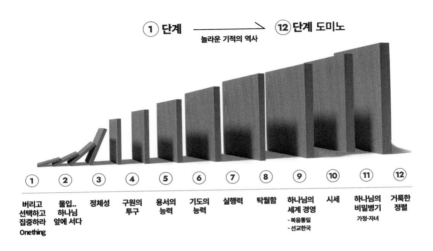

새로운 도미노

1번부터 12번까지 모든 도미노가 세워지고 나서, 주님이 첫 번째 도미노를 넘어뜨리시면 어떤 일이 펼쳐질까? 바로 도미노 이펙트가 발생하는 것이다. 그 첫 시작은 5mm 크기의 작은 도미노일 뿐이다. 그것은 우리가 스마트폰에 있는 어플을 지우거나, 거실에서 티비를 없애고, 기도가 안되지만 골방에 앉아 있는 그런 작은 실천을 말한다. '내가 이걸 한다고 무슨 일이 있겠어.'라는 생각이 들 수 있지만, 이 모든 도미노들이 한 방향으로 정렬되기 시작하면 감히 상상할 수도 없었던 효과가 발생하는 것이다.

1번부터 11번까지의 도미노는 하나님의 군사가 되는 방법을 순서대로 나열해 놓은 것이다. 정말 이것을 DO IT 해서 내 것으로 만들어나가는 사람은 하나님 앞에서 군사로 서게 된다. 그리고 마지막 12번째 도미노는 이 모든 것이 입체화되면서 하나님의 나라가 세워지는 열쇠이다. 12개의 도미노들을 세우고 나면 그것으로 끝나는 것이 아니다. 나 자신이 또 하나의 도미노가 되어 하나님이 부르신 내 위치에 정렬해서 서게 되는 것이다. 이것을 성경에서는 하나님의 집을 짓는 일에 벽돌이 되는 것이라고 표현하고 있다. 하나님의 집을 완성하기 위해 예수님이 먼저 모퉁잇돌이 되셔서 기초를 놓으셨다. 그리고 우리가 그 위에 하나씩 연결되며 지어져 가는 것이다. 이것이 하나님의 우주적인 교회이다.

> 20 너희는 사도들과 선지자들의 터 위에 세우심을 입은 자라 그리스
> 도 예수께서 친히 모퉁잇돌이 되셨느니라
> 21 그의 안에서 건물마다 서로 연결하여 주 안에서 성전이 되어 가고
> 22 너희도 성령 안에서 하나님이 거하실 처소가 되기 위하여 그리스
> 도 예수 안에서 함께 지어져 가느니라
> 에베소서 2장 20-22절

마치 이런 것과 같다. 한 아이가 오락실에 가서 동전을 넣고 열심히 게임을 한다. 1탄부터 12탄까지 있는 게임을 열심히 해서 끝까지 다

깼는데, 끝나고 나니까 이 전체가 스테이지 1이었던 것이다. 그리고 스테이지 2가 다시 시작된다. 더 큰 세계가 있다는 것이다. 스테이지 2는 무엇일까? 바로 이 1번부터 12번까지의 도미노를 다시 가정에서 세우는 것이다. 아이들을 불러 모으고, 아빠를 데리고 와서, 가정 전체가 1번부터 다시 시작하는 것이다.

'먼저 우리 하나님께만 집중해서 몰입하자.' '그래서 우리 가정이 하나님을 대면하자.' '우리 가정을 향하신 부르심과 정체성을 확인하고, 우리 서로 용서하자.' '그리고 함께 기도하자.' 이렇게 가정 안에서 함께 도미노를 세워가는 것이다. 스테이지 1에서는 이것을 혼자서 했다면, 내가 돌파되고 나서는 이제는 가정에서 함께 해야 한다. 가정에서 이렇게 함께 도미노를 세워나가기 시작하면, 가정이 정렬되기 시작한다. 이렇게 정렬된 가정은 주님이 다시 오시는 그날까지 어떤 환란과 고난이 와도 절대 깨지지 않는다. 하나님의 비밀 병기가 완성되는 것이다. 이것이 하나님께서 군대를 세우시는 전략이다.

하나님께서는 지금 세상을 흔들고 계신다. 경제를 흔들고, 안보를 흔들고, 내가 믿었던 모든 것들을 다 흔들고 계신다. 왜냐하면 영원히 흔들리지 않는 하나님의 나라를 취할 자들을 얻기 원하시기 때문이다. 이런 자들은 지구가 흔들려도 흔들리지 않는다. 반석 위에 세워져 있기 때문이다. 원래 인간은 죄성으로만 반응하게 되어 있기 때문에 마귀는 죄의 예측 범위 안에서 우리를 공격하게 되어 있다. 그런데 이 군대는 날마다 나는 죽고 예수로 살기 때문에 세상이 감당할 수 없는 것이다.

영화 매트릭스를 보면 나에게 날아오는 총알을 뒤로 누우면서 모두 피하는 장면이 나온다. 그러다 어느 순간에는 이제 눕는 것도 귀찮았는지 그냥 손바닥을 펼치니까 총알이 바닥에 투두둑 하고 떨어진다. 마치 이런 것이다. 1번부터 12번까지 전신갑주를 무장해서 입은 사람은, 마귀가 무슨 짓을 해도 예수의 이름으로 대적하면 마귀의 불화살들이 그냥 바닥에 투두둑 하고 떨어지는 것이다. 그리고 내 앞에 막힌 벽이 무너지면서, 내 앞으로 길이 열리는 것이다.

나 혼자서 도미노를 세워 나가도 이 정도인데, 가정에서 함께 한다면 어떻게 될까? 이 가정은 지구 끝에 갖다 놔도 영적 충만함으로 그 동네를 다 살릴 수 있다. 이것이 하나님의 비밀 병기이다. 남편과 아내와 자녀가 함께 정렬되면, 이 가정의 자녀들은 탁월해질 수밖에 없다. 세상과 바벨론을 이길 수밖에 없다. 이들이 하나님 나라의 전략무기인 것이다.

가정의 정렬

유대인들은 샤밧Sabbath이라고 하는 안식일을 지킨다. 온 가족이 식탁에 둘러 앉아서 식사를 하고 대화를 하며 하나님을 예배하는 것이다. 나는 집에서 아내와 아이들과 함께 샤밧 예배를 드리곤 한다. 온 가족이 식탁에 모여서 촛불을 켜고 한 주간 있었던 이야기들을 나누면서 마음을 나누는 것이다.

이 시간은 매주 마다 가정이 정화되는 시간이다. '우리 한 주 동안 분주하게 살아왔는데, 집도 정리하고, 몸도 깨끗하게 씻고, 예쁜 옷을 단정하게 입고, 하나님 앞에 모여서 예배하자.' 그리고는 엄마가 초에 불을 붙인다. 촛불은 기도를 상징한다. 가정의 빛은 엄마가 기도로 밝히는 것이다. 두 개의 초에 불을 붙이는데, 이것은 예수님의 창조의 빛과 생명의 빛을 의미한다. 그리고 아이들과 함께 둘러앉는다. 빵과 포도주와 아이들을 위한 우유를 준비해서 함께 먹으면서 이야기를 나누는 것이다.

이 시간은 아이들의 생각과 태도를 교정하거나 회초리 꺼내서 혼내는 시간이 아니다. 아이들의 이야기를 경청하고 공감하는 시간이다. 한 주 동안 어떤 일이 있었고, 어떤 것이 가장 행복했고, 무엇이 속상했는지, 듣고 공감해주는 것이다. 순서대로 이렇게 하고 나면 이제 남편과 아내가 서로 이야기하는 것이다. 그런데 이야기하면서 '10년 전에 나한테 왜 이랬냐.' 이런 이야기를 하면 안 된다. 쓴 뿌리를 다 꺼내는 시간이 아니다. 2주 전의 일도 말고, 지난 한 주간에 있었던 일에 대해 이야기를 하는 것이다. 한 주 동안 감사했거나 섭섭했거나 힘들었거나 하는 것들을 나누면서 마음을 정결하게 리셋하는 것이다.

가정에서 이렇게 샤밧을 할 때면, 아버지가 아이들을 품에 안고 머리에 안수기도를 한다. 내가 목사이기 때문에 그렇게 하는 것이 아니다. 아버지이기 때문에 하는 것이다. 아버지는 이렇게 해야 한다. 이것이 샤밧이다. 그런데 하나님은 이것을 유대인에게만 주신 것이 아니라 믿는 모든 자들에게 주셨다. 이것이 자녀를 제자 삼는 방법인 것이다.

교회의 정렬

이렇게 가정까지 도미노가 세워지게 되면 이제 끝일까? 그렇지 않다. 스테이지 3가 있다. 이것은 마치 3D 입체 이미지와 같다. 도미노가 2차원에서 세워져 나가다가 이제 3차원과 새로운 차원으로 넘어가는 것이다. 스테이지 3는 당신이 섬기는 각 교회마다 이 12개의 도미노를 세워나가는 것이다. 깨어나서 정렬된 가정과 목사님들이 교회에 모여서 매주 이 1번부터 12번까지의 도미노를 세워나가는 일에 집중해서 올인하는 것이다. 그렇게 교회가 정렬되면 그 지역이 초토화된다. 그 지역의 하늘에서 영적인 대충돌이 일어나게 되는 것이다. 큰 교회이건 작은 교회이건 상관없다. 왜냐하면 지금 이 시대는 진짜를 찾기 어려운 시대이기 때문에, 진짜가 등장하면 게임이 끝나기 때문이다. 교회는 프로그램으로 운영되는 것이 아니다. 교회의 본질은 생명력이다. 마음과 영혼이 죽었던 자들이 생명을 얻는 교회는 세상의 게임체인저가 된다.

코로나 기간을 지나면서 낙담했던 목회자가 있다면, 오늘 이 책을 읽고 '우리 교회가 갈 길이 이거구나. 야 우리 다 필요 없다. 다 스탑. 다 치워버리고 우리 하나님께만 집중하자.' 이런 결단이 필요하다. 개인과 가정과 교회가 영적으로 정렬되기 시작하면, 그 속에서 생명력이 넘치면서 오지 말라고 해도 사람들이 줄을 서게 된다. 이것을 6장의 비행기 이륙으로 비유하자면, 이제 성층권을 뚫은 것이다. 전력을 다해 이륙에 성공해서 이제 교회에 부흥이 임하고 100명도 오지 않던 교회에 500명 700명씩 몰려드는 사건이 일어나는 것이다. 그러나 이때가 조심해야 하는 때이다. 이때가 기내식을 먹고 면세품을 보다가 정신이 팔릴 수 있는 때이기 때문이다. 성층권에서는 목표를 정확하게 바라보고 빠른 속도로 날아가야 한다.

교회가 생명력으로 하늘을 뚫어냈다면 다시 에너지를 모아서 무엇을 해야 하느냐? 교회에 새신자가 들어오면 1번을 잘 할 수 있게끔 도와주고, 또 1번이 뚫리면 2번을 할 수 있게끔 도와주는 것이다. 그렇게 개인이 뚫리고 나면 가정에서 도미노를 세워나갈 수 있도록 아버지에게 영적 권세를 실어주고 가정을 회복시키는 것이다. 각 가정의 아버지가 제사장이 될 수 있도록 도와주어야 한다. 이렇게 교회는 맡겨주신 개인과 가정을 더 강해지게 훈련시켜야 한다. 그렇게 할 때 교회가 하나님의 군대로 정렬되는 것이다.

일터의 정렬

이제 교회가 다 정렬되고 나면 어디로 가느냐? 교회를 다니는 사람도 각자 다니고 있는 일터가 있다. 그러면 교회 안에 충만한 이 에너지와 빛이 평일에는 일터로 가는 것이다. 일터에서 다시 1단계부터 밟아가는 것이다. 나에게 주어진 땅끝은 바로 내 직장이다.

예를 들어, 만약 당신이 삼성전자 기흥 반도체 사업부의 팀장이라고 가정해보자. 당신이 다니는 교회의 담임 목사님은 기흥 반도체 공장에 들어갈 수 없다. 그곳이 국가기밀단지이기 때문에 사원증이 없으면 들어가지 못하는 것이다. 입구 앞에 서서 '내가 누구누구 팀장이 다니는 교회의 담임 목사입니다.'라고 하면 세콤 아저씨가 '그래서요?'라고 하는 것이다. 절대 못 들어간다.

일터는 내가 정말 출근하기 싫은데 먹고 사느라고 어쩔 수 없이 가는 그런 곳이 아니라, 하나님이 1번부터 12번이 완성된 사람들을 파송하시는 곳이다. 그곳에는 나만 갈 수 있다. 내가 그곳에 파송 받았기 때문이다. 여기는 내가 제사장인 것이다. 하나님께서 담임 목사님은 교회라는 공동체에 권세를 주신 것이고, 가정에는 아버지에게, 그 직장은 당신에게 권세를 주신 것이다. 당신의 직급이 대리이더라도 상관없다. 중요한 것은 당신에게 권세가 부여졌다는 사실이다.

지역과 국가의 정렬

거룩한 정렬, 이것은 만능 키이다. 개인을 세우는 이 열쇠는 또한 가정을 세우게 된다. 그리고 나아가서 교회와 일터를 세우는 것이다. 그리고 영적으로 이런 교회들이 깨어나기 시작하면 지역과 도시를 변혁시키기 시작한다. 그래서 결국 국가를 바꾸게 되고, 대한민국이 선교하는 제사장 나라가 되는 것이다. 각각의 개인이 다 제사장인데, 전체로 줌 아웃을 하고 나니까 또 대한민국이 제사장 나라였던 것이다.

새벽에 기도하는 중에 하나님께서 이 계시를 열어주시는데, 가슴이 뛰어서 잠을 이룰수가 없었다. 그렇다면 대한민국이 다 정렬되면 이제 끝일까? 천만의 말씀이다. 하나님의 세계는 우리의 생각과 다르다. 옆 나라도 있다. 일본의 교회와 북한의 지하교회와 중국의 지하교회도 각 나라별로 하나님께서 정렬시키시는 것이다. 그렇게 각각의 국가도 또 하나의 도미노가 된다. 그리고 이 국가의 도미노들이 모두 정렬되면 주님이 넘어뜨리시는 것이다. 엄청난 폭발력으로 중국 내륙과 이슬람, 힌두 국가들을 지나서 예루살렘까지 선교가 완성되고, 마침내 주님이 다시 오시는 것이다. 이것이 마지막 때 왕의 오실 길을 준비하는 국가들의 정렬이다.

이것을 현미경처럼 쭉 줌 인해서 들어가 보면 골방에서 기도하는 한 사람이 보이고, 망원경처럼 쭉 줌 아웃하면 모든 국가들이 주님의 다시 오심을 향해서 정렬되어 있는 것이다. 새벽에 기도하는 나에게 주님께서 눈 앞에서 이것을 보여주시니 심장이 뛰어서 잠을 잘 수가 없었다.

마귀 군대의 정렬

그런데 또 다음 장면을 보여주시는데 마귀의 군대도 정렬하고 있는 것이 보였다. 마귀도 지금 정렬하고 있다. 적그리스도의 군대를 만들고 있는 것이다. 그러나 하나님을 대적하는 사단은 머리에 뿔을 달고 피를 흘리면서 나타나는 것이 아니다. 인본적으로 보암직도 하고 먹음직도 하게 다가온다. 그래서 온 세상이 속게 되는 것이다.

　마지막 때가 되면 심지어 교회도 그들에게 속아서 배도하게 된다고 성경은 기록하고 있다. 이렇듯 마귀도 그 군대를 정렬시키고, 하나님도 자신의 군대를 정렬시키시는데, 이 두 군대가 충돌하게 되는 것이다. 이 대결을 조금 더 디테일하게 들어가 보면, 1517년 종교개혁부터 시작된다.

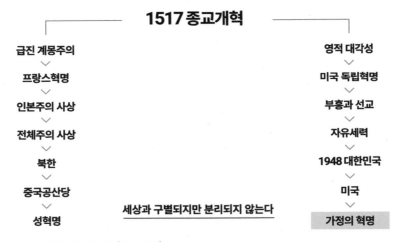

1517 종교개혁

급진 계몽주의		영적 대각성
∨		∨
프랑스혁명		미국 독립혁명
∨		∨
인본주의 사상		부흥과 선교
∨		∨
전체주의 사상		자유세력
∨		∨
북한		1948 대한민국
∨		∨
중국공산당	세상과 구별되지만 분리되지 않는다	미국
∨		∨
성혁명		가정의 혁명

출처 : 김성원, 자유의 여정(아크,2020), 13p

　중세 천 년 동안의 카톨릭 교회의 정치/경제/종교적인 지배는 결국 부패하며 수 많은 모순과 불만을 만들었다. 이 응축된 에너지는 1500년대에 들어오면서 두 가지 방향으로 터져 나오기 시작한다.

　루터Martin Luther의 종교개혁 이후 프랑스는 급진 계몽주의의 방향으로 터져 나가게 된다. 이 급진 계몽주의는 프랑스혁명으로 이어졌고 그 토대 위에서 유럽의 인본주의 사상이 꽃을 피우게 된다. 카톨릭의 종교적 모순에 억눌리던 인간의 이성이 깨어나게 되면서 온갖 종류의 철학과 사상들이 폭발하듯 터져 나오게 된 것이다. 전체주의 사상과 공산주의 사상이 세계를 붉게 물들이게 되었고 그 결과로 중국 공산당과 북한 주체사상이 등장하게 된다. 그리고 이것이 최종적으로는 가정을 해체시키는 성혁명으로 다가오고 있는 것이다.

그리고 그 반대에서는 종교개혁 이후 영적 대각성이 일어나기 시작했다. 독일의 경건주의 운동과 그 영향을 받은 모라비안 성도들이 유럽 전역에 흩어지면서 영국의 웨일즈 부흥으로 이어지게 되었고, 그 부흥의 불씨는 대서양을 건너 미국의 독립혁명으로 이어지게 된다. 이들은 신앙의 자유를 지키기 위해 미국을 세우고 싸웠던 것이다. 그 이후 부흥과 선교의 역사가 이어지게 되고, 최종적으로 이 두 세력의 싸움이 미중 패권전쟁이라는 G1, G2의 충돌과 대한민국과 북한의 충돌로 맺어지게 되는 것이다.

한 쪽은 신앙의 자유를 향한 역사라면, 다른 한 쪽은 신앙으로부터의 자유를 향한 역사이다. 프랑스혁명은 교회를 불태우고 사제들을 잡아 죽여서 신앙으로부터 벗어나기 위한 혁명이었던 것이다.

서양 철학사를 살펴보면 그들이 스승으로 모시고 있는 철학가들의 조상은 모두 프랑스에서 인본주의 혁명을 일으켰던 자들이다. 그 영향을 따라 하나님을 대적하여 높아진 견고한 탑을 쌓아온 것이 서양 철학 역사이다. 우리의 학문은 한 쪽 기둥만 가르치고 있다. 반대쪽의 영적 대각성과 교회의 역사에 대해서는 가르치지 않는 것이다.

그런데 하나님께서는 이 500년 동안의 전쟁을 종결시킬 하나님의 비밀 병기로 가정의 혁명을 준비하고 계신다. 우리는 이 전쟁의 끝을 알고 있다. 이 싸움의 끝에 누가 이기는가? 예수 그리스도가 모든 하나님을 대적해서 높아진 생각들을 무너뜨리신다. 그리고 그때까지 신부로서 자기 자신을 지키고 끝까지 이긴 자들에게 하나님이 생명의 면류관을 주시는 것이다. 이것이 하나님의 입체적인 전략이다.

다가오는 전쟁

3차 산업혁명 시대의 쌀은 석유였다. 그래서 그 시대의 전쟁은 석유가 있는 중동에서 벌어졌다. 그런데 4차 산업혁명의 쌀은 반도체이고, 한국과 대만이 반도체 생산의 핵심 국가이다. 그러면 4차 산업혁명 시대에는 전쟁이 어디에서 나겠는가? 바로 한국과 대만이다. 갑자기 긴장이 팍 되기 시작한다. 그래서 우리가 기도해야 하는 것이다. 이 시대에는 전쟁이 한국과 대만에서 날 가능성이 높다. 그런데 내가 보기에는 한국은 전쟁이 약하게 나고, 대만은 전쟁이 세게 날 가능성이 높다.

이제 시진핑이 2-3년 내에 중국을 한 번 더 집권하기 위한 드라이브를 걸게 될 텐데, 미국도 그 기간에 대선을 치르게 된다. 그리고 미국은 이 기간 동안 세계의 룰을 바꾼다. 리쇼어링으로 중국에 있는 공장들을 다 철수해서 미국의 동맹국들에게로 가져오는 것이다. 그리고 에너지를 석유 중심에서 전기 중심으로 전환시키면서 전방위적으로 중국을 압박하게 된다.

미국이 이 계획을 수립할 때는, 1년짜리 계획을 짜는 것이 아니다. 여러 가지 경우의 수를 다 예측해서 시나리오를 10개 이상 짜 놓고 추진하는 것이다. 바이든은 반 강제적으로 삼성이 텍사스에 공장을 짓게 만들어서 세계 최대 규모의 비메모리 반도체 공장을 짓고 있다. 그러니까 미국 입장에서는 보험을 드는 것이다. 만약 중국과의 무력충돌로 인해 대만에서 반도체 수급이 안되면 삼성을 통해서 공급을 받으려고 하는 것이다.

오직 미국의 목표는 중국을 쪼개는 것이다. 그래서 지금 모든 방안을 다 동원해서 중국과 충돌하고 있는 것이다. 결국은 중국이 버틸 수가 없다. 그러면 맨 마지막으로 일어나게 되는 것이 군사 충돌이다. 어떤 규모의 전쟁이 일어날 지는 하나님께 달려있기 때문에 우리는 알 수 없다. 그러나 이 충돌이 벌어지게 될 가능성이 가장 높은 곳이 대만이다. 왜냐하면 중국은 마지막 남은 모든 전력을 동원해서 바닷길을 뚫고 나와야 하기 때문이다.

그런데 중국이 대만을 공격하는 그날이 우리나라가 통일되는 날이다. 왜 그럴까? 중국이 대만사태를 일으킬 때 북한도 함께 움직이게끔 만들어서 미국의 군사적인 역량을 분산시키고자 하기 때문이다. 그래야 한국 군대와 일본 군대가 대만에 집결되는 것을 막을 수 있는 것이다. 북한 또한 중국과 함께 국제사회에서 완전히 무너지기 전에 마지막 승부수를 중국 쪽에 걸 가능성이 높다.

그래서 미국은 그것을 알고 있기 때문에 아프가니스탄에서 철수를 결정한 것이다. 아프가니스탄까지 중국을 거들어서 세 군데에서 동시에 전쟁을 치르게 되면 골치가 아파지기 때문이다. 그래서 일단은 집중해서 대만을 막는다는 생각인 것이다.

그러나 우리는 두려워할 필요 없다. 전쟁은 하나님의 손에 달려있는 것이고 우리는 그냥 1번부터 12번까지 달리고 있으면 된다. 어차피 사명이 있는 자는 하나님께서 살려주시고, 사명이 끝났다면 천국에 가면 그만인 것이다. 무슨 상관인가? 그런데 내가 보기에 한국은 하나님이 세계선교를 완성하기 위해 쓰셔야 하기 때문에 전쟁을 크게 터트리지 않으실 것 같다. 세계에서 마지막 남은 뜨거운 복음주의 교회들이 모여있는 곳이 한국이기 때문이다. 그래서 한국을 전쟁의 위기 가운데 흔드시면서 교회를 흔들어 깨우시고 정결하게 하실 것이다. 그때 이 책을 읽은 사람들이 이미 가정까지 1번부터 12번까지 다 밟고 올라가 있다면, 국민 모두의 마음이 가난해져 있기 때문에 곧바로 교회와 국가가 하나님의 부르심의 방향으로 연합되어 나아갈 수 있다. 그 일을 지금부터 준비해야 하는 것이다.

마지막 때 선교의 행렬

G1과 G2가 해상로와 무역로를 두고 치고받고 싸우는 동안, 하나님은 그 위에서 선교의 도로를 닦고 계셨다. 시진핑도 일대일로를 통해서 아시아 선교의 고속도로를 힘겹게 만들어 두었다. 이제 북한 구간만 연결하면 카자흐스탄까지 도로가 다 완성된다. 중요한 것은 그 출

발점이 한국이라는 사실이다. 아시안 하이웨이AH 1번 도로와 6번 도로가 한국에서부터 출발한다.

그런데 UN은 제7차 회의에서 나라별로 다른 도로안전 기준을 대한민국 기술로 표준화한다고 결정했다. 당시 2006년이면 한국이 G10도 아닐 때이다. 미국은 벌써 그때부터 생각하고 있는 것이다. 이 도로는 나중에 한국인들이 달려야 할 도로이다. 우리가 아시아를 누비면서 개척하고 복음을 전하는 것이다. 2006년 말부터 경부고속도로에는 아시안하이웨이 노선 표지판이 설치되기 시작했다. AH1 일본-한국-중국-인도-터키, AH6 한국-중국-카자흐스탄-러시아 라고 선명하게 기록되어 있다.

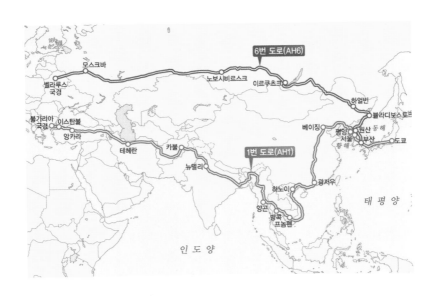

하나님의 세계 경영을 알게 되면 복음이 서진西進한다는 사실을 깨닫게 된다. 복음은 중동 땅 이스라엘의 골고다 언덕에서 시작되었다. 그리고 아시아로 가고자 하는 바울을 성령께서 그리스와 로마로 이끄셔서 복음이 유럽 전역에 확산되게 된다. 이 복음은 영국 땅을 부흥시켰고, 대서양을 건너 미국으로 그 불씨가 전달되었다. 그리고 미국 땅을 가득 채운 이 복음은 태평양을 건너서 조선까지 전달되었다. 이 복음은 현재, 한반도의 38선 아래에 머물러 있다. 그렇다면 이제 이 복음이 향할 방향이 어디이겠는가? 북한 땅이 열리면 중국, 몽골, 카자흐스탄을 지나서 중앙아시아와 이슬람 국가들을 넘어 복음이 시작된 땅끝 예루살렘으로 향하게 되는 것이다.

그 복음의 서진성의 방아쇠가 한반도이다. 현재는 북한과 중국의 공산주의로 인해, 마지막 선교의 문이 닫혀있다. 그러나 하나님께서 2023년부터 시작되는 G1의 세계 대추수와 세계 경영의 룰 변화를 통해 이 막힌 담을 여시겠다는 것이다. 4차 산업혁명의 쌀이 반도체인데 반도체의 주원료인 희토류가 북한과 중앙아시아에 가득 묻혀있다. 그리고 G1 미국은 이것을 필요로 한다. 그런데 중국은 마지막 탈출구인 대만을 뚫고 나오기 위해서 미국과 군사적인 충돌을 일으킬 수밖에 없고, 중국을 무력화시킨 미국은 협상 테이블에서 북한을 요구하게 되는 것이다. 그리고 미국은 G2로 선택한 대한민국을 통해서 북한과 중앙아시아의 길을 개척하게 되는 것이다. 그리고 이것이 세계 선교를 완성하고자 하는 하나님의 세계경영인 것이다.

이제 매듭지어야 할 때

대만에 가보니 대만 교회가 얼마나 영적으로 뜨거운지, 대만은 지금 아시아에서 한국 다음으로 뜨거운 나라이다. 그런데 대만의 역사를 살펴보면 대만도 우리와 비슷한 부분이 많다. 중국 공산당이 대만으로 끊임없이 간첩을 보내니까, 그 안에서 정치적인 대립이 일어나고 수많은 분열과 다툼이 발생했다. 그리고 민주화 과정에서 있었던 대량 학살의 사건들과 여러 가지 역사적인 아픔을 통해 지역감정과 국가 내의 갈등이 심각했다. 이런 분열된 대만에서 한 여자 목사님이 이 열두 개의 도미노를 쌓아가는 과정을 밟기 시작했다. 물론 이렇게 열두 개라고 정리가 되어있는 것은 아니었지만 그 원리와 내용은 동일하다. 분주하게 이것저것 다 하는 것이 아니라 간절하게 하나님을 만나기 위해서 집중해서 원띵하는 것이다. 그러다가 주님을 만나게 되고, 주님을 만나니 주님이 이끌어 가시는 것이다. 그렇게 대만교회가 정렬되기 시작했다.

대만은 우리보다 진도가 빠르다. 벌써 개인과 가정과 일터와 국가가 정렬되어 기도하기 시작한 것이다. 대만은 10년 전부터 시작해서, 매일 아침마다 약 3만 명이 모여서 기도하고 있다. 개인-가정-교회-국가의 단계를 밟아 올라가고 있는 것이다. 그리고 은혜를 받아 쏟아지는 간증들을 매달 한 권의 책으로 출간하는데, 소모임으로 모인 사람들이 그것을 읽고 도전받으며 기도한다.

그런데 지역별로 모이니까 어떤 일이 생기기 시작하느냐? 지역감정의 문제가 터지기 시작하는 것이다. 정치적인 문제로 대만 교회가 두 갈래로 쭉 갈라지기 시작하는데, 마귀가 그런 아킬레스건을 심어놓으니 연합하지 못하게 되는 것이다. 지역과 국가도 1단계부터 도미노를 쌓아가다 보면 5단계에서 용서의 문제로 직면하게 된다. 일본과 한국이 나중에 함께 선교의 길을 가고자 할 때도, 용서의 문제가 해결되지 않으면 앞으로 나아갈 수 없는 것이다. 대만은 이런 상황에 직면하게 되었다.

그런데 6년 전 내가 대만을 방문했을 때, 이것을 돌파하는 현장을 보게 되었다. 나는 대만의 한 집회에 참석했다. 하나님께서 분명히 대만에 어떤 키가 있다고 말씀해 주셨는데, 집회에 며칠 동안 있으면서도 그것이 무엇인지 알 수 없었다. 그런데 며칠이 지나고, 대만이 지역과 국가의 문제들을 풀어가는 과정을 현장에서 지켜보게 된 것이다.

대만의 건국 70주년 집회에서 대만의 역사를 담은 뮤지컬이 펼쳐졌다. 가난했던 농경시대 때부터, 우물에서 물을 길어 오던 어려운 시절을 보여주기 시작했다. 그리고 민주화 과정의 여러 아픔들을 보여주었다. 어떤 사람은 원치 않았지만 경찰이 되어 때려야만 했고, 어떤 사람은 민주화 운동 가운데서 맞아 쓰러지게 되었다. 그리고 산업화 과정에서의 부모세대의 분투와 땀을 보여주는 것이다.

이렇게 대만의 역사를 쭉 보여주고 난 뒤, 대만의 다음세대들이 등장한다. 그들의 몸은 사슬에 묶여있는 상태이고 그들을 둘러싼 검은 옷을 입은 사람들이 있는데, 그들의 등에는 대만이 역사 가운데 겪었던 아픔과 날짜들이 적혀있다. 대만의 다음세대들이 자신들을 묶은 사슬과 둘러싼 아픔의 역사로 인해서 부르심으로 나아가지 못하는 것이다.

그들은 자신을 묶고있는 줄을 잡고서 그 줄을 따라 묶인 지점으로 가서 그 줄을 풀어내고자 한다. 그러자 주위를 둘러싼 검은 옷의 사람들이 일제히 그 청년들을 향해서 달려들기 시작하는 것이다. 이 세대가 이 사슬을 풀고 나가면 모든 것이 끝나니까 마귀가 필사적으로 붙잡는 것이다. 그들 가운데서 몸부림치며 싸우던 청년들은 결국 그 길의 끝에 있는 십자가를 붙잡게 된다. 그리고 청년들을 묶고 있던 모든 결박이 풀어지게 되었다.

이 장면을 보는 중에, 얼마나 큰 하나님의 음성이 내 마음에서 번개치듯이 들리는지, 내가 나중에 한국에 돌아가면 반드시 이것을 해야 한다는 것이다. '주님, 한국의 갈등과 미움과 분열을 제가 어떻게 해결할 수 있습니까? 어떻게 해야 서로 용서할 수 있습니까?' 우리는 지난 5년 동안 서로를 너무나 미워했다. 얼마나 서로 미워하고 저주했는가? 그런데 6년 전에 하나님이 나를 대만에 가서 보게 하신 것은, 앞으로 한국이 부르심을 이루려면 이 산을 넘어야 한다는 것이었다.

이것이 우리가 앞으로 해야 될 일이다. 매듭지어야 하는 것이다. 우리 자녀들에게 이렇게 분열된 나라를 넘겨줄 수는 없는 것이다. 나는 우리 아이들에게 통일된 대한민국을 넘겨주고 싶다. 마음껏 대륙을 다니면서 하나님의 꿈을 꿀 수 있는 자유민주주의 나라를 물려주고 싶다. 마음껏 세계선교를 할 수 있는 그런 나라를 물려주고 싶다. 그럴려면 부모 된 우리가 이제 매듭을 지어줘야 하는 것이다. 가정 안에서도 시어머니와 며느리가 매듭을 짓는 것이다. '야 며늘아. 우리 이제 그만하자. 나도 잘못했고, 너도 잘못했고 다 잘못했는데, 더 이상 우리 싸우지 말고 매듭 짓자. 내가 잘못했다. 날 용서해 주어라. 나도 너를 용서할게.' 그리고 부부 안에서도, 부모와 자녀 안에서도, 목회자와 성도 안에서도, 용서를 구하고 매듭을 짓는 것이다. 잘못에 대해 용서를 구하며 우리가 서로 사랑하면서 회개하고 앞으로 나가는 것이다.

대만은 이 벽을 넘는데 8년이 걸렸다. 8년 동안 지역감정으로 치고 받고 싸운 것이다. 그런데 그날은 이것이 깨지는 날이었다. 열쇠가 꽂히고 문이 열리는 날이었다. 그날 집회의 주제곡은 '매듭짓고 이 산을 넘어가게 하소서.'라는 내용을 담고 있다. 이게 뚫어지고 나니까 대만의 복음화율이 폭발적으로 증가하게 된다. 대만 전체에 불이 붙은 것이다. 귀신도 이것을 알고 중국 공산당을 통해 죽이려고 하는 것이다. 지금 대만은 전쟁 직전의 위기 가운데 있다. 왜냐하면 이것은 영의 전쟁이기 때문이다. 그래서 우리는 대만을 위해 기도해 주어야 한다. 대만은 동남아시아에 복음을 전하기 위해 하나님이 세우시는 등대이다. 대만이 또 하나의 도미노 핀이며 이 도미노가 쓰러지기 시작할 때 하나님이 아시아에 부흥을 일으키시는 것이다.

이처럼 지역감정을 용서로 해결하고 나면 국가적인 부흥이 일어나게 된다. 그리고 더 나아가 하나님께서는 연합의 기름을 부으셔서 국가간에 서로 연합되게 하신다. 일본교회와 한국교회가 주님 앞에서 함께 무릎꿇고 서로 끌어안고 우는 것이다. '아버지, 주님이 우리를 용서하셨는데 우리는 그동안 서로를 용서하지 못 했습니다. 용서합니다.' 그러면서 원수의 빗장이 풀어지는 것이다. 용서할 수 있는 힘은 다른 것이 아니다. 나는 죽고 예수로 사는 사람, 그래서 1번부터 12번의 도미노를 세워 본 사람만이 하나님의 열쇠를 알기 때문에 용서하고 연합하는 자가 될 수 있는 것이다.

하나님께서 나에게 주신 비전은 대한민국의 깨어난 30만의 군대가, 이웃 나라의 깨어난 성도들과 함께 대륙을 누비며 몽골과 카자흐스탄과 이스라엘까지 복음의 서진西進을 이어가는 것이다. 그렇게 하나님께서 열방과 이스라엘까지 도미노를 세우시면 그것이 왕의 오실 길을 평탄케 하는 광야의 외치는 자의 소리들인 것이다. 환난도 기근도 박해도 우리를 그리스도에게서 끊을 수 없다.

나는 우리가 이 마지막 싸움을 감당하며 서로 사랑하다가 나중에 주님 앞에 서게 될 것을 늘 상상한다. 그날의 영광, 그날의 기쁨, 그날의 충만함을 무엇으로 표현할 수 있겠는가? 그리고 주님 앞에 섰을 때 주님이 말씀하시는 것이다. '사랑하는 내 아들아. 정말 수고했다.' 그리고 주님 품에 안기면 오열하며 울게 되지 않겠는가. 이 소망을 붙잡고 전진하는 30만의 군대가 일어나기를 간절히 고대한다.

코로나 3년의 기간이 전 세계의 첫 번째 진동기였다면,
앞으로 있을 3년은 금융 위기와 지정학적 위기를 통해
잠들어있던 하나님나라 성도들이 깨어나는 두 번째 진동기가 될 것이다.

Endnotes
미주

참고문헌 & 자료

1장

01 짐 퀵, *마지막 몰입: 나를 넘어서는 힘*(비즈니스북스, 2021), p56

8장

02 통계청, "2022년 가계금융복지조사 결과" *대한민국정책브리핑*, 2022년 12월 1일, https://www.korea.kr/news/policyNewsView.do?newsId=156539988

03 김정환, "레드라인 넘은 韓 가계부채⋯전세금 합산땐 `세계 1위`" *매일경제*, 2022년 10월 17일, https://www.mk.co.kr/news/economy/10491776
: GDP 대비 가계부채는 세계 4위이나, 전세금을 포함한 가계부채로는 세계 1위이다.

04 임혁백, "눈앞에 닥친 AI 로봇 확산, '노동의 위기' 대책 마련해야" *중앙일보*, 2019년 6월 24일, https://www.joongang.co.kr/article/23504449

05 이지성, *에이트: 인공지능에게 대체되지 않는 나를 만드는 법*(차이정원, 2019), p81

06 이지성, *에이트: 인공지능에게 대체되지 않는 나를 만드는 법*(차이정원, 2019), p140

9장

07 김외현, "시진핑 '2050년엔 미국 제치고 중국이 세계 최강' 선언" *한겨레*, 2017년 10월 18일, https://www.hani.co.kr/arti/international/china/815097.html

08 유상철, "중국 경제, 2030년 美 추월⋯2050년엔 美 패권 종지부" *중앙일보*, 2020년 8월 23일, https://www.joongang.co.kr/article/23854466#home

09 "지난해 국방비 500억 달러, 전세계 10위⋯美 8000억· 中 2900억 달러" *동아일보*, 2022년 12월 9일, https://www.donga.com/news/Society/article/all/20221209/116924545/1

10 심새롬, "中 무역전쟁 신무기 '희토류'⋯매장량은 북한이 세계 1위?" *중앙일보*, 2019년 5월 23일, https://www.joongang.co.kr/article/23476628

11 1호선은 명목상 일본부터 출발이나, 아직 대한해협을 이을 도로는 연결되어 있지 않아 해상으로 운송한다. 사실상 육로는 한국에서부터 출발이다.

10장

12 Board of Governors of the Federal Reserve System (US), Federal Funds Effective Rate [FEDFUNDS], retrieved from FRED, Federal Reserve Bank of St. Louis; https://fred.stlouisfed.org/series/FEDFUNDS, February 6, 2023.

13 김효신, *R의 공포가 온다: 기회를 동반한 또 다른 경제위기의 시작*(트러스트북스,2022), p376

14 김효신, *R의 공포가 온다: 기회를 동반한 또 다른 경제위기의 시작*(트러스트북스,2022), p376

15 이인아, "10월 장·단기 금리 급등...회사채 미매각률 33.4%" *조선일보*, 2022년 11월 10일,
https://biz.chosun.com/stock/
stock_general/2022/11/10/
FUBUB3AKYJAC5NSDFKX3HVQDAQ/

16 유준하, "'시사직격'···상반기 만기 도래하는 회사채 규모만 53조원?" *이데일리*, 2023년 1월 6일,
https://www.edaily.co.kr/news/read?ne
wsId=01216886635475096&mediaCode
No=258

17 오현승, "저축銀 사태 처리비용 26조···책임자 없어" *세계비즈*, 2012년 10월 25일,
http://www.segyefn.com/
newsView/20121025022505

18 구본권, "인터넷 50돌의 과제" *한겨레*, 2019년 11월 10일,
https://www.hani.co.kr/arti/science/
future/916474.html

19 제임스 체셔, 올리버 우버티, *눈에 보이지 않는 지도책: 세상을 읽는 데이터 지리학*(월북, 2022), p98

20 "세계 스마트폰 점유율- 2022년 2분기" Counterpoint, 2022년 9월 21일,
https://korea.counterpointresearch.com/
세계-스마트폰-점유율-2022년-2분기/

11장

21 현용수, *현용수의 인성교육 노하우1*(쉐마, 2015), p217

22 이지성, *에이트: 인공지능에게 대체되지 않는 나를 만드는 법*(차이정원, 2019), p147

DOIT

발 행 │ 2023년 2월 7일 초판 1쇄
　　　　2024년 4월 1일 초판 20쇄
저 자 │ 차형규
디자인 │ 최소희
편 집 │ 고영혁
펴낸곳 │ 아크
주 소 │ 서울특별시 서초구 강남대로 51길 10, B1층 105-143호
이메일 │ info@kingdomarmy.com